了不起的
脑力挑战

聪明人都在玩的
500个思维游戏

杜心滢 编著

中国水利水电出版社
www.waterpub.com.cn

内 容 提 要

这是一本挑战大脑，锻炼跳跃性思维的趣味游戏书，不仅仅是为了乐趣而设计的，而是带领读者在充满乐趣的挑战过程中，迈向全脑思考的天才之路。本书突出实用性、趣味性和知识性，采用全图解、图文并茂的编排方式，避免了一般的说教方式，用一个个生动有趣的游戏来向你一步步展示思维的奥妙。

图书在版编目（CIP）数据

了不起的脑力挑战：聪明人都在玩的500个思维游戏／杜心滢 编著. -- 北京：中国水利水电出版社, 2016.6（2017.2 重印）

ISBN 978-7-5170-4325-6

Ⅰ.①了… Ⅱ.①杜… Ⅲ.①智力游戏 Ⅳ.①G898.2

中国版本图书馆CIP数据核字(2016)第101987号

策划编辑：杨庆川　责任编辑：邓建梅　封面设计：张佩战

书　　名	了不起的脑力挑战：聪明人都在玩的500个思维游戏
作　　者	杜心滢　编著
出版发行	中国水利水电出版社 （北京市海淀区玉渊潭南路1号D座　100038） 网址：www.waterpub.com.cn E-mail：mchannel@263.net（万水） sales@waterpub.com.cn 电话：(010) 68367658（发行部）、82562819（万水）
经　　售	北京科水图书销售中心（零售） 电话：(010) 88383994、63202643、68545874 全国各地新华书店和相关出版物销售网点
排　　版	创智书装
印　　刷	北京文林印务有限公司
规　　格	170mm×240mm　16 开本　16.5 印张　264 千字
版　　次	2016 年 6 月第 1 版　2017 年 2 月第 2 次印刷
印　　数	5001—8000 册
定　　价	39.80 元

前言
PREFACE

激活左右脑，享受思维的乐趣

人的一生可以通过学习来获取知识，但思维训练从来都不是一件简单容易的事，作为一种能“使思想流动”的活动，思维游戏无疑是一种训练思维的好方式，它不但能够帮助发掘个人潜能，而且能使人感到愉快。本书根据美国心理学家、诺贝尔医学生理奖得主斯佩里博士的“左右脑分工理论”编著。大脑分为左脑和右脑，左脑具有逻辑、推理、语言、数学、分析等功能，右脑具有创意、想象、图形、空间、综合等功能。只有左右脑均衡开发、协调并用，才能真正激活大脑潜能，塑造出自己的最强大脑。本书虽是一本游戏书，但却不是一本简单的娱乐书，书中的游戏极富思维训练的张力，无论孩子还是成人，都能在此找到适合自己的题目。

世界500强在招聘员工的时候，经常会出一些貌似稀奇古怪却又妙趣横生的思维谜题、数字空格、几何游戏等，让应聘者解答。在中国公务员考试中，同样也有很多的逻辑和创意谜题。作为世界顶尖学府，剑桥、牛津大学曾以许多生僻怪异的考题，让众多学子领教思维的重要性。剑桥大学经济系曾出了这样一道题：“流浪歌手那么能唱还流浪街头，他们是不是疯子？”牛津大学法律系曾这样问考生：“如果有人撞上灯柱，会对社会产生什么影响？”这些看起来是一些毫无意义的问题，其实是从一个新的角度来考查考生的应变能力和创新能力。

每个人都有很大的潜能有待开发。这些能力并非天生，很大程度上依赖于后天的训练，通过学习、实践，经过教育、训练，每个人的潜能都会由小变大，逐步提高。只要不断地训练与积累，就会有令人惊奇的效果。

在游戏中活动大脑，是锻炼思维能力、激发大脑潜能的有效方法之一。在玩游戏的过程里，读者可以充分运用智商的各项能力，从各个方面去审视问题、将所有线索纳入考虑。这种激荡联想、触发创意的思考模式，将彻底让你的头脑动起来，在学习、生活和工作中做出更多不同角度的观察、更正确的判断。

本书精心设计的500个你意想不到的游戏，将让你的智慧悠游于每个可能的方向，只要你愿意进行一次思维之旅，这些游戏一定会为你带来“我知道了！”的惊喜时刻，让你发现聪明的秘密——在游戏中激发想象力与创造力，全面提升严谨的推理能力和快速的判断能力。全面深度挖掘左脑和右脑沉睡的潜能，让你变得出类拔萃。

这是一本挑战大脑，锻炼跳跃性思维的趣味游戏书，不仅仅是为了乐趣而设计的，而是带领读者在充满乐趣的挑战过程中，迈向全脑思考的天才之路。

这是一场丰富的头脑思维盛宴，不仅是一个爽心益智的思维娱乐活动，更是一个启迪智商、开发思维创新能力的活动。它的最大价值在于通过这些生动有趣的游戏，全面训练你的想象力、应变力、独创力，发掘你的创新感觉、培养创新意识、锻炼创新能力。书中的游戏貌似简单无奇但却极富扩张力，每一个游戏的答案都需要大胆的设想，大胆的判断与推测，尽量发挥你的想象力与创新力。

本书突出实用性、趣味性和知识性，采用全图解、图文并茂的编排方式，避免了一般的说教方式，用一个个生动有趣的游戏来向你一步步展示思维的奥妙。相信经过这些游戏的训练，无论你是学生还是家长，是公司职员还是企业管理者……都会受益匪浅！

来吧，来一场了不起的脑力挑战。这将带给你头脑震撼性的冲击，彻底释放你的大脑潜能，唤醒你的思维能力，让你的大脑真正动起来，全面激活左右脑，享受思维的乐趣。

编者

目录
CONTENTS

第一章 提高数学能力的思维游戏

第二章
锻炼图形辨别力的思维游戏

第三章
激活逻辑力的思维游戏

第四章
强化演绎推理力的思维游戏

第五章 开拓分析判断力的思维游戏

第一章

提高数学能力的思维游戏

001

会遇到几艘客轮

每天上午，一家公司的客轮从香港出发开往费城，并在每天同一时间都有该公司的一艘客轮从费城开往香港。客轮走一个单程需要 7 天 7 夜。请问：今天上午从香港开出的客轮，将会遇到几艘从对面开来的同一个公司的客轮？

002

偷酒喝

桶里有一百斤的酒，管理员每天偷喝一斤，已经有三十天了。而且，他每次从桶中偷出一斤后，又注入一斤水来代替。你能算出他偷喝了多少酒吗？

003

坐哪一辆车

婷婷每天都乘坐公共汽车上学。离婷婷家门不远处，有一个公共汽车站。汽车和电车都是每隔10分钟来一次，票价也一样，只是汽车开过之后，隔2分钟电车才来，再过5分钟下一趟汽车又开过来。

根据以上信息，你认为婷婷坐哪一辆车更省事更划算？

004

撕日历

连着撕9张日历，日期数相加是54。请问：撕的第一张是几号？最后一张是几号？

005

叠纸游戏

有一位疯狂的艺术家为了寻找灵感，把一张厚为0.1毫米的很大的纸对半撕开，重叠起来，然后再撕成两半叠起来。假设他如此重复这一过程25次，这叠纸会有多厚？

A 像山一样高　　C 像一栋房子一样高

B 像一个人一样高　　D 像一本书那么厚

006

猜年龄的秘诀

这里有一个猜年龄的秘诀。

魔术师有一个魔力式子，这个式子通常会把人的出生月日和年龄泄露出去，这对于那些年龄比较大的女士来说是一个致命的伤害，她们特别憎恨魔术师。

这位魔术师的式子如下：

（出生月日）×100＋20×10＋165＋（你的年龄）=？

把你的出生月日和年龄对号入座地填入上面的式子（千万不要给魔术师看到），然后将最后的数字告诉给魔术师，他就知道你的年龄是多少。

你知道秘诀在哪里吗？

007

金字塔的高度

埃及金字塔是世界七大奇迹之一，其中最高的是胡夫金字塔，它的神秘和壮观倾倒了无数人。它的底边长230.6米，由230万块重达2.5吨的巨石堆砌而成。金字塔塔身是斜的，即使有人爬到塔顶上去，也无法测量其高度。后来有一个数学家解决了这个难题，你知道他是怎么做的吗？

008

见面分一半

在古代欧洲某个地方有这样一个规定：商人带钱每经过一个关口，就要被没收一半的钱币，再退还一个。有一个商人，在经过10个关口之后，只剩下两个钱币了，你知道这个商人最初共有多少个钱币吗？

009

酒徒比酒量

一群酒徒聚在一起要比酒量。先上一瓶，各人平分。这酒真厉害，一瓶喝下来，当场就倒了几个。于是再来一瓶，在余下的人中平分，结果又有人倒下。现在能坚持的人虽已很少，但总要决出个雌雄来。于是又来一瓶，还是平分。这下总算有了结果，全倒了。只听见最后倒下的酒徒中有人咕哝道：“嗨，我正好喝了一瓶。”

你知道一共有多少个酒徒在一起比酒量吗？

010

消失的1元钱

3个人住宿时，每人10元，将30元交给服务员后，再交到会计那里去。会计给打了个折找回5元。服务员中间私吞了2元，只还给他们3元。

3人分3元，每人退回1元，合计每人付了9元，加在一起共27元，再加上服务员私吞的2元，一共29元。怎么也与付账的钱对不上。

哪里出了问题呢?

011

巧妙分马

有一个拥有24匹马的商人，给3个儿子留下“传给长子1/2，传给次子1/3，传给幼子1/8”的遗言后就死了。但是，在这一天有1匹马也死掉了。这23匹马用2，3，8都无法除开，总不能把一匹马分成两半吧，这真是个难题。你知道应该怎样解决吗?

012

卖鸡蛋

两个农妇共带100个鸡蛋去卖。一个带的多，一个带的少，带得多的那个反而比带得少的那个少得了一元钱。一个农妇对另一个说：“如果我有你那么多的鸡蛋，我能卖15元。”另一个说：“如果我只有你那么多鸡蛋，只能卖6元。”

你知道两人各带了多少鸡蛋吗?

013

抢报30

蓬蓬和亨亨玩一种叫“抢30”的游戏。游戏规则很简单：两个人轮流报数，第一个人从1开始，按顺序报数，他可以只报1，也可以报1，2。第二个人接着第一个人报的数再报下去，但最多也只能报两个数，却不能一个数都不报。例如，第一个人报的是1，第二个人可报2，也可报2，3；若第一个人报了1，2，则第二个人可报3，也可报3，4。接下来仍由第一个人接着报，如此轮流下去，谁先报到30谁胜。

蓬蓬很大度，每次都让亨亨先报，但每次都是蓬蓬胜。亨亨觉得其中肯定有猫儿腻，于是坚持要蓬蓬先报，结果几乎每次还是蓬蓬胜。

你知道蓬蓬必胜的策略是什么吗？

014

遗书分牛

一农场主在遗书中写道：妻子分全部牛半数加半头，长子分剩下牛半数加半头，次子分再剩下牛半数加半头，幼子分最后剩下牛半数加半头。结果一头牛没杀，一头牛没剩，正好分完。农夫留下几头牛？

015

飞机的数量

一家工厂4名工人每天工作4小时，每4天可以生产4架模型飞机，那么8名工人每天工作8小时，8天能生产几架模型飞机呢？

016

鸡生蛋

5只鸡5天一共生5个蛋，50天内需要50个蛋，需要多少只鸡？

017

分米

有两个合伙卖米的商人，要把剩下的10斤米平分。他们手中没有秤，只有一个能装10斤米的袋子，一个能装7斤米的桶和一个能装3斤米的脸盆。请问：他们该怎么平分10斤米呢？

018

猫追老鼠

有一只猫发现离它10步远的前方有一只奔跑着的老鼠，便马上紧追。猫的步子大，它跑5步的路程，老鼠要跑9步。但是老鼠的动作快，猫跑2步的时间，老鼠能跑3步。

请问：按照现在的速度，猫能追上老鼠吗？如果能追上，它要跑多少路程才能追上老鼠？

019

母子的年龄

华华的妈妈今年比华华大26岁，4年后妈妈的年龄是华华的3倍。请问：华华和妈妈今年各几岁?

020

数学家的年龄

一位数学家的墓碑上刻着这样一段话："过路人，这是我一生的经历，有兴趣的可以算一算我的年龄：我的生命前1/7是快乐的童年，过完童年，我花了1/4的生命钻研学问。在这之后，我结了婚。婚后5年，我有了一个儿子，感到非常幸福。可惜我的孩子在世上的光阴只有我的一半。儿子死后，我在忧伤中度过了4年，也跟着结束了我的一生。"

根据墓碑上所刻的信息，你能计算出他的年龄吗?

021

龟兔赛跑

有一次乌龟和兔子又要比赛谁跑得快。乌龟对兔子说：你的速度是我的10倍，每秒跑10米。如果我在你前面10米远的地方，当你跑了10米时，我就向前跑了1米；你追我1米，我又向前跑了0.1米；你再追0.1米，我又向前跑了0.01米……以此类推，你永远要落后一点点，所以你别想追上我了。

乌龟说得对吗?

022

损失了多少财物

顾客拿了一张百元钞票到商店买了25元的商品，老板由于手头没有零钱，便拿这张百元钞票到朋友那里换了100元零钱，并找了顾客75元零钱。

顾客拿着25元的商品和75元零钱走了。过了一会儿，朋友找到商店老板，说他刚才拿来换零钱的百元钞票是假钞。商店老板仔细一看，果然是假钞，只好又拿了一张真的百元钞票给朋友。

你知道，在整个过程中，商店老板一共损失了多少财物吗？

注：商品以出售价格计算。

023

《静夜思》的数字游戏

被誉为“诗仙”的李白，有一首著名的诗《静夜思》，这首诗共有20个字，恰好组成了下列两组算式：

床前=明月+光，

疑是=地上×霜。

举头+望=明月，

低头×思=故乡。

其中，每个汉字分别代表0～9中的一个数字；相同的汉字肯定表示相同的数字。你能破解这个谜题，把每个字代表的数字写出来吗？

提示：可以以诗中的“头”字为解题点。

024

和与差

随意说出2个数字来，你能迅速算出它们的和减去它们的差的结果吗？

比如，125和43，310和56。

025

兔子的繁殖

一对兔子每个月可以生一对小兔子，而一对兔子出生后第二个月也开始生小兔子。那么，从刚出生的一对兔子算起，满一年时可以繁殖出多少对兔子？

026

山涧

有一个山涧4米宽，下面是万丈深渊。山涧上没有桥，来往的人都是带着木板过桥。一次，大人带着3.9米长的木板要过那边去，小孩带着4.1米长的木板要到这边来。大人的木板太短了，小孩又力气小，搭不了桥。两个人各自站在两边干着急。他们应该用什么方法才能够过山涧呢？

027

分配果汁

商店老板有一个圆柱状的果汁桶，容量是30升，他已经卖了8升给客人。小华和小力是他的老顾客，今天也来买果汁。小华带来的瓶子的容量是4升的，小力的则是5升的。然而小华只想买3升的果汁，小力只想买4升的果汁，但今天商店老板的电子秤坏了，他应该怎么做才能使这两个老顾客得到各自想要的重量，而且又能使果汁不溢出容器？

028

从1加到100

高斯小时候很喜欢数学，有一次在课堂上，老师出了一道题：“1加2、加3、加4……一直加到100，和是多少?”过了一会儿，正当同学们低着头紧张地计算的时候，高斯却脱口而出：“结果是5050。”

你知道他是用什么方法快速地算出来的吗?

029

乒乓球比赛

学校要举行乒乓球比赛，最初报名参加的有25人，后来又有3人报名参加。如果没有平局的出现，总共要举行多少场比赛?

030

摸黑装信

当当有4位好朋友，他们之间经常用书信联系，感情非常亲密。

有一天晚上，当当分别给4位朋友写信。他刚写好信正准备分装的时候，突然停电了。当当摸黑把信纸装进信封里，因为要赶着明天寄出去。妈妈说他这样摸黑装信会出错，当当说最多只有一封信装错。

你觉得当当说得正确吗?

031

奇怪的三位数

有一个奇怪的三位数，减去7后正好被7除尽；减去8后正好被8除尽；减去9后正好被9除尽。你猜猜这个三位数是多少？

032

思维算式

老师在黑板上写了1～9个阿拉伯数字，要求同学用这9个数字组成三个算式，每个数字只能用一次，而且只允许用加号和乘号。你能列出来吗？

033

棋子布阵

12枚棋子放进八个格，有的格中1个，有的格中2个，且每边3格中棋子和等于4。现在让你重新排列，中间一格仍空白，使每边3格中棋子的和等于5。你能做到吗？如果再重新摆一下，使每边3格中棋子加起来等于6呢？

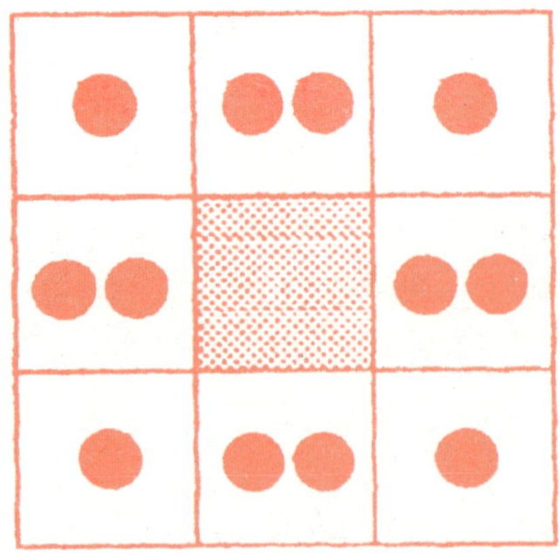

034

扑克牌棋盘

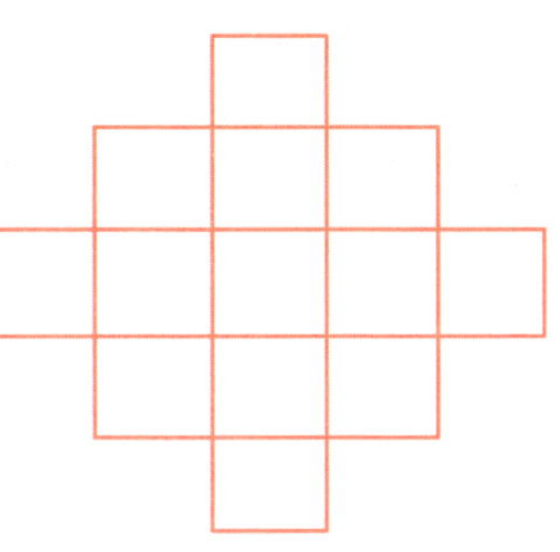

这是一个带13个方格的棋盘，其中包括许多个正方十字。我们要把A到K的13张牌，分别摆在图中的方格中。其中A代表1，J代表11，Q代表12，K代表13，其他分别等于它的牌面数字。要怎样摆才能使所有正十字里的5个数加起来都等于35呢?

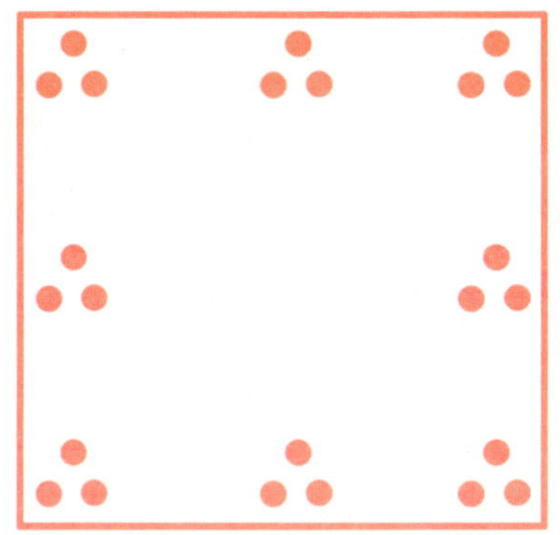

035

棋子和正方形

你能用24枚棋子排成8堆，组成一个每边有3堆棋子，且每边棋子总和等于9的正方形吗?

如果用20枚、28枚或者32枚棋子，应该怎么排呢?

036

数字节日

在下面五幅图案中，①是“6·1”是儿童节；②是“7·1”是建党节；③是“8·1”是建军节；④是“9·10”是教师节；⑤是“10·1”是国庆节。现在要你将0至11共12个数字分别填进空格里，使它左边以代表月份的数字为核心，右边以代表日期的数字为核心，周围环绕着6个数字，各图两组数字相加都相等（相加的和是每题下面等于的数）。你能做出来吗?

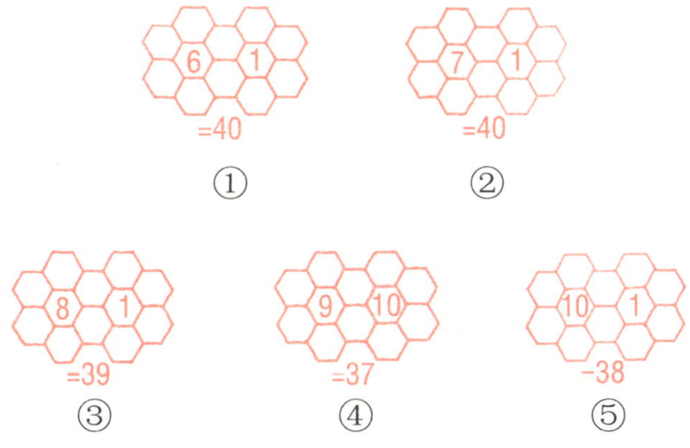

037

“山”字形数字格

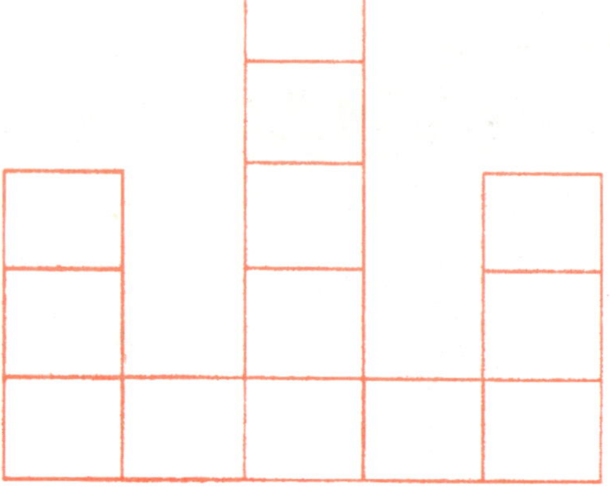

将1到13共13个数字，分别填进“山”字形空格里，使它每个竖行或横行上的数字，第一次相加的和都等于25；第二次相加的和都等于26；第三次相加的和都等于27。

想想看，应该怎样填呢？

038

梯形数塔

9 × ？ + ？ = 88
98 × ？ + ？ = 888
987 × ？ + ？ = 8888
9876 × ？ + ？ = 88888
98765 × ？ + ？ = 888888
987654 × ？ + ？ = 8888888
9876543 × ？ + ？ = 88888888
98765432 × ？ + ？ = 888888888

这是考古学家在埃及金字塔内的壁刻上发现的一个有趣的梯形数塔，其中，“？”处所乘的数字相同，而且各行的待加数字也是有一定的变化规律的，你能把它填好吗？

039

五角幻方

你能把1到12这些数字填入圆圈（7、11除外），使得每条直线上的数的和都为24吗？数字3、6和9已经填好了，你来接着填吧！

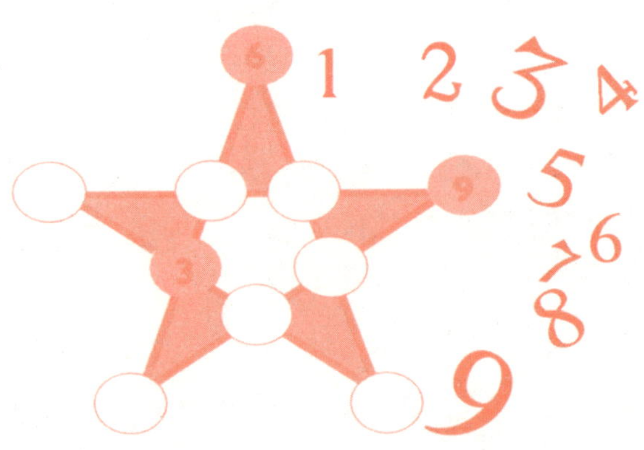

040

数字幻方

请你把1到8这8个数字填到下面的圆圈里面，使任意两个被黑线连接的圆圈里的数字都不是连续的两个数。

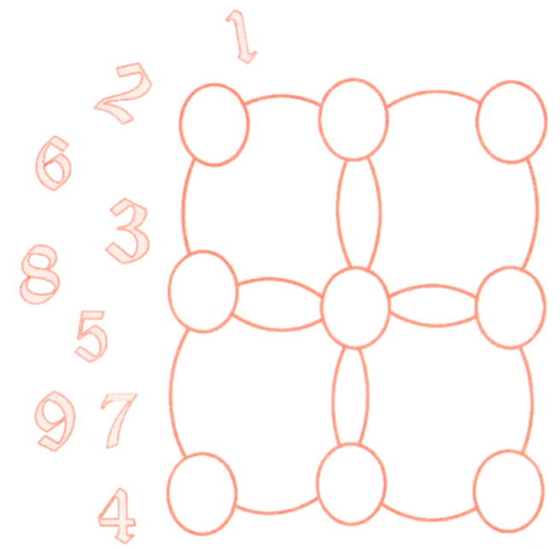

041

填一填，算一算

请你将1到9这9个数字分别填入图中的小圆圈里，请你一式五填，使每个大圆圈的4个数相加的和都相等，分别等于：16、17、18、19、20。想想看，该怎么填呢?

042

谁大谁小

这里有1到9的9个数，你来试着把它们放在图中的正6边形框里面，让它们的大小关系成立。你做得到吗?

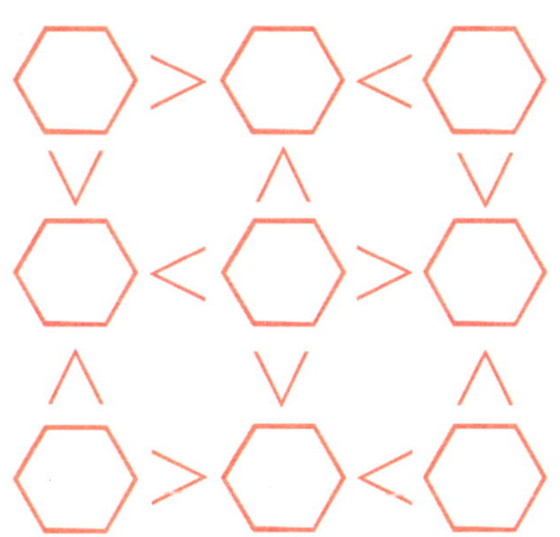

043

三角形魔方

请你把1到6这6个数字填到图中三角形上的圆圈里，使三角形每边上的3个数字加起来都相等，好好考虑一下，看你能找到几种答案？

044

分钱币

磨坊主拿出了五块面包，织布工拿出了三块。顾客见此情景，请求与他们一起享用，两人同意了。吃完后，顾客付了八枚钱币。他们应该怎么公平地分这些钱？

045

老式高尔夫球游戏

老式高尔夫球场共有九个洞，依次相距300, 250, 200, 325, 275, 350, 225, 375和400码。假设一个人可以直线击球，使球沿着直线滚向球洞，滚过球洞或者滚进球洞，而且他击球的距离也只有两个固定的距离，它们分别是100码和125码。那么，他能最少用26次击打完成一个回合吗？具体应该怎么做？

046

都是22

把1到19的数字编号编排一下，使12条线上每条线上有三个号码，这三个数字加起来之和恰恰是22。

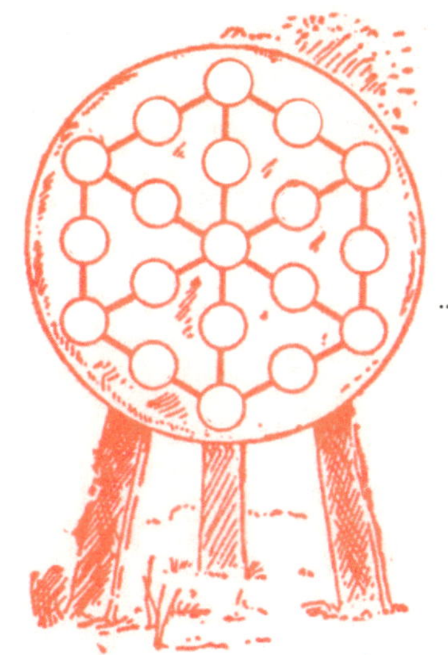

047

都是23

把1到19的数字编号编排一下，使12条线上每条线上有三个号码，这三个数字加起来之和恰恰是23。

048

袋子上的数字

图中有5组袋子，分别是7，28，196，34，5，把左侧两组袋子的数字相乘，结果就是中间袋子的数字196，但如果把右侧两组袋子的数字相乘，结果却不是中间的数字。你能挪动最少的袋子，重新排列一下顺序，使左右两边的各两组袋子分别相乘，结果正好都等于中间袋子的数字吗？

049

扑克游戏“二十四”

在工作休息的时候，大李和老王开始玩一种扑克计算游戏，这种游戏的规则是：任意抽四张牌，每张牌代表一个数字，比如方块7代表7，红桃K代表13，要求用加减乘除四种基本运算，将每个数字用一遍，使得计算结果为24。谁先算出来谁便获得这四张牌，最后以获得全副牌者为胜。大李抽了四次牌他的这样算的：

（1）1，2，3，4，四个数：$1\times2\times3\times4=24$

（2）2，3，4，5，四个数：$(5-2+3)\times4=24$

（3）3，4，5，6，四个数：$(3+5-4)\times6=24$

老王也抽了四次牌，他抽到的牌却比较难：

（1）3，3，7，7；（2）4，4，10，10；（3）5，5，1，5；（4）9，9，6，10

（5）1，4，3，6

老王抽到四组比较难的牌以后就不知道该怎么算了，你知道吗？

050

切方块

1	15	5	12
8	10	4	9
11	6	16	2
14	3	13	7

把这个图切沿着直线成四块，然后把他们重新组合成一个正方形，使得每个横排和竖排的四个数字，以及两个对角线经过的四个数字的和都必须是34。

051

卖鹅

农场主派雇工带着一群鹅到市场上去卖，告诉他可以卖掉这些鹅的全部或者一部分。

雇工先是卖给了甲这群鹅的一半加半只；然后又卖给了乙剩下的鹅的三分之一加三分之一只；后来又把剩下的鹅的四分之一再加四分之三只鹅卖给了丙；在回家的路上，遇到了丁，又把剩下的正好五分之一卖给了他，另外免费送给丁妻子五分之一只鹅。剩下的19只带了回来，因为这无论多少钱都没人买了。那么，农场主到底送了多少只鹅到市场去呢？雇工并没有把哪只鹅大卸八块，并且鹅的数量在买卖上也没有遇到什么不便。

052

安排住宿

现在有一个会议，要求把参会人员安排在正方形的宾馆内，宾馆一共两层，每层八个房间。这栋楼房的每边必须住11个人，楼上的人是楼下的两倍。当然，每个房间都不能空着，而且至多只能住三个人。

楼上八个房间

楼下八个房间

通过两层楼房的平面图，我们看到，通过中间的井式楼梯，可进入这16个房间。当组织者解决了这个难题并安排好住宿计划后，等到参会者们到来时却发现，人数比原先所说的多了三个。这就必须重新考虑一下先前住宿安排的问题了，你知道怎么做吗？

053

12条鱼

有12个鱼筐，每个鱼筐里面有一条鱼，把它们等距离地放在鱼塘的四周，见附图。

你可以从任何一个鱼筐开始，拿起鱼筐中的鱼，顺着一个方向沿着鱼塘走，过两个鱼，把鱼放在下一个鱼筐里。然后继续往前走，再拿起只有一个鱼的鱼筐中的鱼，同样过两个鱼把鱼放在下一个鱼筐里；一直按着这个规则走下去。你只需要挪动六条鱼，最后，有六只筐里各有两条鱼，另外六只筐是空的。那么，怎么能够围绕鱼塘走最少的次数完成这件事呢？”

注意，不管被越过的两条鱼是在一个鱼筐还是两个鱼筐里，或者越过多少个空的鱼筐，都没有关系，只要是越过两条鱼就可以了。同时，必须要沿着鱼塘的一个方向走（不能往回走），最后，你会在出发点结束。

054

卖鸡蛋

一天，一个农夫带了一定数量的鸡蛋去市场，把这些鸡蛋的一半卖给了一个顾客，并赠送给他半个。接着，他又把余下鸡蛋的三分之一卖了出去，并赠送了三分之一个鸡蛋；然后，他又把余下的四分之一卖了出去，并免费赠送了四分之一个鸡蛋。最后，他又卖掉了余下鸡蛋的五分之一，并赠送了五分之一个鸡蛋。接着，他把剩下的鸡蛋平均分给了十三个朋友。然而奇怪的是，在这个过程中，他并没有打破一个鸡蛋。你知道他带到市场去的鸡蛋最少是多少个吗？

055

数字积木（1）

有10块积木，每个积木上面分别写着从0到9的数字。把十块积木分成两组，每组五块，然后把每组摆成两个乘法式子的形式，使得两个乘积相等。你知道乘积最小的摆法吗？

056

数字积木（2）

按照上题的做法，把这十块数字积木平均分成两组，各自摆成乘法式子的形式，使得两个乘积相等，并且是所有情况中最大的乘积。你知道怎么摆吗？提醒一下，乘数可以是一个两位数。当然，不能用分数，也别想耍什么花招。

057

种苹果

一个村庄里住着十五户居民，他们新种了一批果苗。一个人在果园里只种了一棵苹果树，另一个人种了两棵，第三个人种三棵，第四个人种四棵，下一个人种五棵，如此类推，最后一个人的小果园里种了多达十五棵树。去年，人们发现了一件非常奇怪的事情。十五个人都发现自家果园里结的苹果数目完全相等，不过，更奇怪的是，他们在互相比较收获结果之后发现，每家收获的苹果总量差不多一样。事实上，如果种十一棵树的人给种七棵树的人一个苹果，而种十四棵树的人分别给种九棵树和十三棵树的人三个苹果的话，他们拥有的苹果数目将完全相等。

那么，每个人有多少个苹果呢？

058

两店的距离

乡下有一位蔬菜店的老板，他打发伙计去给邻村的肉店老板传口信，而同时肉店老板也打发伙计去蔬菜店老板那里。两个伙计其中一人比另一人跑得快一些，人们看到他们在距蔬菜店720米的地方相遇。每个人在目的地停留了5分钟，之后开始往回走，在距肉店400米的地方再次相遇。两家店相距多远？当然，每个伙计都是匀速行进。

059

围成几个圈

13个孩子围成一圈跳舞，每个孩子都不同时牵着另一个孩子的两只手，也就是说，没有孩子两旁会是同一个人，他们可以围成多少圈？

060

有趣的数字

用0到9十个数字，组成三组数字，而且十个数字没有重复，分别由一个两位数、三位数和五位数组成，而且第二个数是第一个数的倍数。你能组合出来吗？

061

可反转的幻方

你能否用十六个不同的数字制作一个幻方，使它具有魔力？即不论你是否将其上下颠倒，四行、四列和两条对角线上的数字之和都一样？你不可以使用3、4或5，因为这些数字不能颠倒；但是6颠倒后可以变成9，9可以变成6，7变成2，2变成7，而1、8和0两种情况下均不变。记住常数绝不随颠倒而改变。

062

多少个女孩

经过半个月的辛苦工作，女孩们终于为亲爱的牧师完成了一件礼物，她们非常兴奋，每个人都不禁与其他人接起吻来，当然，只有那位怕羞的年轻牧师例外，他只亲吻了自己的姐妹，他将她们叫过来，之后又护送她们回家。已知总共有144个吻。如果这位牧师的姐妹们没有参加这项活动，而是去做其他的，那么这些女孩们要多花多长时间才能完成礼物的制作？当然，我们必须假设这些女孩们每天按时工作，而且确定她们的工作效率相等。在这里互相亲吻算作两个吻。

063

蜗牛攀爬（1）

一只蜗牛要沿一根12米高的杆向上爬，每个白天向上爬3米，每晚又滑下2米。它需要多长时间到达杆顶？

064

蜗牛攀爬（2）

从前，有两位哲学家在花园里散步，一人突然看到一只特别值得尊敬的大蜗牛。这只蜗牛正在做一件险事，沿一堵20米高的墙向上爬。根据蜗牛留下的痕迹，这位先生断定，这只蜗牛每日向上爬3米，而每夜睡觉时滑下2米。

“请告诉我，”这位哲学家对他的同行朋友说，“蜗牛要爬到墙顶，再从另一面滑下，需要多长时间？你知道，这堵墙顶端的沿很陡，所以他一到达顶端将自动开始下滑。假设他每天下滑的速度和向上爬的速度完全相等，而且夜里仍和之前一样睡觉并下滑。”

065

三个9

三个数字9，在可以添加符号的情况下，怎么排列能代表数字11？怎么排列能代表数字20呢？

066

农夫的牛

有一块十亩的草地，可以供十二头公牛吃十六周，或者让十八头公牛吃八周。一块四十亩的草地可以供多少头公牛吃六周？假设草一直匀速生长。

067

切割木块

一位节俭的木匠有一块木头。这块木头长8寸，宽4寸，厚3.75寸。可以切成多少小木块，每个长2.5寸，宽1.5寸，厚1.25寸？这完全是一道你如何切割的问题。大部分人会不必要地剩下很多废木料，你能从这块木头里得到多少小木块？

068

周游的骑士

“周游的骑士”是一道很有名的数学谜题。

“骑士”这个棋子的走法，只能往前后左右移动一格后，再往斜方向移动一格。

用“骑士”将8×8西洋棋盘上的每一格都恰好走过一次，然后回到原点。同一格不可停留两次。这应该怎么走？

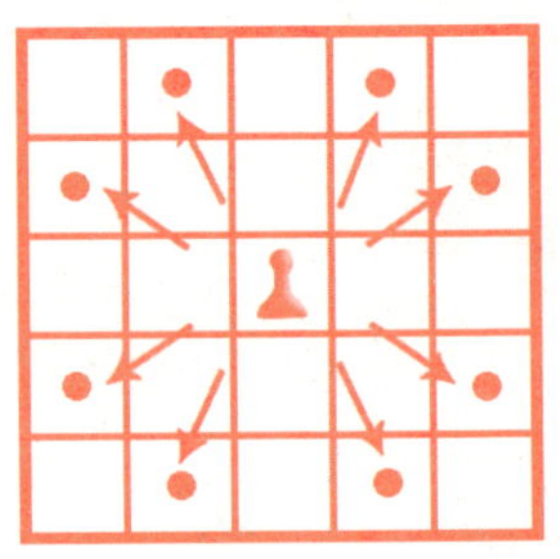

069

计算面积

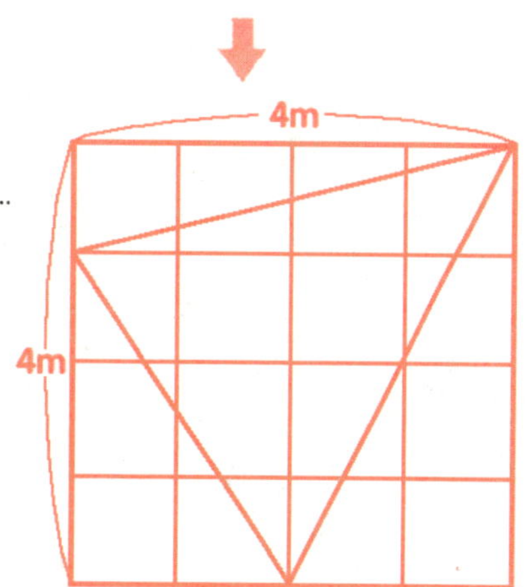

在一间边长为4公尺的正方形房间里铺着一块三角形地毯。请问，这块地毯的面积是多少？

070

填数字（1）

这一序列的下一个数字是什么数字？

1 3 2 6 4 12 8 24 ?

071

数字幻方

将1到25这25个自然数分别填入下图的方格中。使每行、每列和每条对角线上的数字之和为65，而且在那些涂了颜色的方格中的数字必须是奇数。

072

12枚硬币

找12枚硬币，包括1分、2分和5分，共3角6分。其中有5枚硬币是一样的，那么这5枚一定是几分的硬币？

073

等于1的趣题

在下列六则算式中添上四则运算符号，使等式成立。

（1）1 2 3 =1

（2）1 2 3 4 =1

（3）1 2 3 4 5 =1

（4）1 2 3 4 5 6 =1

（5）1 2 3 4 5 6 7 =1

（6）1 2 3 4 5 6 7 8 =1

074

农场家畜知多少

一群来自城市的客人参观农场，客人问主人的农场养了些什么家畜。主人说他一共养了224只家畜，其中绵羊比奶牛多38，奶牛又比猪多6。这时，刚好遇到附近另一个农场的人来用绵羊换奶牛，他把主人75%的奶牛按照一头奶牛换5只绵羊的比例换走了。你知道现在这个农场主分别养了多少头奶牛、多少只绵羊、多少头猪吗？

075

快速计算

已知A×B=12，B×C=13，C×D=14，那么A×B×C×D=?

076

姐妹兄弟

男孩米琪的姐妹与他拥有的兄弟一样多。他的姐姐米莉拥有的姐妹却只有她拥有的兄弟数量的一半。

请问他们家共有多少孩子?

077

考考你

图中问号处应填什么?

A	23
	G

17	M
	11

S	5
	Y

25	E
	?

42124
50378
24399
2221?

078

计算谜题

请找出问号所代表的数字。

079

丰收的苹果

把苹果摘回来以后，就该考虑怎么享用苹果的事了，肯定要吃一点，但一个人也吃不了那么多啊。于是，第一天我用一半的苹果换了葡萄酒喝，葡萄酒好喝又能放一段时间，可以够我喝上一阵子了，然后我还高兴地吃了4个苹果；第二天用剩下的一半去换其他的水果来尝尝，因为吃了其他的水果，所以我就只吃了3个苹果；第三天，吃了1个苹果后，觉得一个人吃没有意思，应该和朋友们一起分享，所以把剩下的苹果的一半分给了朋友们。这时，我还有5个苹果，一些其他水果和葡萄酒，以及更多和朋友们分享的快乐。你知道今年我的苹果树一共结了多少个苹果吗？

9			3			4		5
7	4				2		3	
			6				1	
	1		8		6			
4	9						8	3
			4		1		9	
	2				9			
	7		1				6	9
1		9			3			7

080

数独x

比一般数独难一点的数独，要求是不仅每一行，每一列和每一个九宫格里必须包含1～9这9个数字外，还必须在两条主对角在线也必须包含 1～9。

081

一个比四个

有两个一样大的正方形，一个正方形内有一个内切圆，另一个正方形分成了四个完全相同的小正方形，每个小正方形内有一个内切小圆。请问：四个小圆的面积之和与大圆的面积哪个大？

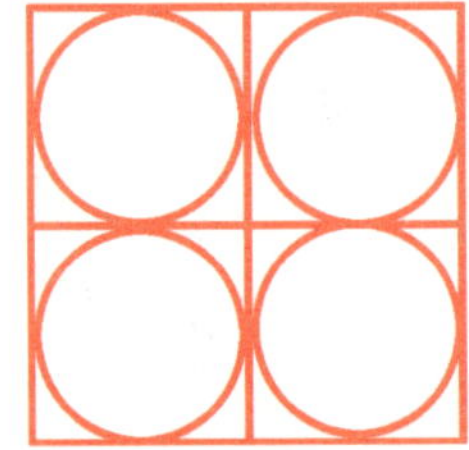

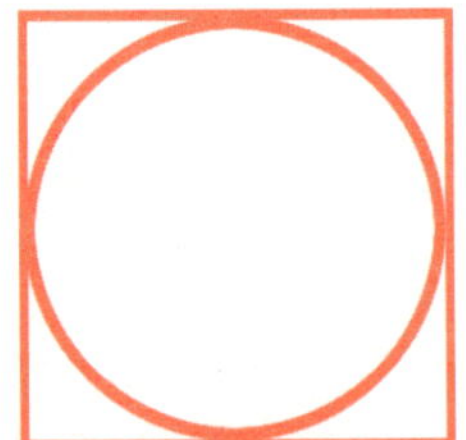

082

填数字（2）

? 7 4 8 9 0

3 5 0 2 6 7

1 2 4 6 2 3

你能看出上面问号处应该填什么数字吗？

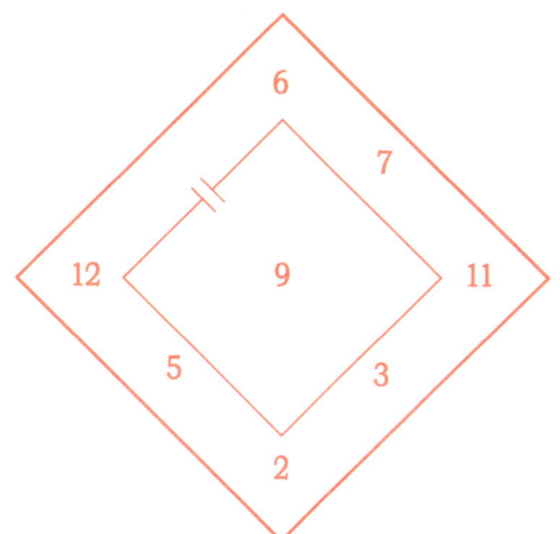

083

添符号

图中自菱形上尖端的数字开始，顺时针方向经过六道加、减、乘、除运算，最后得数为9。请在数字间填上相应的加减乘除符号。

084

开关的难题

对一批编号为1～100，全部开关朝上（开）的灯进行以下操作：凡是1的倍数反方向拨一次开关；2的倍数反方向又拨一次开关；3的倍数反方向又拨一次开关……操作100次。问：最后为关熄状态的灯的编号。

085

扑克房子

用15张扑克牌能搭成如下图3层高的扑克房子，如果10层高，要用154张牌。那么搭一座75层高这样的房子要用多少张扑克牌？

086

有名的数列（1）

你知道“？”代表的数吗？

1，1，2，3，5，8，13，21，？

087

有名的数列（2）

你能推出“？”处代表什么数吗？

1，3，4，7，11，18，29，？

088

彩笔配对

皮皮有15支颜色不同的彩笔，如果他每天拿两支不同的彩笔去学校，总共可以拿105天。昨天他又买了1支不同颜色的彩笔，问他总共可以拿多少天？

089

缺失的数字

下列算式中，每个字母代表 0 ～ 9 的一个数字，而且不同的字母代表不同的数字。你知道 0 ～ 9 这十个数字有哪一个数字不会出现在上面的算式中？

AB + CD + EF + GH = III

090

妙在动1根

用19根火柴摆出下面的算式，可是你会发现这个算式是错误的。现在只需移动1根，就能使算式成立。怎么移？

091

平衡

请问：图中的问号处填什么符号，才能与左面的符号保持平衡？

092

魔术六角形

把1至19这19个自然数填入下图19个正六角形中，让每一列的数字（不管是三个数还是四个数，或者五个数）之和都等于38。如果你填好了，你会得到一个独一无二的魔术六角形。

093

五角星的数

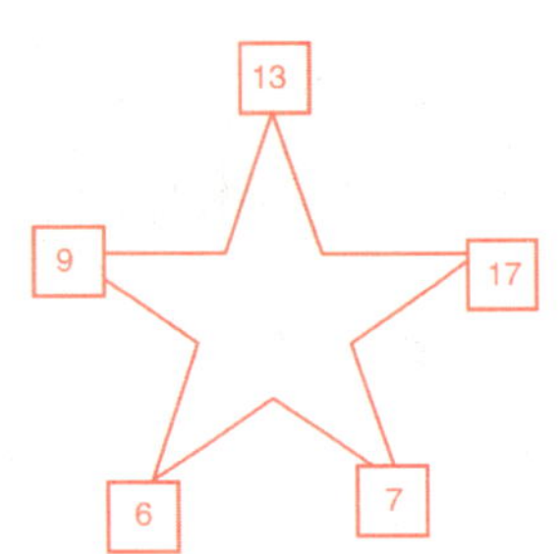

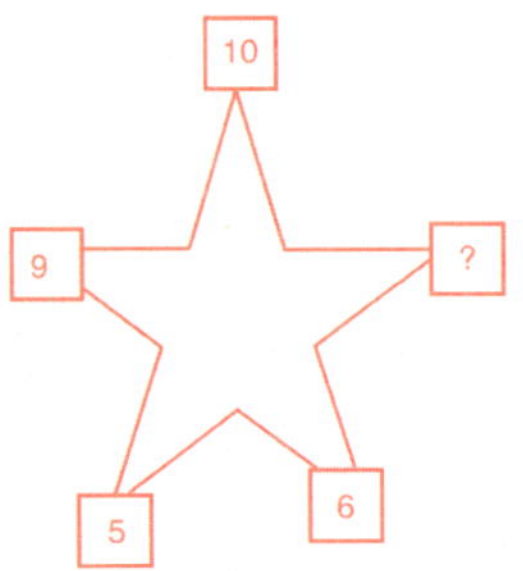

找出问号所代表的数。

094

三角形骨牌

附图中是一种游戏用的三角形骨牌，每一个骨牌的三角上都有一个数字，这种骨牌有56张。我们想请你设计一个规模较小的三角形骨牌，其中只用到0、1、2、3这四个数（请观察附图中的三角形骨牌）。如果设计这样的三角形骨牌，这种骨牌会有多少张？

095

12的菱形迷宫

把数字1到12不重复地填入右面由菱形组成的迷宫中，使每一个菱形四个角上的数的和都是26。

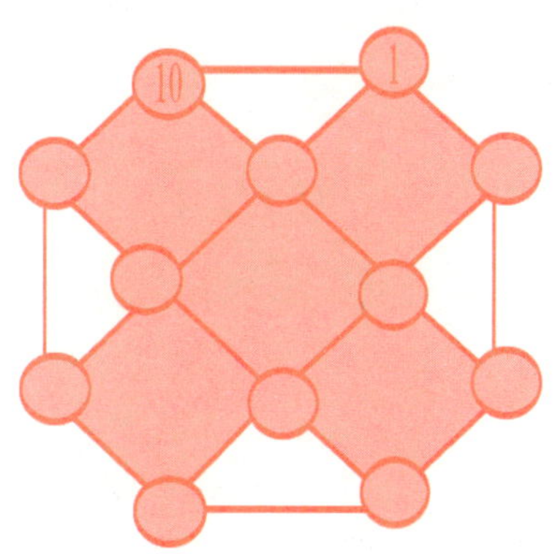

096

卖东西

大刚在农贸市场摆摊子卖炊具，只卖三种东西：炒锅每个30元，盘子每个2元，小勺每个0.5元。一小时后他共卖掉100件东西获得200元进账。已知每种商品至少卖掉两件，请问每种商品各卖掉多少件?

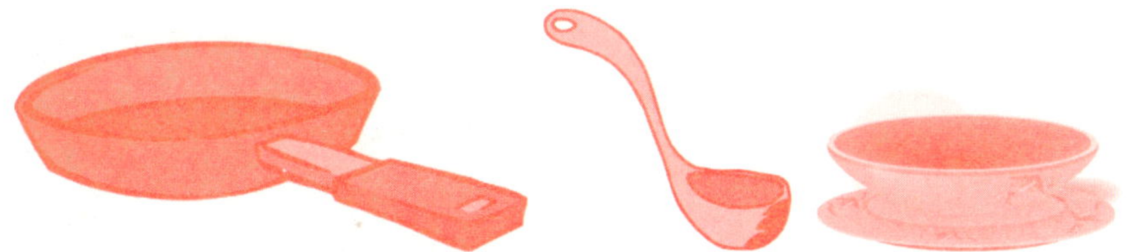

097

要多少块瓷砖

如图所示，用41块黑白相间的瓷砖可摆成对角线各为9块瓷砖的图形，如果摆成一个类似的图形，使对角线有19块瓷砖需总共要多少瓷砖?

098

分桔子

某地的驻军部队后勤处的一个炊事班长出去采购，把买来的100个桔子，分装在6个大小不一的袋子里，每只袋子里所装的桔子数，都是含有数字6的数。请你想一想，他在每只袋子里各装了多少个桔子？

30	50	42	38	
△	○	○	△	36
♥	○	△	♥	24
✸	✸	✸	✸	?
♥	○	△	○	32

099

图形填数

图中的每一种符号均代表一定数值。请问右侧的问号处应为什么数字？

100

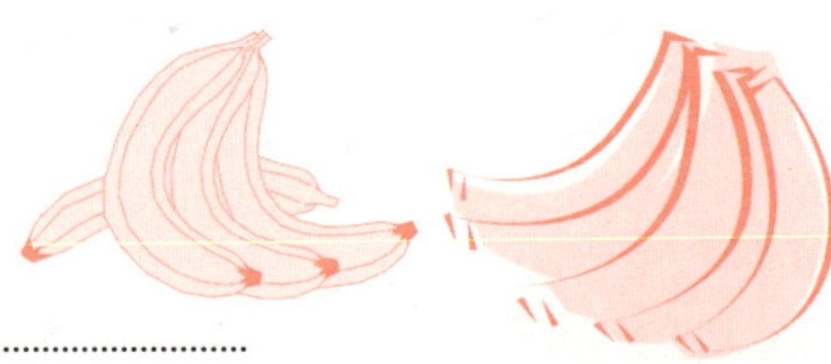

邻居的问题

尼吉太太从超市回来，路过邻居摩尔太太的门口，两人闲聊。尼吉太太说：“我用每串30美分的价格买了几串黄香蕉，又用每串40美分的价格买了同样数量的绿香蕉。后来我想了想，就把钱平均分配，分别购买香蕉时，却发现所买的香蕉多了两串。”

“你一共花了多少钱啊？”摩尔太太问。

“就是啊，我一共花了多少钱呢？”

尼吉太太有点糊涂，想不出其花了多少钱，你能帮她想出来吗？

101

生日蜡烛

一个人自从他出生以来，每年生日的时候都会有一个蛋糕，上面插着等于他年龄数的蜡烛。迄今为止，他已经吹灭了231只蜡烛，你知道他现在多少岁了吗？

4=14+1-1+1

12-2+7=11

102

经理女儿的年龄

一个经理有三个女儿，三个女儿的年龄加起来等于13，三个女儿的年龄乘起来等于经理自己的年龄，有一个下属已知道经理的年龄，但仍不能确定经理三个女儿的年龄，这时经理说有两个女儿参加滑冰学习了，然后这个下属就知道了经理三个女儿的年龄。请问三个女儿的年龄分别是多少？为什么？

103

变算式

这是两个不成立的算式，请你移动1根火柴，使它们左右相等。

4=14+1-1+1

12-2+7=11

104

划分区域

把右边的方格划分为6个完全相同的部分。每一部分的数字和为17。

7	1	4	4	4	3
3	5	5	3	5	2
5	5	1	3	5	0
1	4	3	2	0	5
3	0	4	5	6	4

105

符号填空

按照图中大方格中符号排列的逻辑，图中空缺的一块应该填上哪些符号？

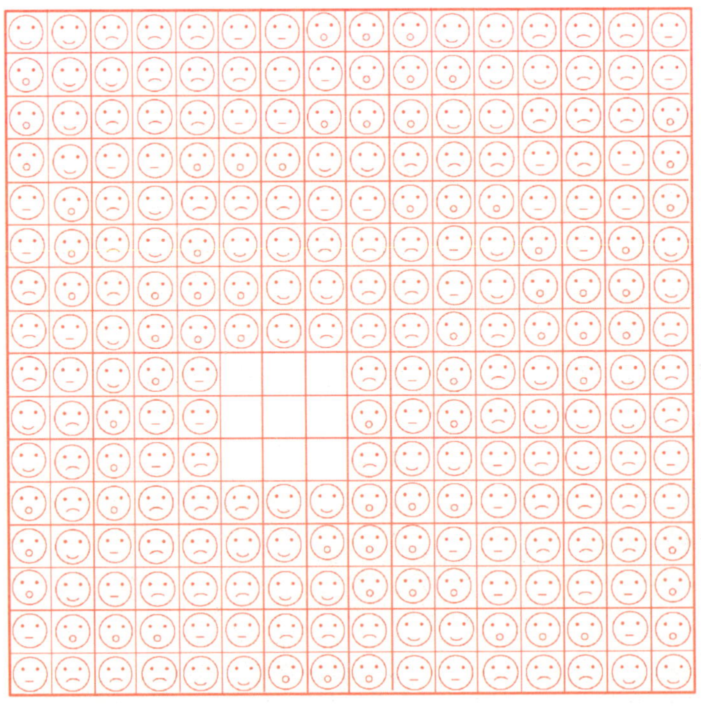

106

不合群的数

找出不同于其他数字的数。

A 561117
B 741115
C 921113
D 881624
E 771117

107

战士和警犬

某警犬训练基地早上晨练，一队战士牵着一队警犬排成一路纵队从训练场上跑过。指导员数了一下刚跑过去的战士和警犬的脚一共是890只，政委数了一下战士和警犬的个数一共是360个。

请你想一想在刚刚过去的战士和警犬的队伍里面，有多少名战士和多少只警犬？

108

算得分

皮皮和琪琪进行猜谜语比赛，答对一题得6分，答错一题扣3分，最后皮皮得了80分，琪琪得了77分。可能吗？

109

薯片促销

现在薯片正在进行促销活动，商店免费以1包薯片与顾客交换8个包装袋。玛丽立刻行动起来，找到了71个薯片的包装袋。那么她最多可以换到多少包薯片呢？

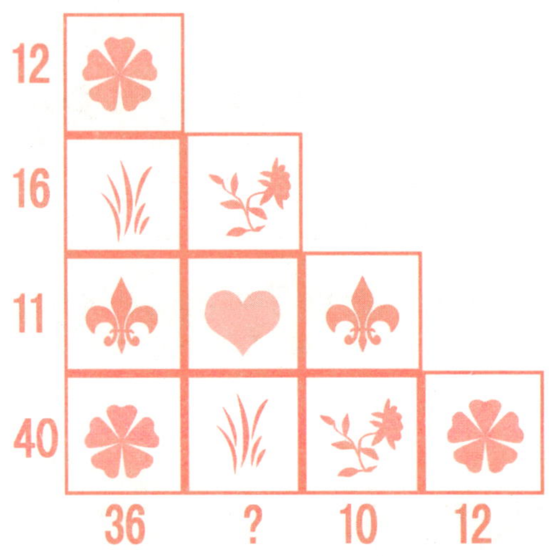

110

填数字（3）

请问图中问号处应填什么数字？

111

比周长

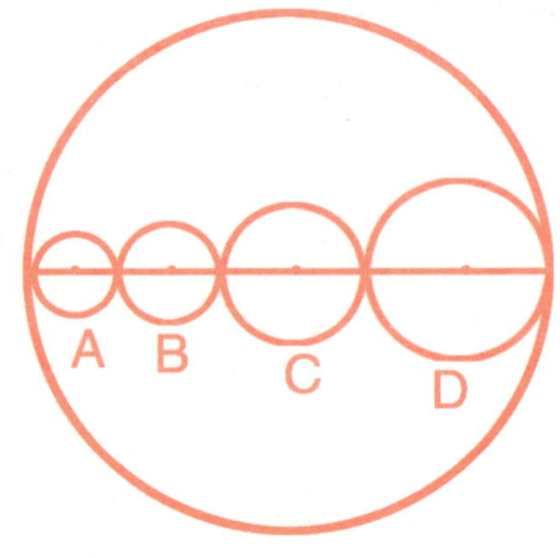

如图，大圆中有四个大小不同的小圆A、B、C、D，小圆两两相切，且四个小圆的圆心都在大圆的一条直径上，A圆与D圆与大圆相切。那么，四个小圆的周长之和与大圆的周长比较，哪个长？

112

费脑子的组合

用10以下的3个相同的数组成得数为30的式子，你能组几个？

例如：10十10+10 = 30.

相同条件的得数改为20，你能组几个？

113

步行比乘车快多少

周末皮皮放学后，站在车站等汽车，等了很久，汽车也没有来，因为他想回家换衣服和同学去踢足球，心里非常着急，就步行往家里走去。如果他乘车10分钟就可以到达，他步行要40分钟到达。当他走到全路程的二分之一时，公共汽车来了，他又乘上汽车走完了全程到达目的地。他这样与一开始就乘汽车比较起来，能快多少分钟？

114

求面积

有一个边长10cm的正方体。在里面画一个内接圆，在圆内再画一个正方形。

请问，小正方形的面积为多少？

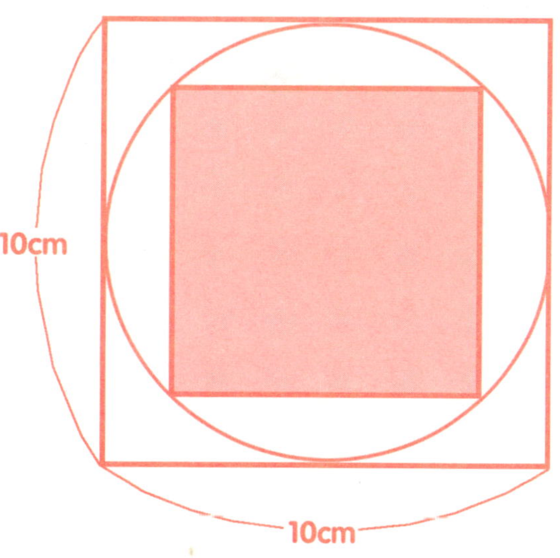

115 最简单的题

张永暑假期间在表哥的相机店里帮助表哥卖相机，其中一种照像机卖310元，为了方便顾客，表哥让他把机身和机套分开卖，并且告诉他，机身比机套贵300元。

这天表哥出门，正好有一位顾客单买一个机套。张永想起了表哥的话，就给这位顾客要价10元，可顾客说他卖贵了。张永想了想说不贵呀，表哥走的时候就是这么交代的，可那位顾客一口咬定他前几天就是在这家店用5元钱买过一个一模一样的机套。他们正在争执不下，表哥回来了，他告诉张永确实是他卖贵了。张永听了表哥的话感到很不服气，心里想：明明就是你让我这么卖的嘛！

你知道张永错在哪里了吗？

116 各行了多少公里

皮特的车行了10000公里，为了使每一只轮胎的的磨损程度相同，他常用一个备用轮胎更换使用车胎。那么，你知道每个轮胎行了多少公里吗？

117 大帅的兵

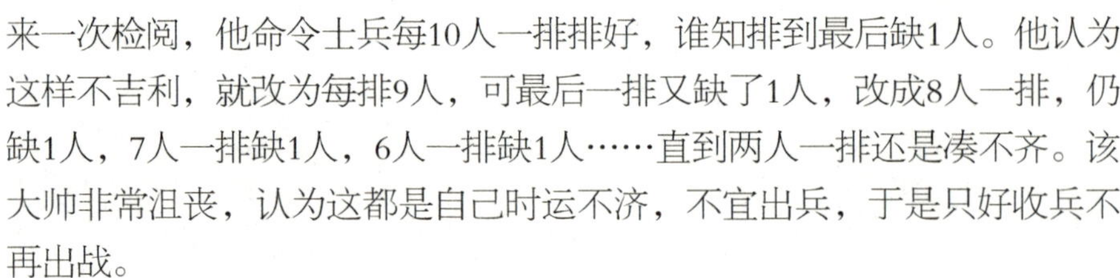

民国时期，某大帅是一位非常迷信的土军阀。有一次他要领兵出征，攻打另外的一个军阀。出发前要来一次检阅，他命令士兵每10人一排排好，谁知排到最后缺1人。他认为这样不吉利，就改为每排9人，可最后一排又缺了1人，改成8人一排，仍缺1人，7人一排缺1人，6人一排缺1人……直到两人一排还是凑不齐。该大帅非常沮丧，认为这都是自己时运不济，不宜出兵，于是只好收兵不再出战。

这当然不是他的时运不济，也没有人恶作剧，只怪该大帅数学差，他的兵数正好排不成整排，你能猜出是多少吗？

118

爬楼梯

皮皮和琪琪两人同住一幢楼，皮皮住第8层，琪琪住第4层，每层楼的楼梯一样高。琪琪于是对皮皮说：每天我们同样上楼，你却要比我多爬一倍的楼梯！请问，琪琪说的话对吗？

119

涨价与降价

某百货商城新进了一批最新款式的服装很受欢迎，销量与日看涨。于是该商城的总经理决定提价10%，不久之后，开始滞销，他们又打出了降价10%的广告，有人说百货商城实际上瞎折腾，不过是又回来到原价位，有人说百货商城不会干赔钱的事，也有人说百货商城自作聪明，实际赔了钱。你说呢？

120

买牛

张三是王员外家的老管家，他是一个非常聪明的人。有一次员外让他去买牛，并告诉他公牛每头3两银子，母牛每头值5两银子，小牛每3头值1两银子。员外给张三100两银子，让他买100头牛回来，过了几天张三真的买了100头牛回来。

你知道用100两银子买的100头牛里面，有多少头公牛、多少头母牛和多少头小牛吗？

121 以物易物

在还不习惯使用货币的地方，大家还是用以物易物的方法来解决交换东西的需要。集市上，三个人带着自己的牲口准备交换。甲对乙说："我用6头猪换你1匹马，那么你的牲口数量将是我所有牲口数量的2倍。"

丙对甲说："我用14只羊换你1匹马，那么你的牲口数量将是我的3倍。"

最后乙对丙说："如果我用4头牛换你1匹马，那么你的牲口数量将是我的6倍。："

问题是，甲、乙、丙三个人各有多少牲口？

122 春游

某学校组织了一次春游，连带队的老师和所有的任课老师和学生在内一共一百人。中午进行野餐，带队老师把带来的100份快餐自己留下1份，然后按老师每人2份，学生2人1份分下去，正好合适。你能算出这次春游去了多少老师多少学生吗?

123 蚂蚁搬兵

一只蚂蚁发现一条虫子死了，立刻回窝唤来10个伙伴，搬不动。这些蚂蚁全部回窝又各召10个伙伴，搬不动。蚂蚁们又全部回窝各自搬来10个兵，搬不动。蚂蚁们坚定不移，又各自回去搬兵，每只召来10个，终于把虫子拉到了家。你算一下，一共出动了多少蚁兵?

124

猜斜边

一个直径为60厘米的圆上，放着大小不同4块直角三角板，你能在一分钟内说出这些三角板的斜边是多少厘米吗？

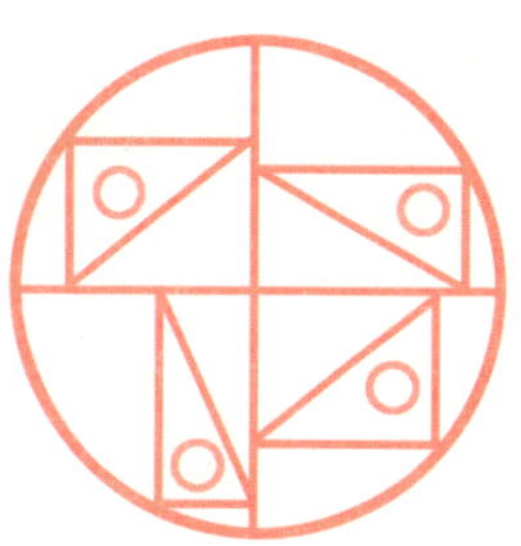

125

不变的值

图中的算式题结果是100，怎样从中拿走3根，使它的结果仍为100？

123−4−5−6−7+8−9=100

126

年龄

亨利和杰克是一对数学迷，有一天两人一起碰上亨利的三个熟人A、B、C。杰克问起那三个人的年龄，亨利说：你很喜欢数学，我告诉你几个条件：(1)他们三个人的年龄之积等于2450；(2)他们三人的年龄之和等于我们两人的年龄之和(杰克当然知道亨利的年龄)。现在，你能算出他们的年龄来吗?杰克根据这两个条件算了好一阵(所有年龄都是整数)，摇摇头对亨利说：我算不出来。亨利笑了笑说：我知道你算不出来，我再给你一个补充条件，他们三人都比我俩的熟人露斯——你当然知道露斯的年龄——要年轻。杰克马上回答说：现在我知道他们的年龄了！

说了这么多，下面才是本题的真正问题：露斯的年龄是多少？

127

要多少根柱子

有一片正方形的果园，每边100米。水果快成熟了，农夫怕人偷水果，想用铁丝网将果园围起来。农夫在果园的边界上，每10米插一根大柱子，你帮他算一算，要用多少根柱子？

128

吃羊

如果有一只野羊，狮子2小时吃完它，熊3小时吃完它，狼6小时吃完。那么3只野兽一块儿吃，用多少时间吃完？

129

打油

一个油桶装了126升油，一个人用2升、3升与5升的容器打油出售。他每次打油时，都把每个容器装满了。他统计了一下，自己使用3升容器的次数是2升的5倍。那么，你能推出每种容器各用了多少次吗？

第二章

锻炼图形辨别力的思维游戏

130

数字方阵

用2，3，4三个数字，填进方阵的9个方格，让每一行和每一列的总和都相等。

131

错误的算式

62−63=1是个错误的等式，能不能移动一个数字使得等式成立？移动一个符号让等式成立又应该怎样移呢？

62−63=1

132

表格中的奥妙

表格中的数字有一定的摆放规律。请你找出规律，并求出A、B、C的值。

133

移杯子

有10只杯子，前面5只装有水，后面5只没有装水。移动4只杯子可以将盛水的杯子和空杯相间，现在只移动2只杯子也要使其相间，你可以做到吗？

134

形状特异的生日蛋糕

童童过生日，舅舅送来一个形状特异的生日蛋糕。恰巧家里来了8位客人，请问：童童该怎么切才能分到相同形状的蛋糕？

135

经典的几何分割问题

这是一道经典的几何分割问题。

请将这个图形分成四等份，并且每等份都必须是现在图形的缩小版。

136

切蛋糕

今天是婷婷的生日。姑姑送给她一个圆形的大蛋糕，婷婷特别高兴。但是姑姑给她出了一个难题：切1刀可以把蛋糕切成2块，第2刀与第1刀相交切可以切成4块。问经过6次这样呈直线的切割，最多可以把蛋糕切成多少块？

137

数字城堡

4			13
7			

在左面这个数字城堡中填入1～16这些数字，使城堡中横、竖、对角线、中间4个数以及角上4个数之和均为34，并且每个数字只能出现一次。你能做到吗？

138

一只独特的靶子

射击场上有一只独特的靶子，上面用数字标好了每环的分数，如右图。请问：假如你是射击手，你一共需要射多少支箭才能使总分正好等于100分？

139

翻转梯形

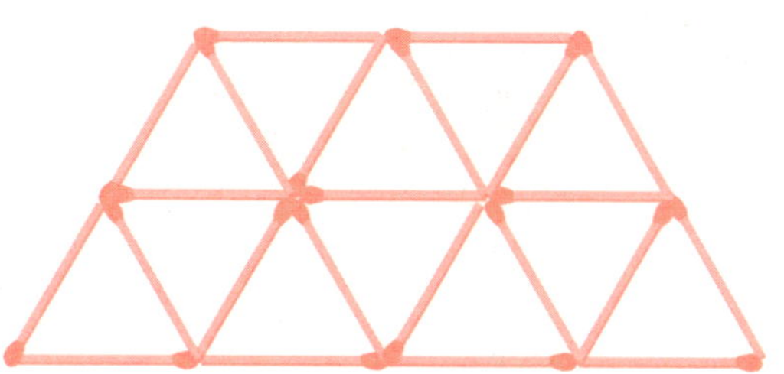

右图是由23根火柴摆成的含有12个小三角形的梯形，最少移动几根，可以让它倒转过来呢？

140

面积比

在一个正三角形中内接一个圆，圆内又内接一个正三角形。请问：外面的大三角形和里面的小三角形的面积比是多少？

141

半个柠檬

多多把柠檬总数的一半加半个放在屋子的东面，把剩下的一半加半个的1/2放在屋子的西面，另一个被藏在冰箱上面，不过柠檬的总数少于9个。请问多多一共有多少个柠檬？

注意：柠檬不能切成半个。

142

字母算式

右图是一个字母算式。目前只知道C比B小两倍，而且都不等于0，那么A、B和C的数值分别是多少？

143

体积会增加多少

冰融化成水后，它的体积减少1/12，那么当水再结成冰后，它的体积会增加多少呢？

144

半盒子鸡蛋

往一只盒子里放鸡蛋，假定盒子里的鸡蛋数目每分钟增加一倍，一小时后，盒子满了。请问：在什么时候是半盒子鸡蛋？

145

交换指针

如果时针和分针交换，它还能表示同一时刻的时间吗？

146

最佳位置

在铁路沿线的同一侧有100户居民，根据居民的要求要建一家商店，并使100户居民到商店的距离之和最小。你知道商店的位置应该建在哪里吗？

147

怪老头的玩意

小区门口有一位老头经常坐在一个刻有16个小方格的桌子旁，桌子上面放了10个棋子。他每天都拿着棋子在桌子上移来移去。有一天，有人问他在干什么，他说他在尝试用10个棋子摆出最多的偶数行，即横排、竖排和斜排上的棋子都是偶数。路人一听完，两三下就排出了16行，并且自称偶数行是最多的。你知道他是如何摆放棋子的吗？

148

数字乐园

将右图中的空白填准确，使得每行、每列和对角线上的数字相加都等于27。

149

标点的妙用

标点不仅仅应用在写作中，正确使用标点符号对解数学题也有很大帮助。下面是一道没有标点的古代数学题，你能正确标出标点，然后计算出来吗？

三角几何共计九角三角三角几何几何

150

数字组合

从左边的数字中随便找出3个数字组成一个号码，但其中任意2个数字不能来自同一行或同一列。判断哪组号码能被3除尽。这样选择的号码无法被3除尽的可能性有多少？

151

玩具的总价

每种玩具都有一个价格，图中的数字表示该行和列所示的和，你能把未知的总价算出来吗？

	22	12	18	16	?
16					
19					
17					
16					
?					

152

圆圈里填数字

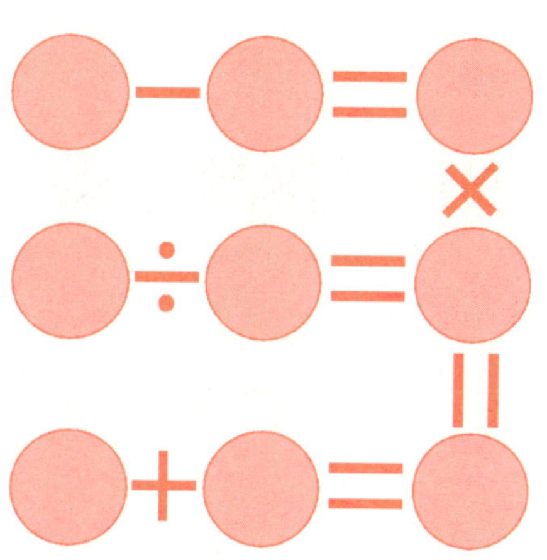

图中9个圆圈组成四个等式，其中三个是横式，一个是竖式。你知道如何在这9个圆圈中填入1～9九个数字，使得这4个等式都成立吗？注意：1～9这九个数字，每个必须填一次，即不允许一个数字填两次。

153

巧分苹果

月月家里来了11位同学。月月的爸爸想用苹果来招待这12位小朋友，可是家里只有7个苹果。怎么办呢？不分给谁也不好，应该每个人都有份。那就只好把苹果切开了，可是又不好切成碎块，月月的爸爸希望每个苹果最多切成4块。

应该怎么分苹果才合理呢？

154

面积缩小一半

用12根火柴棒可以摆成一个直角三角形。现在只需要移动其中的4根火柴棒就可以把三角形的面积缩小一半。想想该怎么摆？一共有几种摆法？

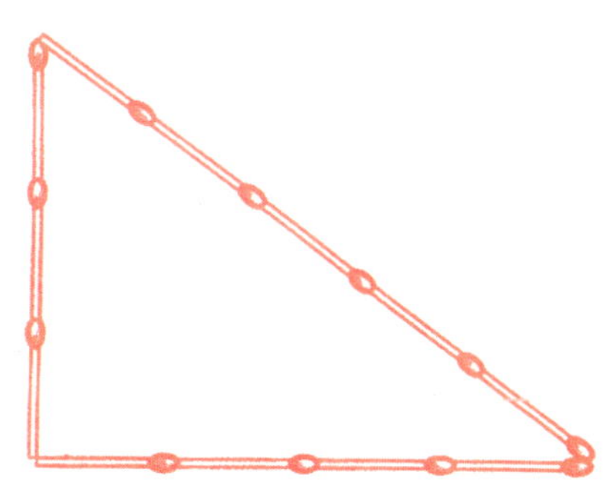

155

乌龟和青蛙的赛跑

乌龟大哥自从和兔子赛跑输了以后，就发誓再也不和兔子比赛了，改和青蛙进行100米比赛。结果，乌龟以3米之差取胜，也就是说，乌龟到达终点时，青蛙才跑了97米。青蛙有点不服气，要求再比赛一次。这一次乌龟从起点线后退3米开始起跑。假设第二次比赛两人的速度保持不变，谁赢了第二次比赛？

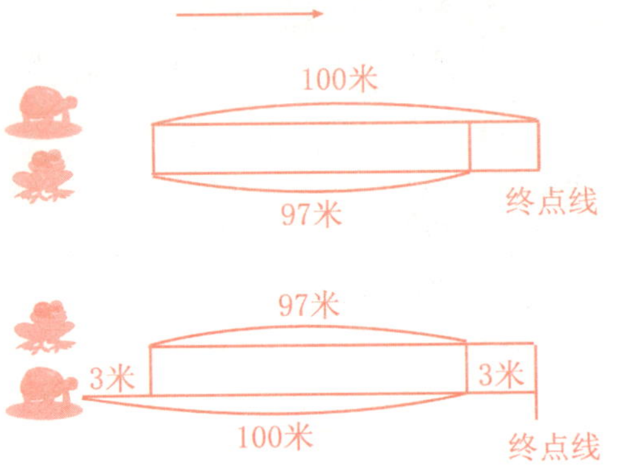

156

最大的数

用3个9所能写出的最大的数是多少？

157

找对应

A与B相对应，同理，C与D、E、F、G、H之中的哪一个相对应？

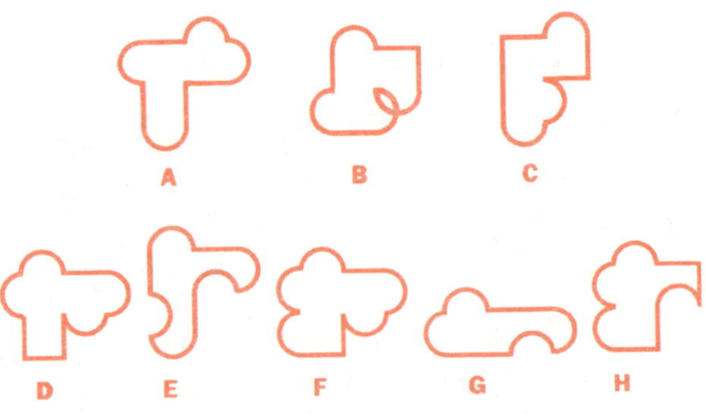

158

破译密码

一天，某军总司令部截获一份秘密情报。经过初步破译得知，下月初，敌军的三个师团将兵分东西两路再次发动进攻。在东路集结的部队人数为“ETWQ”，从西路进攻的部队人数为“FEFQ”，东西两路总兵力为“AWQQQ”，但到底是多少却无从得知。后来，苦思不得其解的密码竟然被一位数学老师破译了。你知道数学老师是怎么破译的吗？

159

5个鸭梨6个人吃

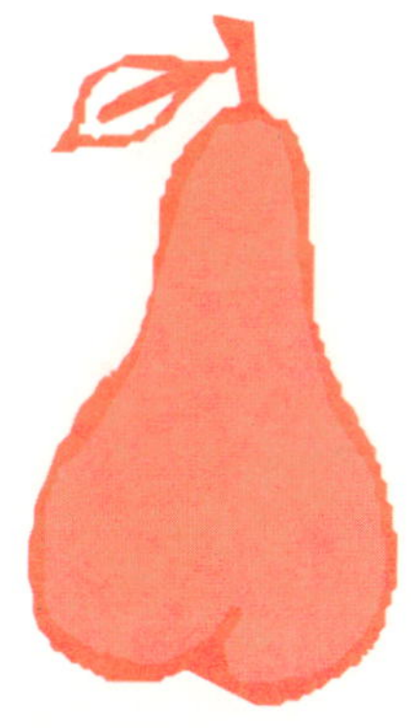

蕾蕾家里来了5位同学。蕾蕾想用鸭梨来招待他们，可是家里只有5个鸭梨，怎么办呢？谁少分一份都不好，应该每个人都有份（蕾蕾也想尝尝鸭梨的味道）。那就只好把鸭梨切开了，可是又不好切成碎块，蕾蕾希望每个鸭梨最多切成3块。于是，这就又面临一个难题：给6个人平均分配5个鸭梨，任何一个鸭梨都不能切成3块以上。蕾蕾想了一会儿就把问题给解决了。你知道她是怎么分的吗？

160

排队

问：10个人要站成5排，每排要有4个人，怎么站？

161 果汁的分法

7个满杯的果汁、7个半杯的果汁和7个空杯，平均分给3个人，该怎么分？

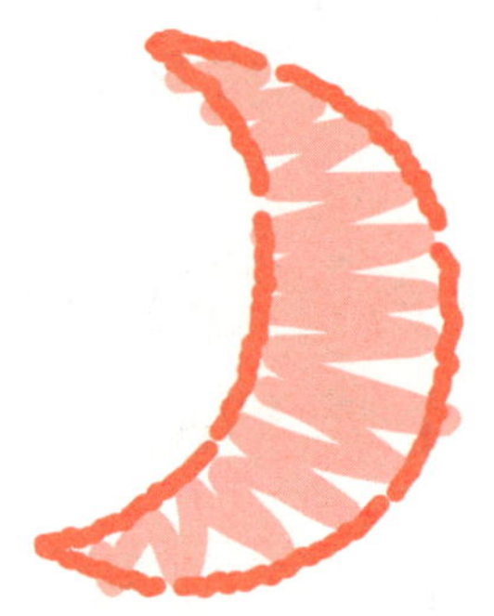

162 月牙

月初的时候，月亮显现出来的是月牙形。请你用两条直线把一个月牙形分成六部分。

163 切煎饼

张师傅是一个烙煎饼的人。有一次，一位顾客说家里来了很多客人，所以他想请张师傅尽最大努力把一张煎饼切成8块，但只能切三刀。张师傅真的用三刀把顾客的要求给满足了。你知道张师傅是怎么切的吗？

164 趣味金字塔

观察金字塔中数字的摆放规律，求A、B、C的值。

165

台阶有多少个

水水和果果在玩跳台阶的游戏，水水每一步跳2个台阶，最后剩下1个台阶；果果每一步跳3个台阶，最后会剩下2个台阶。水水计算了一下，如果每步跳6个台阶，最后剩5个台阶；如果每步跳7个台阶，正好一个不剩。

你知道台阶到底有多少个吗？

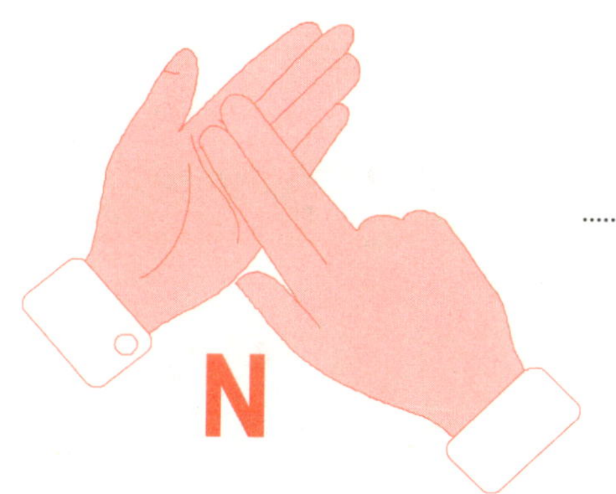

166

猜拳

猜拳是一个很有技巧性的游戏。假设规定双方出的相同拳法不能连续出2次，连猜10次决定胜负。你该怎么做才能取胜？

167

变出3个正方形

左图是用24根火柴棒排成的一大一小两个正方形，只能移动其中的4根火柴，使其变成3个正方形。你会吗？

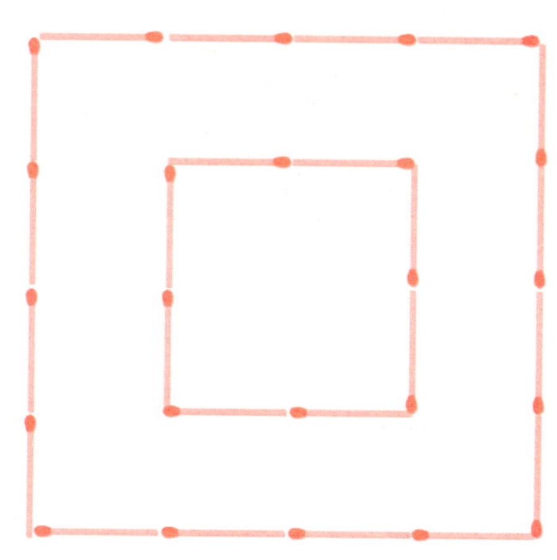

168

滑冰场分块

滑冰场上有10个人。请你画3条线，把冰场划成5块，每一小块冰场内只有2个人。应该怎么画呢？

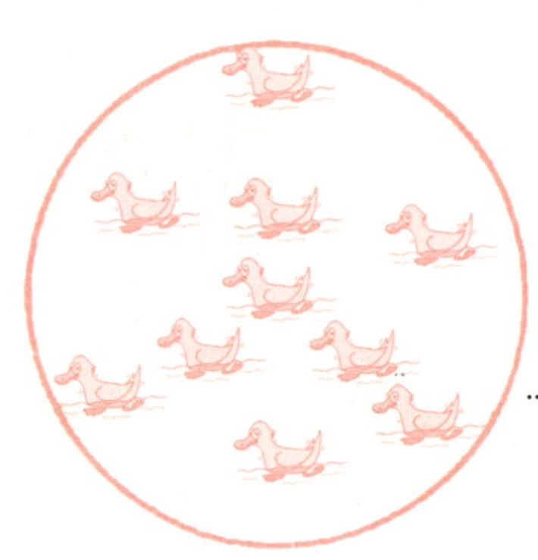

169

圈鸭子

10只鸭子在湖里戏水（如图），请你在水中放入3个同样大小的圆圈，把鸭子一只只地分开，可以吗？

170

小球入洞

把A、B、C 三只球同时抛往洞中。但最后只有一只滚入洞中，请问会是哪一只？

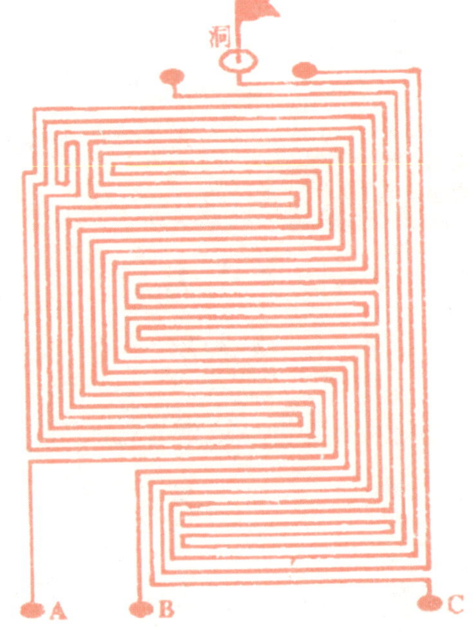

171

去食品店

甲、乙、丙三位小姑娘从家里去食品店购物，但因修路有的地段不通行，她们当中只有一人能到食品店。你看会是谁呢？

172

大诗人

李白、杜甫、白居易、孟浩然和孟郊五位诗人中只有一位能在迷宫中找到他的代表作。是哪一位诗人，他走的是哪一条路线呢？

173

套住小牛

小涛和小勇一块套小牛，两人同时将绳套抛了出去，但只有一人套住了小牛。他会是谁呢？

174

游玩路线

从家（A点）到公园（B点）里去玩，中间需要穿过路线繁杂的闹市区，你能设计一下路线，标出怎么走吗？

175

奇怪的公路

有一段奇怪的公路（如左图所示）。路中间的阴影方块是安全岛，设有安全岛的地段是不能通过的。如果让你由进口处走到出口处，你能出得来吗？

176

游乐园

去游乐园游玩，从大门进去，一次游遍这个游乐园的22个场所，然后由大门出来。不走重复路线，也不能两次通过同一个地方，你知道正确的路线吗？

177

去商场

从家到商场要穿过两个路线复杂的居民区，你知道该怎么走吗？

178

鱼和房子

图中有很多三角形，你能用3个三角形拼一幢房子出来吗？如果分别用3个三角形、4个三角形、5个三角形都可以拼一条鱼出来，你知道怎么拼吗？

179

单向五边形

在这个五边形迷宫中，每条边都只能沿一个方向走。你能找出一条可以一次经过这5个点的路吗？

180

花坛种树

学校操场边的花坛，只是种花太难看了，校长想在里面种一些小树。你能把小树种成两个正方形且把花分隔开吗？

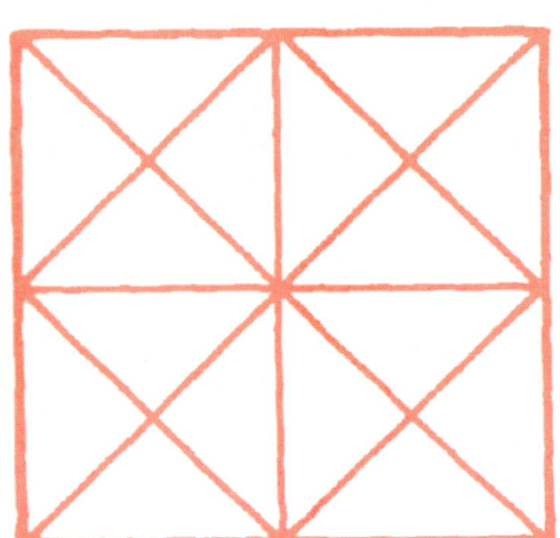

181

数三角形

这是一个几何图形，来数一数吧，看看它里面到底包含了多少个三角形？

182

巧栽花

园丁要在花圃里种上鲜花，将25枝月季，种成12行，每行都要栽上5枝。你来想一想，要怎么种才符合要求呢？

183

切割马蹄形

你能只用两刀就将这个马蹄形切成6块吗？

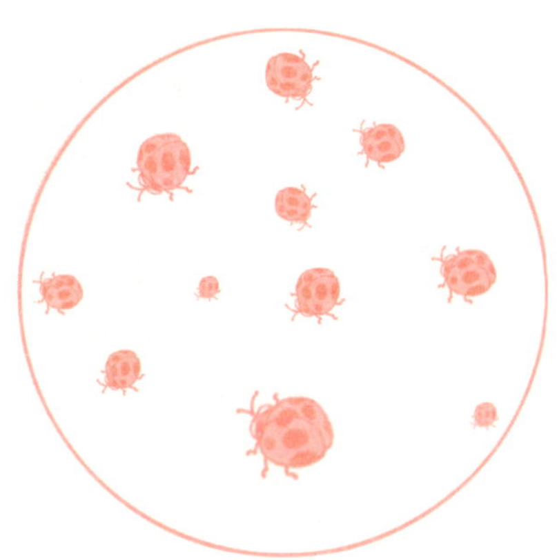

184

划分瓢虫

在这块圆形田地里有11只瓢虫，你能只画4条直线就把11只瓢虫各自单独分到一个小地块里吗？试试看吧！

185

新月形和十字形

旗帜上的新月形可以裁成数块，再准确无误地拼合成另一面旗帜上的标准十字形。你能做到吗？新月形的上下两段距离都为直线，且两个弧相同。

注意，旗帜正反面一样，所以必要时可以将碎块翻过来。

186

百变正方形

用12根火柴摆成了4个相等的正方形。

①拿掉2根火柴，变成2个正方形；

②搬动3根火柴，形成3个相等的正方形；

③移动4根火柴，化作3个相等的四边形；

④变动5根火柴，会变出10个正方形。

有难度吗？

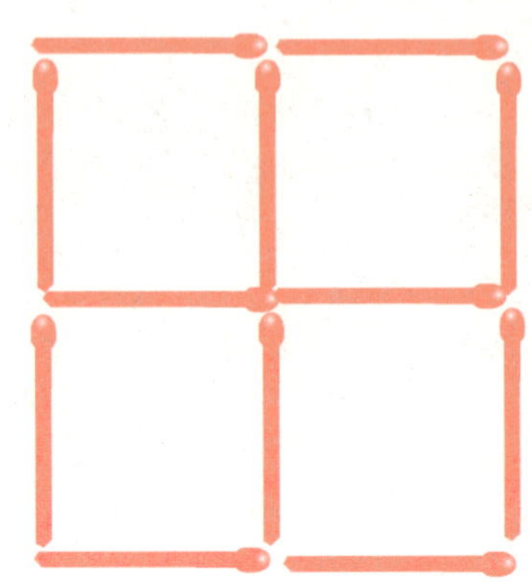

187

拼摆长方形

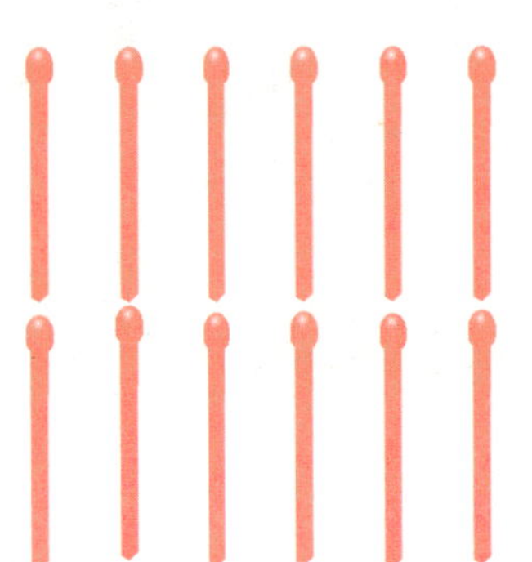

准备12根火柴，你能不能用它们排出下面的这2种长方形？

①无论长方形的哪一边，火柴数目之和都是5；

②纵横各3排，无论哪一排，火柴数目之和都是4。

188

图形推理

下面四个方形之中的图形是按一定逻辑而变化的，但其中有一个是错误的。你能找出是哪一个吗？

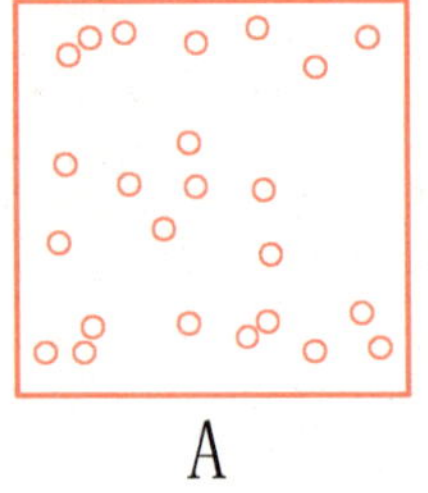

A

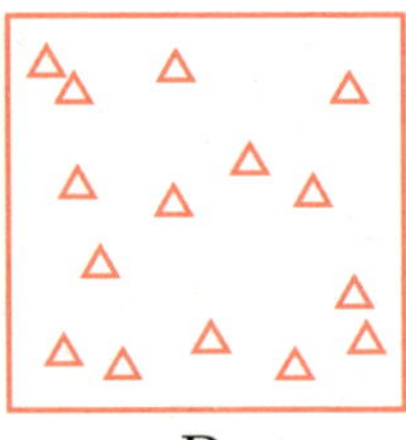

B

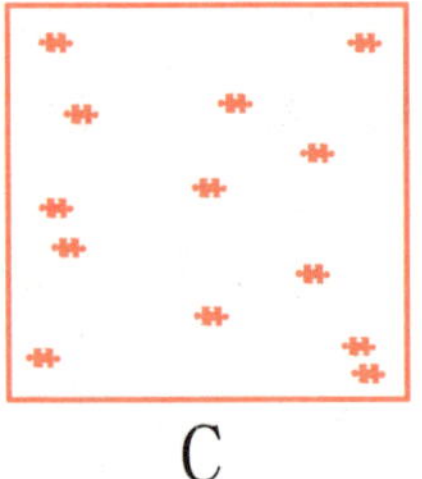

C

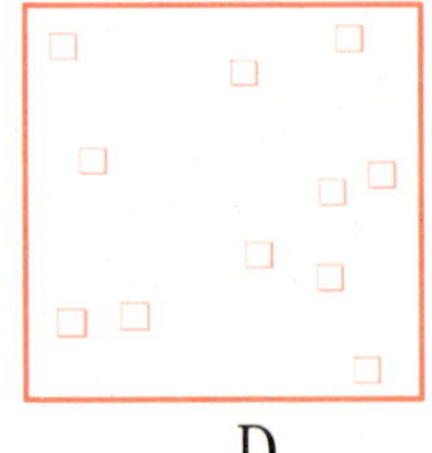

D

189

不确定的选择

右边4个图形中有一个与其他三个不同，请找出来。

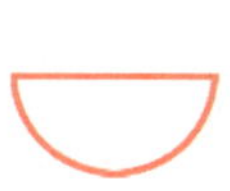

190

摆火柴

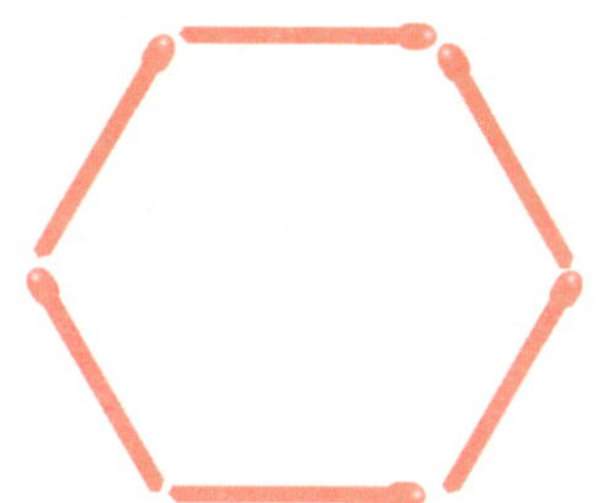

6根火柴可以拼一个正六边形。再给6根火柴，在这个六边形内摆出另一个六边形和6个三角形。

191

都对称

右图是围棋盘的一角，上面已摆下5枚棋子。如果要将它变成一个上下左右都对称的图形，最少要摆几枚棋子？

192

8变5

要把图中的8个正方形变成5个相等的正方形和5个不相等的正方形，而且只许去掉4根火柴，怎么移动？

193 图形对比（1）

将正方形色纸沿着虚线对折，再折成三等分，将黑影部分剪掉，展开后会是是哪个图形？

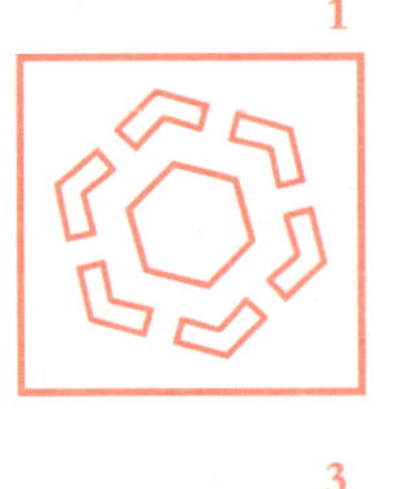

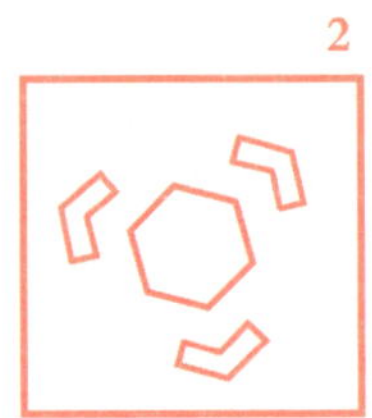

194 找长方形

左面图中一共可以找出多少个长方形？

195 战略转移

13根火柴排成右图，可以看出有3个梯形。现在请你移动其中的2根，把梯形的数量加倍。你可以吗？

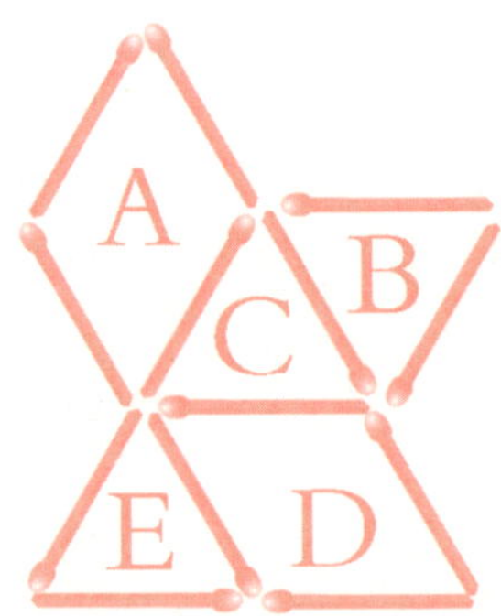

196

三等分

你能将右面三个图形分成大小、外形完全相同的三个小图形吗?

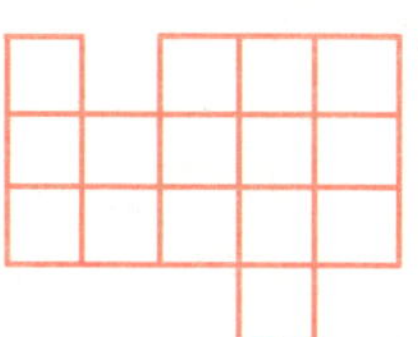

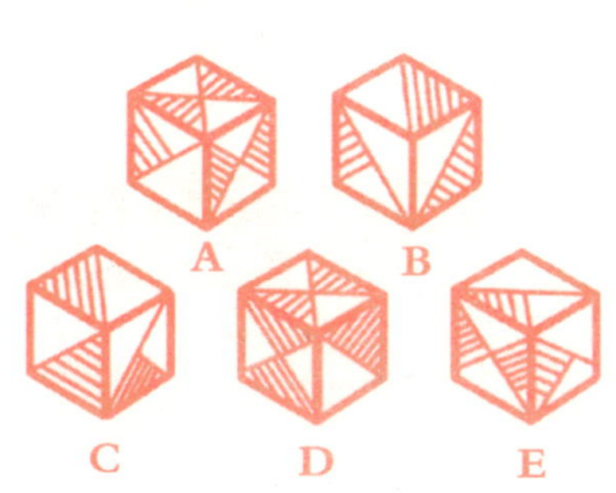

197

骰子布局

用上边的骰面布局，能构成A、B、C、D、E中的哪一种情形?

198

白塔倒影

在北大校园里，有一池湖水叫未名湖；它旁边有一座水塔，名博雅塔。塔倒影在水中，是燕园的一大景观，称之为湖光塔影。图中是用10根火柴摆的一座塔，你只要移动其中的3根火柴，“湖光塔影”便会呈现在你面前!

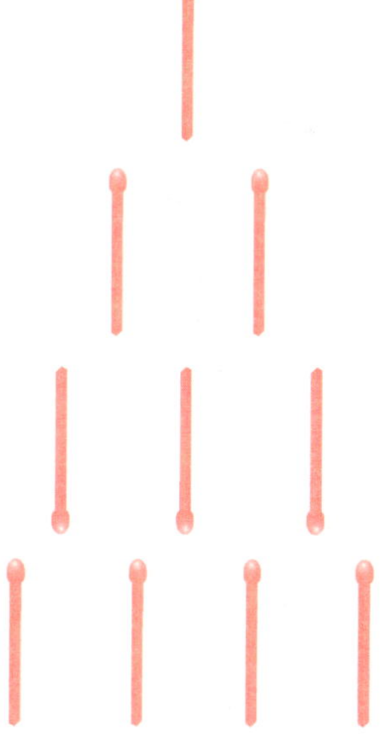

199

拼圆形

这四块图形若拼凑得当，应能构成一个圆形，但现在缺了一块。请从A、B、C、D中找出缺失的那一块。

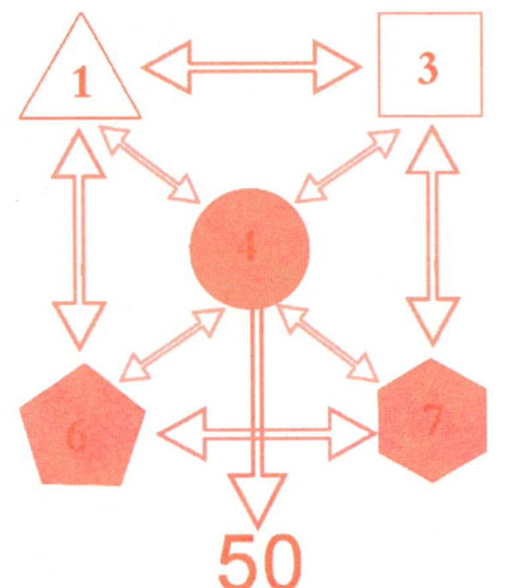

200

路径谜题

从三角形出发，并加上沿途经过的数字。你要依照"一个大箭头，两个小箭头"的规则来走，而且相同的规则不能连走两次。要怎么走才能在加到50的同时抵达终点呢?

201

骰子构图

在A、B、C、D、E五个骰子中，哪一个是左边的骰面无法构成的?

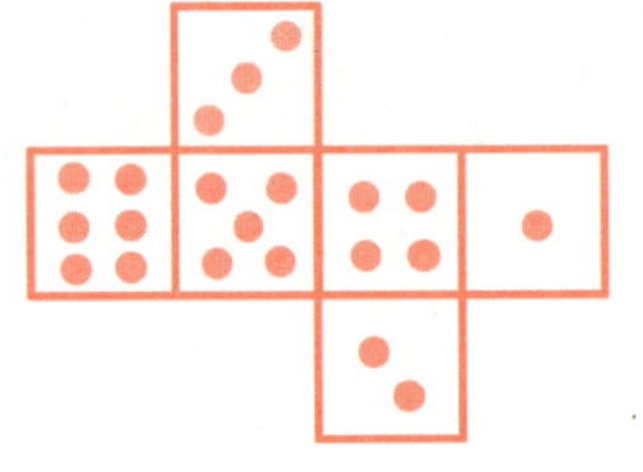

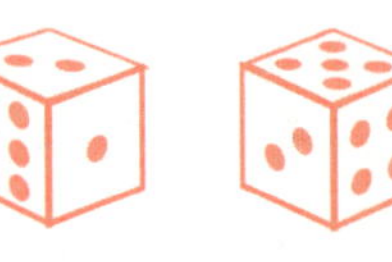

202 纠错

下图从1A到3C的九个小方格中的图形，可由上方A、B、C与左边1、2、3两图相叠加而成。但其中有一图形叠加错了，请找出来。

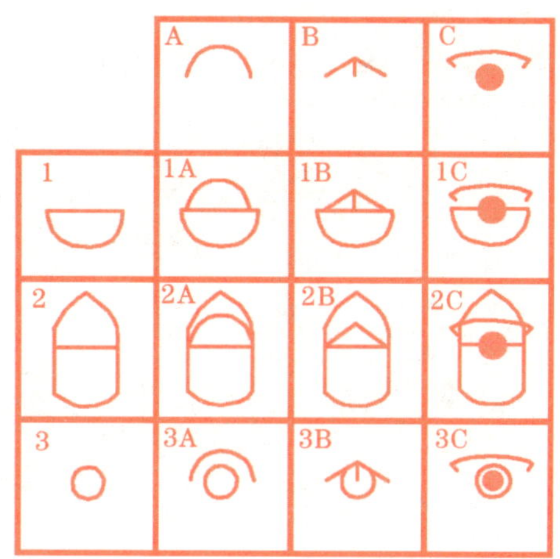

203 图形对比（2）

这是从某个角度观察所画出的三角柱体。请问，这个三角柱体的展开图是哪一个？

2 1 4 3

204 拼图形

给出的三个零散图形可拼成下图的哪一图形？

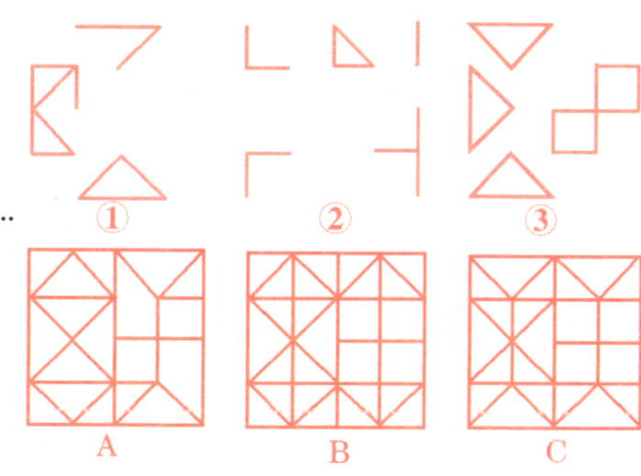

205

藏宝图

仔细观察这些图片。将它们重新排列，你将会得到藏宝处的提示。

206

分解小船

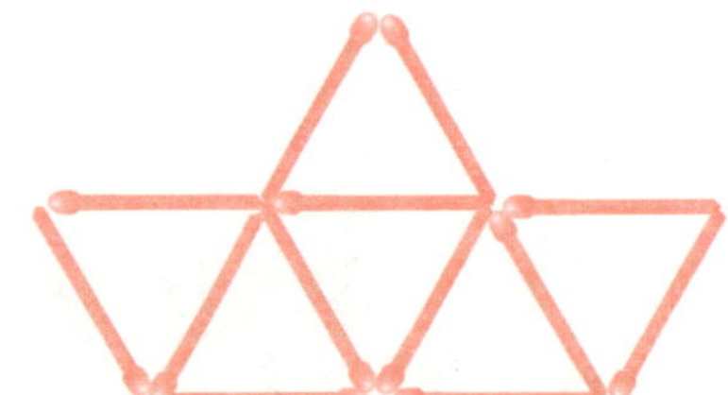

欧皮皮用火柴摆了一艘小船，然后移动了其中的4根火柴，这个图形就变成了有3个梯形和1个三角形的图形。你会移吗？

207

找不同

A、B、C、D、E、F中，哪两个是按照上面的布局设计图构不成的？

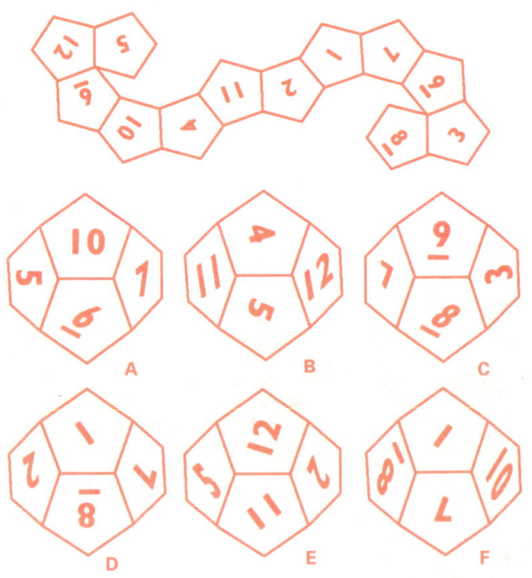

208

拼桌面

有一块木板，上面是一个等腰三角形，下面是一个正方形。你能在不浪费木料的情况下，把木板拼成一个正方形的桌面吗？

第三章

激活逻辑力的思维游戏

谁击中了杀手

拿破仑身边有A、B、C、D、E、F、G、H8个保镖。一次，有个杀手谋杀拿破仑未遂，正在逃跑的时候，8个保镖都开枪了，杀手被其中一个人的子弹击中了，但不知道是谁击中的，下面是他们的谈话：

A：“可能是H击中的，或者是F击中的。”

B：“如果这颗子弹正好击中杀手的头部，那么是我击中的。”

C：“我可以断定是G击中的。”

D：“即使这颗子弹正好击中杀手的头部，也不可能是B击中的。”

E：“A猜错了。”

F：“不会是我击中的，也不是H击中的。”

G：“不是C击中的。”

H：“A没有猜错。”

事实上，8个保镖中有3个人猜对了。你知道谁击中了杀手吗？假如有5个人猜对，那么又是谁击中了杀手呢？

玻璃是谁打碎的

有甲、乙、丙、丁4个小朋友在踢足球。其中一个孩子不小心把足球踢到楼上，打碎了李阿姨家的玻璃。李阿姨非常生气地走下楼来，问是谁干的。甲说是乙干的，乙说是丁干的，丙说他没干，丁说乙在撒谎。他们4个当中，有3个说了假话。

你知道是谁打碎了李阿姨家的玻璃吗？

211

无价之宝

一位在南美洲淘金的老财主不仅淘到了大量的金子，还淘到了许多钻石。为了向别人炫耀自己的富有，他决定用自己淘到的钻石镶一个世界上绝无仅有的无价之宝。他决定，第一天从保险柜里取出一颗钻石；第二天，取出6颗钻石，镶在第一天那一颗钻石的周围；第三天，在其（如右图）外围再镶一圈钻石，变成了两圈。每过一天，就多了一圈。这样做7天以后，镶成了一个巨大的钻石群。请问，这块无价之宝一共有多少颗钻石？

212

分机器人

8个孩子分32个机器人，分法如下：燕妮得到1个机器人，玫利得到2个，培拉3个，米奇4个，男孩凯德·史密斯得到的机器人和他的妹妹一样多，汤米·安德鲁得到的是他妹妹的2倍，比利·琼斯分得的机器人是他妹妹的3倍，洛克·哈文得到的是他妹妹的4倍。请你猜猜上面4个女孩的姓氏。

提示：在西方人名中，如汤米·安德鲁，姓氏居后，即安德鲁。

213

小猫的名字叫什么

在右面的宠物照片中，有6只小猫的照片，它们看起来很相似，但名字是不一样的。

①叫做“咪咪”的是在上面一排里。

②叫做“花花”和“球球”的在同一排里。

③叫做“花花”的(不是D)在“咪咪”的左边。

④“球球”的左边是“B或E”，“黑黑”在中央位置(B或E)。

⑤叫做“忽忽”的在“兰兰”的右侧。

请问：这6只小猫的名字分别叫什么？

214

爱说假话的兔子

有4只兔子，年龄从1~4岁各不相同。它们中有两只说话了，无论谁说话，如果说的是比它大的话都是假话，说的是比它小的话都是真话。兔子甲说：“兔子乙3岁。”兔子丙说：“兔子甲不是1岁。”

你能知道这4只兔子分别是几岁吗?

215

天平不平

这里有一个天平和13块重量相同的金条。现在在左边离轴心3格的那个秤盘里放了8块金条，在右边离轴心4格的秤盘里放了4块金条，天平不平。已知每个秤盘和金条的重量相同，请你移动1块金条，使天平恢复平衡。想想该怎么移动?

216

3只难以对付的八哥

罗伯特、丽萨、艾米是3只八哥，它们分别来自3个国家。其中来自A国的八哥一直说真话，来自B国的八哥一直说假话，来自C国的八哥特别有意思，它总是先说真话再说假话。

对于这3只难以对付的八哥，饲养员偷偷地录下了他们的对话，请你根据它们的对话分别说出这3只八哥分别来自哪个国家?

罗伯特说：“艾米来自C国，我来自A国。”

丽萨说：“罗伯特来自B国。”

艾米说：“丽萨来自B国。”

217

餐厅聚会

有7个年轻人，他们是好朋友，每周都要到同一个餐厅吃饭。但是他们去餐厅的次数不同。大力士每天必去，沙沙隔一天去一次，米米每隔两天去一次，玛瑞每隔三天去一次，好好每隔四天才去一次，科特每隔五天才去一次，次数最少的是玛奇，每隔六天才去一次。

昨天是2月29日，他们愉快地在餐厅碰面了，他们有说有笑，憧憬着下一次碰面时的情景。请问：他们下一次相聚餐厅会是在什么时候？

218

休闲城镇

一个著名的休闲城镇里有一家餐厅、一家百货商场和一家蛋糕店。丁丁到达休闲城镇的那一天，蛋糕店正好开门营业。这个休闲城镇一星期中没有一天餐厅、百货商场和蛋糕店全都开门营业。百货商场每星期开门营业四天，餐厅每星期开门营业五天，星期日和星期三这三家单位都关门休息。在连续的三天中：

第一天，百货商场关门休息；

第二天，蛋糕店关门休息；

第三天，餐厅关门休息。

在连续的三天中：

第一天，蛋糕店关门休息；

第二天，餐厅关门休息；

第三天，百货商场关门休息。

请问：丁丁到达休闲城镇是一星期七天中的哪一天？

219

互不相通的房间

小明有两个兄弟，他们三兄弟分别住在3个互不相通的房间，每个房间门上都有两把钥匙。

请问：如何安排房间的钥匙才能保证小明三兄弟随时都能进入每个房间？

220

海盗分宝石

5个海盗抢到了100颗同样大小且价值连城的宝石。他们决定这么分：用抽签的办法决定自己的号码(1，2，3，4，5)。

首先，由1号提出分配方案，然后5人进行表决，当且仅当超过半数的人同意时，才能按照他的提案进行分配，否则将被扔入大海喂鲨鱼。

1号死后，再由2号提出分配方案，然后4人进行表决，当且仅当超过半数的人同意时，按照他的提案进行分配，否则像1号一样，他将被扔入大海喂鲨鱼。其他人的分配方法以此类推。

因为每个海盗都是很聪明的人，所以都能很理智地判断得失，做出选择。他们的判断原则是：保命，尽量多得宝石，尽量多杀人。

请问：第一个海盗提出怎样的分配方案才能够使自己的收益最大化？

221

失误的程序员

高先生是一个高级程序员，但是他最近设计的三款机器人却出了一点问题：有一个永远都说实话，有一个永远都说谎话，另一个则有时说实话，有时说谎话。高先生不知道怎么分辨它们，就请高博士为他帮忙。

高博士一看，随口问了3个问题就知道怎么分辨了。他的问题是：

问左边的机器人：“谁坐在你旁边？”机器人回答：“诚实的家伙。”

问中间的机器人：“你是谁？”机器人回答：“总是犹豫不决的那位。”

问右边的机器人：“坐在你旁边的是谁？”机器人回答：“说谎话的家伙。”

根据上面3个问题及其回答，推测它们的身份。

222

环球飞行

某航空公司有一个环球飞行计划，但有下列条件：每个飞机只有一个油箱，飞机之间可以相互加油（没有加油机）；一箱油可供一架飞机绕地球飞半圈。为使至少一架飞机绕地球一圈，至少需要出动几架次飞机（包括绕地球一周的那架在内）？

注意：所有飞机从同一机场起飞，而且必须安全返回机场，不允许中途降落，中间没有飞机场。加油时间忽略不计。

223

一条漂亮的裙子

小新快过生日了，妈妈给她准备了一个生日礼物——一条漂亮的裙子。为了考验一下小新，妈妈将礼物放在下面的两个盒子当中的一个，两个盒子上面分别系有一张纸条。小新一看，就知道礼物在哪个盒子里，你知道吗？

224

谁在撒谎

有5个学生，在接受学校的小记者团采访时说了下面这些话，你来判断他们中有几个人撒了谎。

小艾说：“我上课从来不打瞌睡。”

小美说：“小艾撒谎了。”

小静说：“我考试时从来不舞弊。”

小惠说：“小静在撒谎。”

小叶说：“小静和小惠都在撒谎。”

225

一家人

有3户人家合租了一个复式别墅。这3户人家都是三口之家：丈夫、妻子和孩子。他们的名字已在下表中列出来了：

丈夫	老张、老王、老李
妻子	丁香、李平、杜丽
孩子	美美（女）、丹丹（女）、壮壮（男）

现在只知道老张和李平家的孩子都参加了学校的女子篮球队训练；老王的女儿不叫丹丹；老李和杜丽不是一家。你能根据上面的条件说出这每家分别是哪3个人吗？

226

照片上的人

有一个人在上班时间看照片。当有人问这个人在看谁的照片时，这个人回答说："照片上的人的丈夫的母亲，是我丈夫的父亲的妻子的女儿，而我丈夫的母亲只生了他一个孩子。"

请问：这个人在看谁的照片？

227

问什么问题

古代，有A、B两个相邻的国家，A国居民都是诚实的人，B国居民都是骗子。当你问一个问题时，A国居民会告诉你正确的答案，而B国居民给你的答案都是错误的。一天，一个智者独自登上了两国中的某个国家。他分辨不清这个国家是A国还是B国，只知道这个国家的人既有本国的居民又有别国的来客。他想问这里的人"这是A国还是B国"，却又无法判断被问者的答案是否正确。智者动脑筋想了一会儿，终于想出一个办法，他只需要问他所遇到的任意一个人一句话，就能从对方的回答中准确无误地断定这里是哪个国家。

你知道智者所问的是什么问题吗？

228

坚强的儿子

从前，当古罗马城陷入纷乱的时候，有位母亲对想趁着乱世称雄的儿子这么说：“如果你正直的话，就会被大众所背叛；但如果你不正直，就会被神遗弃。反正都没有好下场，你就别强出头了。”

这位坚强的儿子不但不放弃，还利用这番话中的盲点说服了他母亲。

你知道他是如何反驳的吗？

229

神秘岛上的规矩

有一位商人到一个盛产美女的神秘岛上想要娶一位妻子。岛上的居民不分男女，可分为：永远说真话的君子；永远撒谎的小人；有时讲真话、有时撒谎的凡夫。商人从甲、乙、丙3人中选一个作妻子。这3个美女中有一个是君子，一个是小人，一个是凡夫，而凡夫是由狐狸变的美女。按照岛上的规定，君子是第一等级，凡夫是第二等级，小人是第三等级。岛上的长老允许商人从3位美女中任选一位，并向她提一个问题，而这个问题只能用“是”或者“不是”来回答问题。

请问：商人应该问一个什么问题才能保证不会娶到由狐狸变的凡夫呢？

230

玩具世界

多多最喜欢买玩具，她的家简直成了一个玩具世界。

在她的玩具中：扔掉两只之后都是狗；扔掉两只之后都是熊猫；扔掉两只之后都是洋娃娃。

请问：多多都有一些什么玩具？

231

他们点的什么菜

阿德里安、布福德和卡特3人常结伴去餐馆吃饭，他们每人要的不是火腿就是猪排。我们已知下列情况：

① 如果阿德里安要的是火腿，那么布福德要的就是猪排。

② 阿德里安或卡特要的是火腿，但是两人不会都要火腿。

③ 布福德和卡特两人不会都要猪排。

你知道谁昨天要的是火腿，今天要的是猪排吗？

232

野炊分工

兄弟4人去野炊，他们一个在挑水，一个在烧水，一个在洗菜，一个在淘米。现在知道：老大不挑水也不淘米；老二不洗菜也不挑水；如果老大不洗菜，那么老四就不挑水；老三既不挑水也不淘米。

你知道他们各自在做什么吗？

233

谁是班长

甲、乙、丙是同班同学，其中一个是班长，一个是学习委员，一个是小组组长。现在已知道：丙比组长年龄大，学习委员比乙年龄小，甲和学习委员不同岁。你知道他们3个人分别担任什么职务吗？

234

年龄的秘密

A、B、C3人的年龄一直是一个秘密。将A的年龄数字的位置对调一下，就是B的年龄；C的年龄的两倍是A与B两个年龄的差数；而B的年龄是C的10倍。

请问：A、B、C3人的年龄各是多少？

235

姑娘与魔鬼

月亮宫里住着4个姑娘（光光、木木、乔乔、贝贝）。她们之中的一个人变成了魔鬼(假如叫作木木的女子变成了魔鬼，那么如果她说：“我不是木木”的话，要看作是实话)。另外，她们之中有一个人经常撒谎(有可能是变成魔鬼的女子)，其他人都不撒谎。但是大家都不知道谁变成了魔鬼。

有一天，她们的对话被吴刚听到。请根据吴刚的记录说说这4个人的名字分别是什么？是谁变成了魔鬼？

头戴黄色头冠的女子说：“我不是贝贝，佩戴蓝色头冠的人是木木。”

头戴白色头冠的女子说：“我不是贝贝，头戴黑色头冠的人是乔乔。”

头戴蓝色头冠的女子说：“我不是木木。”

头戴黑色头冠的女子说：“头戴黄色头冠的女子是光光。”

236

骗子村的老实人

刚搬到骗子村的老实人显然还不太习惯骗子村的生活方式。星期一说谎，其他的日子说的都是真话。

请问：老实人在星期二说的话是什么呢？

237

珠宝公司的刁钻奖励

瑞芳在一家珠宝公司工作，由于她工作积极，所以公司决定奖励一条金链。这条金链由7个环组成，但是公司规定，每周她只能领一环，而且切割费用由自己负责。

这让瑞芳感到为难，因为每切一个金环，就需要付一次昂贵的费用，再焊接起来还要一笔费用，想想真不划算。聪明的瑞芳想了一会儿之后，发现了一个不错的方法，她不必将金链分开成7个了，只需要从中取出一个金环，就可以每周都领一个金环，她是怎么做到的呢？

238

扑克牌

龙先生正和他生意上的朋友一起玩扑克牌。龙先生手上拿到了13张牌。黑桃、红桃、梅花、方块这四种图案都至少有一张以上，但是，每种图案的张数都不一样。黑桃跟红桃的张数合计一共是6张。黑桃跟方块的张数合计一共是5张。龙先生手中有一种相同花色的扑克牌是2张。

请问：有2张牌的花色是什么？

239

谁是老实人

甲、乙、丙、丁、戊5个人当中，有2个人是从来不说谎的老实人，但是另外3个人是总说谎的骗子。

下面是他们所说的话：

甲：“乙是骗子。”

乙：“丙是骗子。”

丙：“戊是骗子。”

丁：“甲和乙都是骗子。”

戊：“甲和丁都是老实人。”

根据以上的对话，请找出老实人是哪两位？

240

一句话定生死

有个国王想处死一个囚犯，他决定让囚犯们自己选择是砍头还是绞刑。选择的方法是：囚犯可以任意说出一句话来，如果是真话，就处绞刑，如果是假话，就砍头。

这个聪明的囚犯来到国王面前问："如果我说出了一句话，你们既不能绞死我，也不能砍我的头，怎么办？"

"如果真是那样的话，我就释放你。"国王说。

这个囚犯说了一句话，果然十分巧妙。国王听了左右为难，但又不能言而无信，只好把这位聪明的囚犯释放了。

你知道聪明的囚犯说了什么话吗？

241

死囚

一位法官判处罪犯为死罪，这个人听到消息后非常恐惧。法官下令：从明天开始，到第七天傍晚，必须把这个死囚拖到刑场绞死。但如果在处决他的那一天早晨死囚知道了自己要被处以绞刑，那么这一天就不能处死他。死囚听到这个规定后非常地高兴，认为自己不可能被处死了。你觉得可能吗？

242

小花猫搬鱼

小花猫有 4 只盘子，其中一个盘子里有 3 条鱼，另外一只盘子里有 1 条鱼，还有两个盘子没有鱼。小花猫尽力克制住自己想吃的欲望，把鱼集中到一个盘子里一起吃，但是它每次只会从两只盘子里分别拿出一条鱼放到第三个盘子里。

请问：小花猫要搬运几次，才能把所有鱼都集中到一个盘子里面去？

243

稳操胜券

赌局现在到了最后决出胜负的关键时刻。

蒋老大非常幸运地赢了700根金条，现居第一名。第二名的贾老大稍微落后，赢了500根金条。其余的人都已经输光了。

蒋老大犹豫着，要将手上的筹码押一部分在“偶数”或“奇数”上，赢的话赌金就可以变成两倍。另一边，贾老大已经把所有筹码都押在“三的倍数”上，赢的话赌金可以变成三倍，运气好的话他就可以反败为胜。

请问：蒋老大应该怎么下注才能稳操胜券呢？

244

12点的位置要经过多少次

请问：从8点整到9点整，手表的秒针经过12点要多少次？

245

门铃逻辑

某户人家的门铃声整天在响，令其苦不堪言。于是，他请一位朋友想办法解围。

这位朋友帮他在大门前设计了一排6个按钮，其中只有一个是通门铃的。来访者只要摁错了一个按钮，哪怕是和正确的同时摁，整个电铃系统将立即停止工作。

在大门的按钮旁边，贴有一张告示，上面写着：“A在B的左边；B是C右边的第三个；C在D的右边；D紧靠着E；E和A中间隔一个按钮。请摁上面没有提到的那个按钮。”

这6个按钮中，通门铃的按钮处于什么位置？

246

期末考试的成绩

在一次期末考试中，婷婷、亮亮、佳佳、小美分别获得了前四名。成绩公布前，她们作了一次自我估计：

婷婷说：“我不可能得到第四名。”

亮亮说：“我能得到第二名。”

佳佳说：“我比婷婷高一个名次。”

小美说：“我比佳佳高两个名次。”

成绩公布之后，她们之中只有一个人估计错了。

请问：她们各自得了第几名？

247

带魔法的饰物

有4个女子，其中1人有魔法，她经常撒谎。拉拉和另外两个人是好孩子，她们从不说谎。4个人都系绿色围巾，其中的2条围巾是有魔法的，系上这两种围巾即使是好孩子也会说谎；而且，4个人又都戴着黄色蝴蝶发带，其中的2条发带是有魔法的，它会使魔法围巾的魔法消失。但是，它对有魔法的女子是没有效果的。

蕾蕾说：“思思系着有魔法的围巾。”

思思说：“平平戴着有魔法的蝴蝶发带。”

平平说：“拉拉系着魔法围巾。”

拉拉说：“思思是有魔法的女子。”

请问：哪两个人系着魔法围巾，哪两个人戴着魔法发带呢？另外，哪一个是有魔法的女子呢？

248

10枚硬币

有10枚硬币，甲、乙两人轮流从中取走1枚、2枚或者4枚硬币，谁取最后一枚硬币就算输。请问：该怎么做才能获得胜利？

249

教授的课程

张教授、赵教授、彭教授三人每人分别担任生物、物理、英语、体育、历史和数学6科中两门课程的教学工作。现在，我们知道以下信息：

① 物理教师和体育教师是邻居；

② 张教授在三人中年龄最小；

③ 彭教授、生物教师和体育教师三个人经常一起从学校回家；

④ 生物教师比数学教师年龄要大些；

⑤ 假日里，英语教师、数学教师与张教授喜欢打排球。

你知道三位教授各担任哪两门课程的教学工作吗？

250

罪犯

有一位银行行长被谋杀了。

警方经过一番努力搜查，将大麻子、小矮子和二流子三个嫌犯带回问讯，他们的供词如下：

大麻子：“小矮子没有杀人。”

小矮子：“他说的是真的！”

二流子：“大麻子在说谎！”

结果是，3人中有人说谎，不过真正的犯人说的倒是实话。

请问：哪一个是杀人犯？

251

不可靠的预测机

人工智能专家发明了一个预测机，任何一个人都可以问它：一小时之中会不会发生某件事？如果预测机预知这件事会发生，就亮绿灯，表示“会”；如果亮红灯，就表示“不会”。这个机器一经推出就受到很多人的欢迎，特别是警察局的警员，因为这样可以减轻他们的工作任务。但只有局长不高兴，因为他知道预测机根本就不可靠，他的担心用一句话就可以验证。

请问：你知道局长想到了一句什么话吗？

252 赌徒的谎言

警察在车厢里发现一伙人赌博，他们是张三、李四、王五、阿七。在审问他们谁是老大时，他们的回答各不相同。

张三说：“老大是王五。”

李四说：“我不是老大。”

王五说：“李四是老大。”

阿七说：“张三是老大。”

经过了解，这一伙人中只有一个人说的是实话，其他三人说的都是假话。

警长问他的部下：“知道谁是头儿吗？”

部下指着一个人说：“是他。”

请问：你知道“他”是谁吗？

253 换汽水

1元钱一瓶汽水，喝完后两个空瓶换一瓶汽水。如果你有20元钱，最多可以喝到几瓶汽水？

254 篮球比赛

某县的五所中学进行篮球比赛，每所中学互赛一场进行循环赛。比赛的结果如下：

一中：2胜2败

二中：0胜4败

三中：1胜3败

四中：4胜0败

请问：五中的成绩如何？

255

啰嗦的自我介绍

一个特别喜欢炫耀的人，每次向别人介绍自己办公室的同事情况时，常这样说道："我和王先生、张先生、李小姐三人之间是直接的上下级关系；王先生和赵小姐之间有工作联系；张先生和董先生之间是直接的上下级关系；李小姐和杜小姐有工作联系；赵小姐和董先生工作联系多；董先生和杜小姐工作联系也多。我常常给王先生、李小姐安排工作任务；董先生给赵小姐安排工作任务；张先生给董先生安排工作任务；董先生给杜小姐安排工作任务。我从张先生那里接受工作任务。"

根据这番啰嗦的话推断出他们之间分别是什么关系？

256

输与赢

大毛、二毛和三毛三兄弟用零花钱打了几次赌。

①开始，大毛从二毛那里赢得了相等于大毛手头原有数目的钱数。

②接着，二毛从三毛那里赢得了相等于二毛手头剩下数目的钱数。

③最后，三毛从大毛那里赢得了相等于三毛手头剩下数目的钱数。

④结果，他们三人手头所拥有的钱数相同。

⑤我在开始时有50元。

请问：说这番话的是大毛、二毛、三毛中的哪一个？在开始打赌前，他们各自有多少零花钱？

257

谁买了什么

A、B、C、D四个朋友到某商厦购物。他们分别买了一块表、一本书、一双鞋和一架照相机。这四样商品分别在一至四层购买，当然，上述四样商品的排列顺序不一定就是它们所在楼层的排列顺序，也不一定等同于买主被提及的顺序。

如何根据以下线索，确定谁在哪一层购买了哪样商品：

A去了一层；表在四层出售；C在二层购物；B买了一本书；A没有买照相机。

258

游泳冠军

甲、乙、丙、丁4人进行一次游泳比赛，最后分出了高低。但这4个人都是出了名的撒谎者，他们所说的游泳结果是：

甲：我刚好比乙先到达终点。我不是第一名。

乙：我刚好比丙先到达终点。我不是第二名。

丙：我刚好比丁先到达终点。我不是第三名。

丁：我刚好比甲先到达终点。我不是最后一名。

上面这些话中只有两句是真话，取得第一名的那个人至少说了一句真话。

请问：这4人中谁是游泳冠军？

259

裙子的颜色

娜娜最近买了一条新款淑女裙。朋友们急着想一睹风采，可娜娜却还在卖关子，只给她们一个提示："我这条裙子的颜色是红、黑、黄三种颜色其中的一种。"

"娜娜一定不会买红色的。"小晓说。

"不是黄的就是黑的。"童童说。

"那一定是黑的。"光子说。

最后，娜娜说："你们之中至少有一个人是对的，至少有一个人是错的。"

请问：娜娜的裙子到底是什么颜色的呢？

260

纸牌游戏

有9张纸牌，分别为1～9。甲、乙、丙、丁4人取牌，每人取2张。现已知甲取的两张牌之和是10；乙取的两张牌之差是1；丙取的两张牌之积是24；丁取的两张牌之商是3。

请说出他们4人各拿了哪两张纸牌，剩下的一张又是什么牌？

261

9枚硬币

桌上放有9枚硬币，双方轮流从中取走1枚、3枚或4枚硬币。谁取走最后一枚硬币谁就赢了。请问：应该怎样才能制胜？

262

李经理的一周行程

下个星期李经理的活动安排是：参观科技馆；去税务所；去医院看外科；还要去宾馆午餐。宾馆是在星期三停止营业；税务所是星期六休息；科技馆在周一、三、五开放；外科大夫每逢周二、五、六坐诊。那么李经理应该在星期几才能在一天之内完成所有事情呢？

263

狗狗们的话

德拉家和卡卡家共有4条狗，名字分别是多多、依依、咪咪、汪汪，主人喜欢把它们打扮得漂漂亮亮的。一天，它们说了如下的话，在这些话中，如果是关于自己家的话就是真实的，如果是关于别人家的话就是假的。

穿棕衣服的狗狗：“穿黄衣服的是多多，穿白衣服的是依依。”

穿黄衣服的狗狗：“穿白衣服的狗狗是咪咪，穿灰衣服的狗狗是汪汪。”

穿白衣服的狗狗：“穿灰色衣服的狗狗是多多。”

穿灰衣服的狗狗：“穿棕衣服的狗狗是多多，穿白衣服的狗狗是卡卡家的狗狗。”

请问：这4条狗狗分别是谁家的？

264

步行街两旁的商店

步行街两旁并排开了6家店，分别是A、B、C、D、E、F。目前只知道这些情况：

①A店的右边是书店。

②书店的对面是花店。

③花店的隔壁是面包店。

④D店的对面是E店。

⑤E店的隔壁是酒吧。

⑥E店跟书店在道路的同一边。

请问：A店是卖什么的店？

265

宾馆凶案

某宾馆发现一具尸体，医生对死者进行检查后，说："从最近的距离向心脏打了一发子弹，因此立即死亡。"

警察立刻展开对此事的调查，传讯了三位有嫌疑的人。三人分别作了如下的证词：

甲：死者不是乙杀的，是自杀的。

乙：他不是自杀的，是甲杀的。

丙：不是我杀的，是乙杀的。

后经查明，每个人的话都只有一半是正确的。

根据以上信息，说出谁是凶手。

266

难解的血缘关系

比尔、哈文和罗西间有血缘关系，而且他们之间没有违背道德伦理的问题。现在只知道他们当中有比尔的父亲、哈文唯一的女儿和罗西的同胞手足。但是罗西的同胞手足既不是比尔的父亲也不是哈文的女儿。你知道他们当中哪一位与其他两人性别不同？

267

一模一样

一个人杀人之后便逃之夭夭。警探赶到现场后，根据目击者提供的情况，在一家饭店里发现了他。可这个小伙子说自己一直在这儿，吃饭后，就在这里看电视，根本就没有离开过饭店。

饭店的经理和周围的人也证实了他的说法。可目击者却一致确认，从相貌和衣着上看，这个小伙子就是那个作案者。后来，警探化验了嫌疑犯留下的指纹，发现指纹和这个小伙子的明显不符。

警探忽然明白了，于是，他赶紧和助手去查了小伙子的户口册，果然如此。根据这个线索，很顺利就把凶手抓到了，并且证明确实不是这个小伙子。

请问：警探是如何找到凶手的?

268

找出异常的小球

有12个小球特征相同，其中只有一个重量异常（轻或重都有可能），现在要求用一个没有砝码的天平称3次，将那个重量异常的球找出来。想想该怎么称?

269

猛兽出没的村庄

有一位探险家来到一个猛兽经常出没的村庄里，村里住着老实族和骗子族。探险家想知道今天有没有猛兽出没，就去问一个村民，聪明的探险家问了一个问题就知道今天有没有猛兽出没。

请问：他问了一个什么问题?

270

乌龟赛跑

有甲、乙、丙、丁4只乌龟，他们在本周照惯例进行了赛跑。上一次比赛没有出现两只乌龟“并列第一”的情况，这次也一样。而且，上回的第一名不是丙乌龟。

4只乌龟所言如下，在上次比赛中名次下降的乌龟撒谎了，名次没有下降的乌龟说了实话。

不巧的是他们的对话被兔子听到了。根据兔子的叙述，推测一下4只乌龟在上次和这次比赛中分别是第几名。

甲：“乙上次是第二名。”

乙：“丙这次是第二名。”

丙：“丁这次比上次位置上升了。”

丁：“甲这次名次上升了。”

271

太平洋里的鲸鱼

在太平洋里住着5条鲸鱼。一天，它们在海面冲浪后聚到一起聊天。这5条鲸鱼分别居住在不同的深度(800米、900米、1000米、1100米、1200米)。关于居住深度比自己浅的鱼的叙述都是真的，关于居住深度比自己深的鱼的叙述就是假的，而且，只有一条鲸鱼说了真话。它们的对话如下：

甲：“乙住在900米或者1100米的地方。”

乙：“丙住在800米或者1000米的地方。”

丙：“丁住在1100米或者1200米的地方。”

丁：“戊是在1100米或者1200米的地方。”

戊：“甲住在800米或者1000米的地方。”

那么，究竟每条鲸鱼分别住在哪个深度？

272

瓶子里装的是什么

有4个瓶子分别装有白酒、啤酒、可乐、果汁，但是在装有果汁的瓶子上的标签是假的，其他的瓶子上的标签是真的。根据右图，你知道每个瓶子里分别装的是什么东西吗？

273

谁看了足球赛

5个朋友中只有一个人上周看了足球赛。他们每个人说的三句话中，有两句是对的，一句是错的。根据他们的对话，思考谁看了足球赛？5个人的对话如下：

A说：我没有看足球赛。我上周没看过任何足球赛。D看了足球赛。

B说：我没看足球赛。我从足球场前走过。我读过一篇足球报道。

C说：我没看足球赛。我读过一篇足球评论。D看了足球赛。

D说：我没看足球赛。E看了足球赛。A说我看了足球赛，那不是真实的。

E说：我没看足球赛。B看了足球赛。我读过一篇足球评论。

274

猜不透的问答

朋友也分两种：诚实的朋友和说谎的朋友。

问波波："哈瑞在说谎吗？"波波回答说："不，哈瑞没有说谎。"

问哈瑞："杰森在说谎吗？"哈瑞回答说："是的，杰森在说谎。"

那么，问杰森"波波在说谎吗"时，杰森会回答什么呢？

275

吃西瓜比赛

某电视台要举行吃西瓜比赛，邀请了4对情侣参加。决赛前一共要进行4项比赛，每项比赛每对情侣都要派出一名成员参加。

第一项参赛的人是：吴刚、孙全、赵亮、李利、王林；

第二项参赛的人是：郑成、孙全、吴刚、李利、周文；

第三项参赛的人是：赵亮、张落、吴刚、钱佳、郑成；

第四项参赛的人是：周文、吴刚、孙全、张落、王林。

刘某因故没有参加第四项比赛。

根据以上信息，说说谁和谁是情侣。

276

赛马

甲、乙、丙、丁4匹马赛跑，它们共进行了4次比赛。结果是甲快乙3次，乙又快丙3次，丙又快丁3次。很多人会以为，丁跑得最慢，但事实上，丁却快甲3次，这看似矛盾的结果可能发生吗？

277

数学讲师的难题

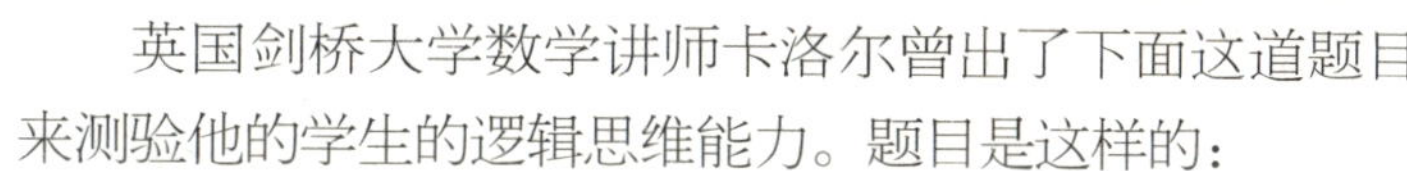

英国剑桥大学数学讲师卡洛尔曾出了下面这道题目来测验他的学生的逻辑思维能力。题目是这样的：

① 教室里标有日期的信都是用粉色纸写的。

② 丽萨写的信都是以“亲爱的”开头的。

③ 除了约翰外没有人用黑墨水写信。

④ 皮特没有收藏他可以看到的信。

⑤ 只有一页信纸的信中，都标明了日期。

⑥ 未作标记的信都是用黑墨水写的。

⑦ 用粉色纸写的信都收藏起来了。

⑧ 一页以上的信纸的信中，没有一封是做标记的。

⑨ 约翰没有写一封以“亲爱的”开头的信。

根据以上信息，判断皮特是否可以看到丽萨写的信。

278

魔鬼与天使

魔鬼说出口的都是假话，而人有时说假话，有时说真话，天使则总是说真话。

现在甲说：“我不是天使。”乙说：“我不是人。”而丙则说：“我不是魔鬼。”你能判断出他们的身份吗？

279

别墅惨案

一天上午，杰克和约翰去看望住在郊区别墅的金姆森太太。平常他们要进去都要按门铃，今天的门却是虚掩着的。杰克和约翰推开门进去，在一楼餐厅里发现了金姆森太太的尸体，看上去，她已经遇害十多天了。

她是在用餐的时候遭到突然袭击的，一柄尖刀贯穿胸口，瞬间夺去了她的生命。凶手随后洗劫了整幢别墅。

杰克和约翰伤感地坐在别墅前面的台阶上，送来的报纸堆满了整级台阶，而订阅它的人永远不会再读报了。别墅的台阶下，还放着两瓶早已过期的牛奶，也是金姆森太太定的。聪明的杰克看到以后，花了 5 秒的时间就知道了凶手是谁。你知道吗？

280

美丽公主的不幸遭遇

这是一个流传在古希腊的传说。有一个美丽的公主在河边洗澡，当她洗完后发现放在岸边的衣服被人偷了。关于这件事，受害者、旁观者、目击者和救助者各有说法。她们的说法如果是关于被害者的就是假的，如果是关于其他人的就是真的。请你根据她们的说法判定她们各自的身份。

玛丽说：“瑞利不是旁观者。”

瑞利说：“劳尔不是目击者。”

露西说：“玛丽不是救助者。”

劳尔说：“瑞利不是目击者。”

281

旅行家的迷惑

一个旅行家遇到了3个美女，他不知道哪个是天使，哪个是魔鬼。天使常常说真话，魔鬼只说假话。

甲说：“在乙和丙之间，至少有一个是天使。”

乙说：“在丙和甲之间，至少有一个是魔鬼。”

丙说：“我告诉你正确的消息吧。”

你能判断出有几个天使吗？

282

男生和女生

周末，老师带领一些学生去郊外游玩。男生戴的是蓝色的帽子，女生戴的是黄色的帽子。但每个男生都说：蓝色的帽子和黄色的帽子一样多；而每个女生说：蓝色的帽子比黄色的帽子多一倍。

请问：男生和女生各有多少个？

283

成绩表

期末考试后，班主任统计了班上最典型的4个人的成绩。

① 有甲、乙、丙、丁、戊5个等级的评分，江子、雷雷、宇春、夏雨4个人的成绩中没有被评为丁和戊的。

② 有1人3科成绩都是甲。

③ 有1人某科成绩是甲，某科成绩是乙，某科成绩是丙。

④ 有2人两科相同科目的成绩都是甲。

⑤ 语文成绩中没有乙。

⑥ 江子和雷雷的语文成绩相同。

⑦ 宇春的数学成绩和雷雷的英语成绩相同。

⑧ 夏雨成绩中有一科是丙。

⑨ 江子的英语成绩和夏雨的数学成绩相同。

根据上面所述，完成下面的表格。

	语文	数学	英语
宇春	丙		
夏雨			乙
江子		甲	
雷雷		甲	

284

谁是司机

A、B、C 3人在车上担任乘务员、售票员和司机（不一定按此顺序排列）。有一天，车上只有三位乘客，他们分别来自三个不同的城市。很凑巧，这三位乘客的姓也是A、B、C，暂且称他们为A先生、B先生和C先生。另外还知道：

①C先生住在底特律市。

②乘务员住在芝加哥和底特律之间。

③住在芝加哥的乘客和乘务员同姓。

④乘务员的一位邻居也是一位乘客，他挣的工资正好是乘务员工资的三倍。

⑤B先生一年只挣2000元，他的生活要靠朋友救济。

⑥A的台球打得比售票员好。

根据以上信息，请回答：谁是司机？

285

财政预算

某国3位政府官员张先生、王先生、李先生要在年终总结大会上表决如何分配总额4亿元的财政预算。

这个预算方案一共有甲、乙、丙3个提案(如下表所示)，分别决定了各位官员可以获得的预算。投票规则是：首先对甲、乙两案进行表决，胜出的方案再与丙案进行表决。

政府官员	甲案	乙案	丙案
张先生	2亿	1亿	0亿
王先生	1亿	0亿	2亿
李先生	1亿	3亿	2亿

请问：张先生应该如何投票才能确保自己的收益最大呢？

286

你要哪一只钟

有两只钟，一只每天只走准一次，另一只一天只慢一分，你要哪一只？

287

谁和谁是亲兄弟

有一个楼里住着4户人家，每家各有两个男孩。这4对亲兄弟中，哥哥分别是甲、乙、丙、丁，弟弟分别是A、B、C、D。一次，有个人问："你们究竟谁和谁是亲兄弟呀？"乙说："丙的弟弟是D。"丙说："丁的弟弟不是C。"甲说："乙的弟弟不是A。"丁说："他们3个人中，只有D的哥哥说了实话。"丁的话是可信的，那人想了好半天也没有把他们区分出来。你能区分出来吗？

288

魔球里的钻石

5个魔球里分别装有红、绿、黄、黑、蓝5种颜色的钻石。博士让A、B、C、D、E 5个人猜魔球里钻石的颜色，猜中了就把里面的钻石奖给他。

A说：第二个魔球是蓝色，第三个魔球是黑色。

B说：第二个魔球是绿色，第四个魔球是红色。

C说：第一个魔球是红色，第五个魔球是黄色。

D说：第三个魔球是绿色，第四个魔球是黄色。

E说：第二个魔球是黑色，第五个魔球是蓝色。

答案揭晓后，5个人都猜对了一个，且每人猜对的颜色都不同。

请问：每个魔球里分别装了什么颜色的钻石？

289

老实的骗子

老实先生一家人一点都不老实。这天中午吃饭，爷爷先在圆形的餐桌前坐了下来，问其他4个人要怎么坐。没想到他们连这个也要说谎。

妈妈：“我坐女儿旁边。”

爸爸：“我坐儿子旁边。”

女儿：“妈妈是在弟弟的左边。”

儿子：“那我右边是妈妈或姐姐。”

请问：他们一家人到底是怎么坐的？

290

谁姓什么

大明、二明、三明、四明的姓各自是“张”、“王”、“李”和“赵”。

①大明的姓是“王”或“李”其中的一个。

②二明的姓是“张”或“王”其中的一个。

③三明的姓是“张”或“李”其中的一个。

④姓“王”的人，是大明或四明其中的一个。

猜猜这4个人的姓名。当然，4个人的姓都不一样。

291

惹人遐思的碑文

在一块墓碑上刻着让人遐思的碑文，它曾吸引了无数人前来推测和祭奠。这块墓碑的碑文如下：

如果包括同母异父或同父异母的关系，埋葬在墓地里的最少有几个人？

292
判断凶杀现场

一位评论家的仆人早上打扫卫生时，发现他的主人胸部中了两枪，倒地而亡。

亨利探长在现场了解情况，鉴定人员告诉他死亡时间确定为昨晚22:00左右。

正在鉴定人员答话时，挂在书房墙上的鸽子报时钟“咕咕咕”地响了，挂钟里的鸽子从小窗中探出头报了10点。

因为鉴定人员到达现场时录音机正开着，录音机正在录音。磁带所录的是昨晚22:10分结束的巨人队和步行者队决赛的比赛实况。

鉴定人员按下了录音机的放音键，里面传出了比赛实况的转播声。亨利探长一边看着手表一边听着，然后他肯定地说受害人不是在这个书房而是在别处被杀。这里是被伪装的杀人现场。

请问：亨利探长是根据什么来判断的？

293
紧急集合

凌晨两点半外面响起一阵响亮的集合哨声，还在睡梦中的201宿舍的4个女学生（李佳、刘方、房华、何林）慌乱地爬起来，结果都穿错了衣服：只有一个人穿对了自己该穿的上衣，还有一个人穿对了自己该穿的下装，但没有人把上装和下装全部穿对了。

根据以下条件，回答4个人分别是穿了谁的上装和下装？

① 刘方只穿了一个人的下装，这个人又穿了李佳的上装。

② 房华只穿了一个人的下装，这个人又穿了刘方的上装。

294

币值的大小

有A、B、C、D、E5种币值，其价值的大小不同。目前已知：

A是B的两倍价值；

B是C的四倍价值；

C是D的一半价值；

D是E的一半价值。

请问：这5种币值的价值顺序由小到大是怎么排列的？

295

皇妃与侍女

一个皇帝有20个皇妃，每位皇妃身边都有一个坏侍女。虽然每一个皇妃都知道其他皇妃的身边有一个侍女是坏人，但由于她们之间关系不融洽，因此她们都不知道自己的侍女是否是坏人。

皇上知道此事后，把20个皇妃召集在一起，告诉她们，在跟随她们的侍女中至少有一个坏人，并要求她们如果知道了自己的侍女是坏人就必须立刻杀了她；如果知道了又不杀的话，那皇妃的脑袋就保不住了。期限为20天。

为此，皇上办了一份早报，如果哪位侍女被杀了就会刊登在早报上，可19天都平静地过去了，在第20天早晨，仍然没有哪一位皇妃杀自己侍女的消息。请问：接下去的情况将会怎么样呢？

296

走小木桥

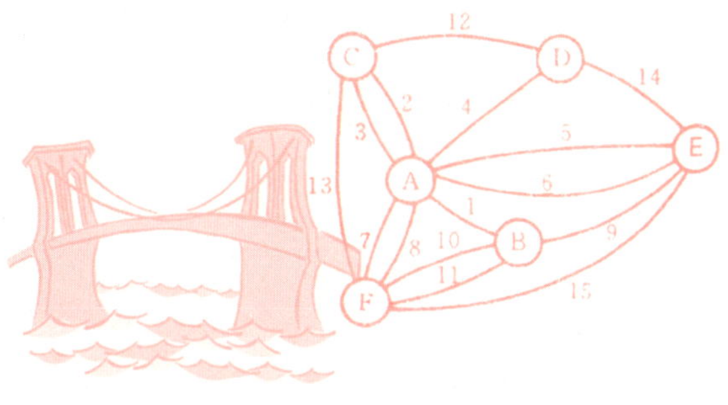

有6个小渔村（如图），在村与村之间有15座小桥相连。为了行人的安全，某工程队每年都要定期检查一遍所有的小桥。然而令人惊奇的是，每座小桥他们只走过一遍，想想看，他们是怎么走的？（每个小渔村用字母表示，每座小桥用数字表示。）

297

接水管

花园里有9块小花圃（见下图），只有一个水源。现在要从水源处引水来浇花，水管既不能交叉，又要求最省水管，还要浇遍9块花圃，该怎么浇呢？

298

小寿星的生日派对

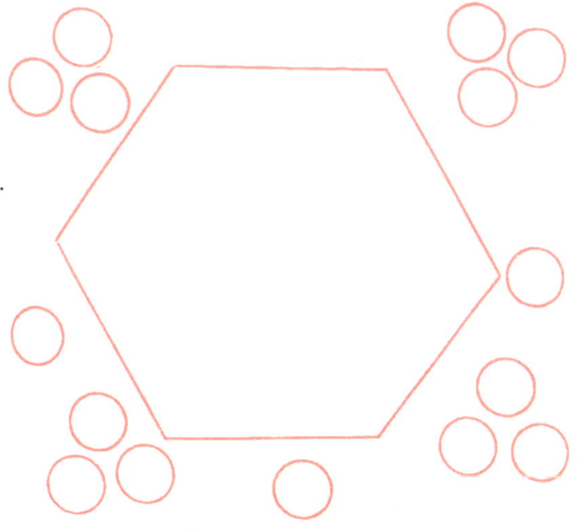

在一个生日派对上，小寿星想请14位客人来家里吃饭，加上小寿星一共15个人一起吃饭，家里只有一张六角形大桌子。小寿星希望每一边上都能坐3个人，却不知道怎么放椅子才对。你知道怎么摆吗？

299

摆纪念币

桌上有5个纪念币，你能不能将它们摆到一起，让它们每一个的边儿都和其他4个的边儿都挨着？

300

上学的路

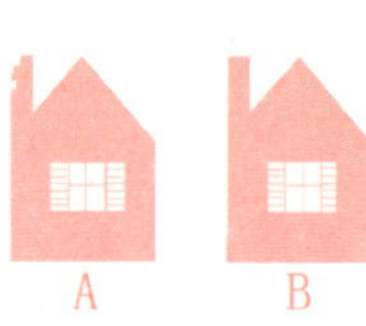

图中来自4个不同家庭的4个小朋友需要进入4所不同的学校学习，每所学校有各自不同的字母标号，而他们身上都穿着与各自学校有相同字母的衣服。你能带领每个学生到各自的学校却让他们上学的路线不相交吗？

301

隔开的猴子

这4只猴子中的每只都需要相同数量的格子，请把每个猴子都用栅栏和其他猴子隔开。沿着这个6乘6正方形中的方格线，你能找出两种可能的方法将猴子隔开吗？

302

栅栏

你能否沿着方格线竖起栅栏，将四种动物用相同大小和形状的围栏围起来吗？

303

阻挡潜水艇

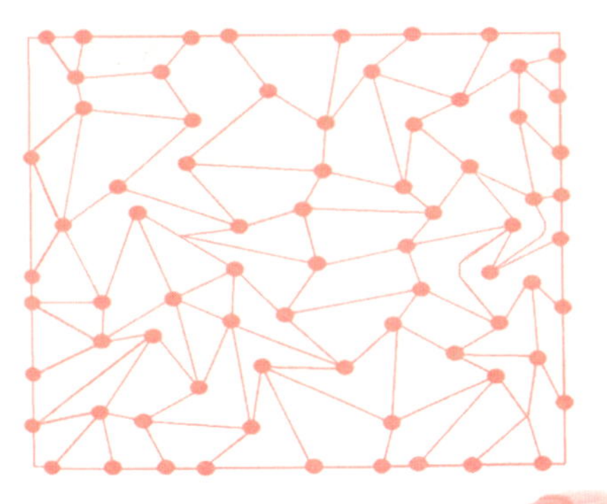

看下面的图，海军的蛙人必须在敌人布下的网中割出一条路，让潜水艇通过。但他们所有的时间只够割断最短路线上的绳子，打结的地方对他们而言太费劲了。你能找出从底部到顶部所需时间最短的路吗？

304

分区

把下面的正方形分成相等的4块，每块的形状可以不一样，但它们必须是边和边挨着的4块，而且面积是样的，应该怎么分呢？

305

空格里的是什么

下面的9宫格填满了各种各样的图形，只有右下角的的那一格的图形被别人拿走了，现在画上了问号。画问号的地方原来放有9宫格下面的6种图形中的一种，你看会是哪一种呢？

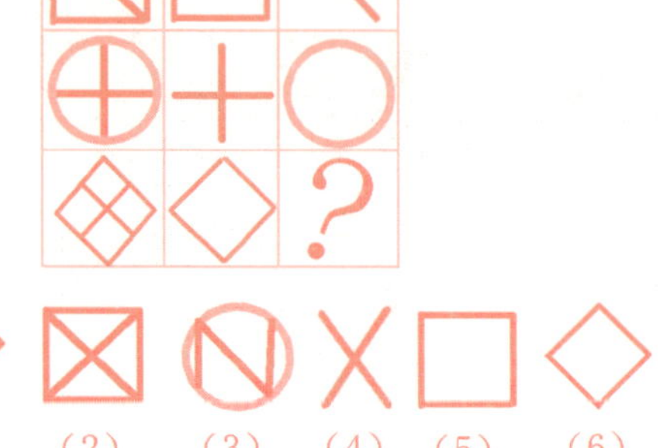

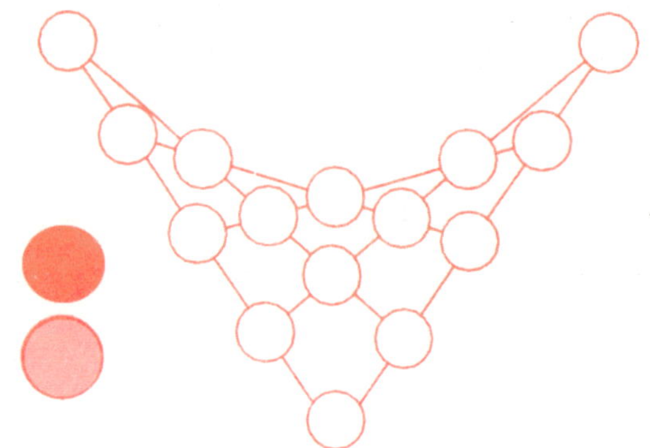

306

双色球

只能用黑色和彩色，将这些交叉点一个一个地着上色。你能否完成整个图案，同时不让任意一条线上有4个颜色相同的点呢？来试试看吧。

307

滚动的纪念币

看这幅图，边上这枚纪念币可以沿着另外七枚位置固定的纪念币滚动。想一想，当它回到出发点时，这个纪念币滚动了几圈？它将朝哪个方向？

308

种6棵树

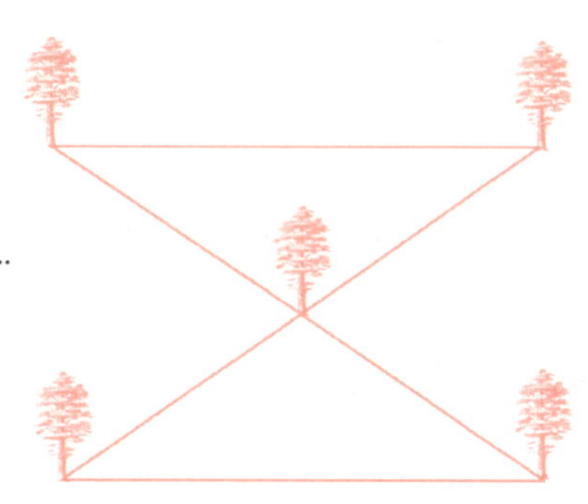

花园里面沿着6条笔直的路种有5棵树：2条路上有3棵树，4条路上有2棵树。如果设计一个新的花园，里面有6棵树和4条路，并且每条路上都要有3棵树。你知道应该怎么设计吗？

309

分苹果

大明、老张、小李三个好伙伴在城里打工，年底和买了一堆苹果准备给家人带回去，然后三人都躺下睡起觉来。过了一会儿大明先醒来，看看另两人还在睡觉，便自作主张，地上的苹果分成3份，发现还多一个，就把那个苹果吃了，然后拿着自己的那份走了。老张第二个醒来，说道：怎么大明没拿苹果就走了?不管他，我把苹果分一下。于是也将苹果分成3份，发现也多一个，也把多的那个给吃了，拿着自己那份走了。小李最后一个醒来，奇怪两个伙伴怎么都没拿苹果就走了?于是又将剩下的苹果分成3份，发现也多一个，便也把它吃了，拿着自己那份回家了。

请问，一开始最少有多少个苹果?

310

倒放金字塔

下面是一个由10枚纪念币垒成的金字塔，现在我们要把金字塔倒置过来。每次只能移动一枚纪念币，而移动后的纪念币必须和另外至少2枚纪念币相接触。想想看，你用3步能完成吗?

311

排列瓶子

桌上放着16个瓶子，上面标着数字1、2、3，直到15，最后一个瓶子上标着0。16个瓶子排成一个正方形，你能重新排列，使他们10条直线上的数字相加都等于30吗？注意，所移动的瓶子数目不能超过10个。

312

裁缝师的趣题

裁缝师拿出一块布，如图所示，形状为标准的等边三角形。他要将这块布剪成四块，重新可以拼成一个标准的正方形。你能做到吗？

313

跨过壕沟

有条壕沟宽3米，深不可测，不可能跳过去。旁边有八条窄木板杂乱地堆在一起。这些木板每块长度都不超过2.5米。靠这些木板，你能走过壕沟吗？

314

击木柱游戏

这种游戏不需要做任何准备，直接可以在桌子上玩。你只需把13个跳棋棋子（以此来充当木柱，象棋棋子、硬币，或者豆子等等，什么都可以）紧密地放在一条直线上，然后拿掉第二个棋子，具体如图所示。

玩这个游戏，你所做的就是用手指击倒或者直接拿掉一个或者相邻的两个棋子，两个人交替进行，直到把最后一个棋子击倒者，就是游戏的赢家。

这样的游戏，你知道稳赢的诀窍吗？

315

圆桌趣题

有七个朋友一起在海边度十五天假，他们分别是A、B、C、D、E、F、G。在酒店里，他们有一张专用的圆形早餐桌。大家约定，每人都不能与同样的两个人坐邻座两次。十五天里有这种的要求，也是行得通的。你能把每一次的座位排列一下吗？

316

画圈打叉游戏

画一个正方形，分成九格，两位玩家依次在格子里做标记（画圈或打叉，视情况而定），目的是将三子连成一线。哪位玩家首先将三子连成一线则为胜者。如果两位玩家都对游戏了如指掌的话，下列三种情况之一绝对总会出现：（1）先玩者为赢；（2）先玩者为输；（3）总是平局。哪种情况属实？

317

跳跃的青蛙

将桌上的十只青蛙排成两列，如图所示。

让四只青蛙在桌上各自跳跃一次，之后形成这样的位置布局：组成五条直线，每条直线上有四只青蛙。注意：跳跃的时候，不能让青蛙跳到同伴的背上。

318

九子棋

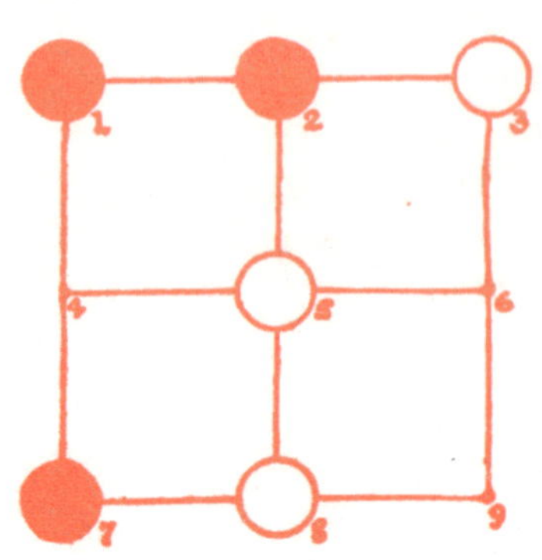

每位玩家有三颗子，轮流放入图表所示的九个位置，目的是使三子连成一线，这样即为获胜。但是六颗子全部放入棋盘后，他们开始走子（总将棋子移到相邻的空位），目的仍是连三子成一线。在下图所给的例子中，白子先走，黑子刚走到7这个位子。现在轮到白子，无疑他会将8上的子走到9，接着，不论黑子如何走，他将继续把5上的子走到6，这样他就取得了胜利。这游戏非常简单。那么，如果两位玩家对该游戏同样娴熟，会发生什么情况？先走子者总会赢吗？还是后走子者会赢？或者每局都会打成平手？这几种情况总会发生的只有一种，是哪一种呢？

319

跳动的青蛙

如图，有64只酒杯摆成正方形，把8只青蛙放在了这些酒杯上。这时，酒杯组成了42条线，8条横线，8条竖线，还有其他26条对角线。在这42条线上，没有任何两支青蛙是在一条线上。

问题是这样的：其中3只青蛙需要跳到其他的空酒杯上，之后，这8只青蛙仍然是各不在同一条线上。那么该怎么跳呢？

注意，青蛙不能相互更换位置，他们必须跳到之前没有青蛙的酒杯上。

320

爬行的蜗牛（1）

有两只蜗牛在棋盘上，一只要去寻找另一只，要求必须经过每个方格，而且只经过一次。蜗牛可以向上、向下、横向移动，也可以沿对角线爬行。走什么样的路线，能通过最少的转弯做到这一点？

321

爬行的蜗牛（2）

如上题的图，将一只蜗牛放在棋盘最右下角白色格子内，让它通过尽可能最少的转弯，爬入其他所有白格一次。这次可以两次经过一个白格，但是这只蜗牛绝不可以两次爬过某一白格的同一角，也不可以进入黑格。而且，在完成任务之前，不可以离开棋盘。

322

捉猪

如图，游戏开始时，必须按照附图所示的位置摆放四个棋子，其中一个人代表农夫甲和乙，另一个人代表两头猪A和B。第一个人每次左右或者上下移动甲和乙各一个方格（但是不能斜着移动），而另外一个人则每次左右或上下移动两只猪A和B各一个方格；这样轮流交替进行下去，直到甲捉到一只猪A，乙捉到另外一只猪B为止。

你很快就会发现，这样下去，甲是永远也捉不到猪A的，乙也永远捉不到猪B。那按照这个规则，怎么能捉到猪呢？

323

31点游戏

把24张牌排列成如图所示，一人先翻转一张纸牌，比如说2，那么就记2分；另外一人翻转一张牌，比如说5的话，再加上第一个人的2分，就记作7分；第一个人再翻一张，如果是1的话，就得到8分；如此轮流下去，看谁先得到31点，或者谁先把对手的分数逼到31点以上，谁就赢得这场游戏。

怎么翻牌，才能稳赢呢？

324

黑色星期五

如果4月13日是星期五，那么距离下一个13号星期五有多少天？

325

想说爱你不容易

不管怎么样，我想有一句英文你应该懂：I LOVE U（我爱你）。好吧，请你把I LOVE U这六个字母填入下面6×6的格子里，每一行、每一列以及每一个分隔的小六宫格里都必须包含I LOVE U这六个字母，你说容易吗？

	I		E		
E		O			L
	E	V		O	
	L		U	V	
L			I		V
		E		L	

326

国际象棋

将16个国际象棋的士兵放进棋盘的方格里，要求是每一行、每一列或任何一条斜线上的棋子加起来都不超过2个，并且一个格子只能放一个棋子。

327

谁没有逻辑

凯特说：“所有的人都是有逻辑的。”

如果她说的这句话是不正确的，那么正确的应该是下面的哪一句话？

全部的人都没有逻辑。

有的人没有逻辑。

有逻辑的便是人。

有的人有逻辑。

328

猜猜看

按照图中字母排列的逻辑，问号处该填哪一个字母？

329

字母排列

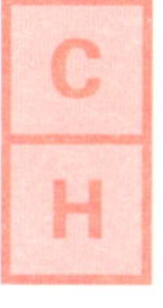

你能看出上图中字母排列的逻辑，从而看出问号处应填哪个字母吗？

330

按键密码

556736853060

92171564960

26892314?

请找出“？”所代表的数字。

331

猜名字

老师在手上用圆珠笔写了A、B、C、D四个人中的一个人的名字，他握紧手，对他们四人说：“你们猜猜我手中写了谁的名字？”

A说：是C的名字。

B说：不是我的名字。

C说：不是我的名字。

D说：是A的名字。

四人猜完后，老师说：“你们四人中只有一人猜对了，其他三人都猜错了。”

四人听了后，都很快猜出老师手中写的是谁的名字了。

你知道老师手中写的是谁的名字吗？

332

想象力是不是充满生命力

这又是一个关于“否定”的问题！

如果“想象力虽不够丰富，但却充满生命力”这个命题是假的话，那么真命题应该是下面的哪一句话？

想象力很丰富或缺乏生命力。

想象力很丰富且缺乏生命力。

想象力很丰富但缺乏生命力。

想象力不够丰富且充满生命力。

333

旋转的数字

将图1的数字沿着一个方向旋转以后变成图2，但其中有几个数字被抹去了，你能找出来吗？

22	49	11
75		6
30	82	19

1

49		
		19
75		82

2

334

今天星期几

暑假的日子很快乐，因为不上课，所以都不记得今天是星期几了。两个孩子想弄明白到底是星期几，因为星期六有好看的动画片。吉米说：“当后天变成昨天的时候，那么‘今天’距离星期天的日子，将和当前天变成明天时的那个‘今天’距离星期天的日子相同。”

同样是比较混乱的逻辑，但今天到底星期几？他们还能看上动画片吗？

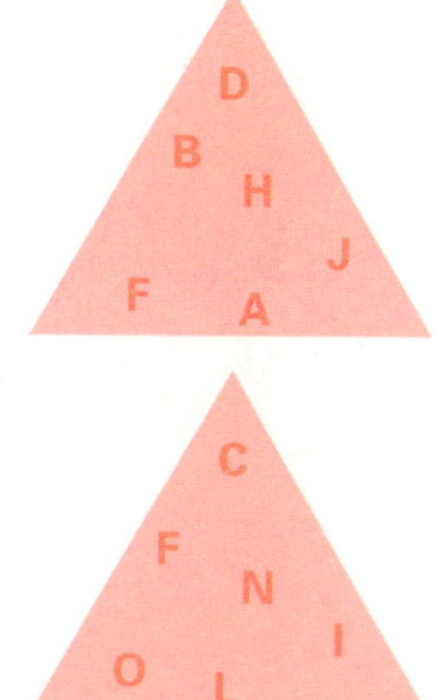

335

多余的字母

请找出两个三角形内字母的排列规律，并从中找出两个多余的字母。

336

会不会拉练

“在下周四之前我们要进行一次拉练，希望大家做好准备。”教官说。

“教官，拉练是什么意思？”新兵杰克紧张地问。

“拉练就是在你们都不知道的时候拉你们出去训练，看看你们的反应能力。”

“可是这是不可能的，教官”新兵杰克继续说道：“如果下周一、周二没有进行拉练的话，周三就不能进行拉练了。因为大家都知道周三会进行拉练了。

周二也不能进行拉练。因为周三不能进行拉练，周一不进行拉练的话，大家就知道周二肯定拉练。依此类推，任何一天都不能进行拉练。”

你觉得新兵杰克的推理正确吗？

337

盒子里的黑白球

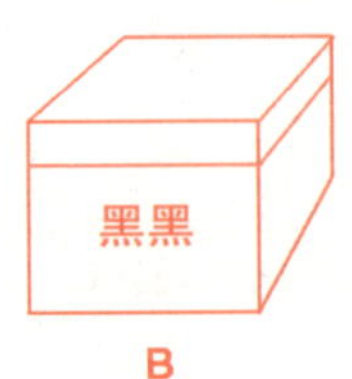

有3只白球、3只黑球共6只球分别放在三个外形看起来完全相同的铁盒子里，每个盒子里有两只球。其中一个盒子放了两只白球，一个盒子放了两只黑球，第三只盒子放了一白球和一黑球。主人特地在每一个盒子的外面贴了一张标签，标明“白白”、“黑黑”、“白黑”。但由于他一时疏忽，结果每个盒子的标签都贴错了。但他只从其中一个盒子里取出一只球，就很快辨明了每一盒子中所装的分别是什么颜色的球。

问：你知道他从哪个盒子中取出一个球的吗？

338

填色游戏

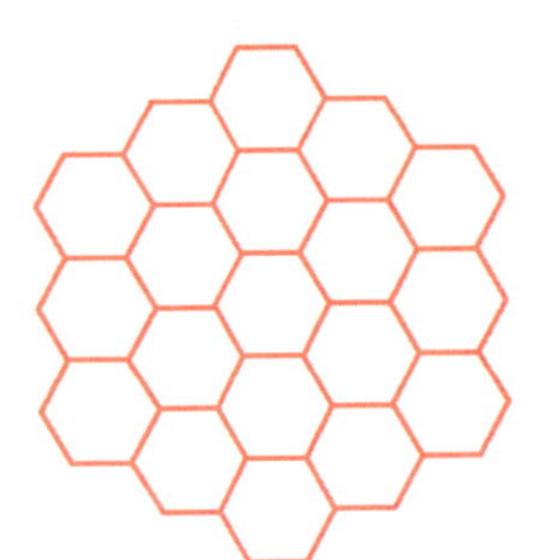

将这些六角形分别涂上红、黄、蓝和绿色，使得：

（1）每种颜色的六角形至少有三个；

（2）每个绿色六角形都正好和三个红色六角形相接；

（3）每个蓝色六角形都正好和两个黄色六角形相接；

（4）每个黄色六角形都至少各有一边分别和红色、绿色和蓝色六角形相接。

339

哪句话意思最相符

只是会说外文，不代表就是国际人。

下面所有选项中的句子哪句话和上面这句话的意思相符。

（1）因为会说外文就可以称得上是国际人了。

（2）不会说外文就不算是国际人。

（3）一个国际人只会说外文是不够的。

（4）一个国际人一定要会说外文。

340

第八个形象

图中头七个脸面形象的变化有一定的规则。最下面的A、B、C三图中，哪一个符合这一规则的第八个形象？

341

哪一个对应

A对应于B，恰如C对应于D、E、F、G中的哪一个？

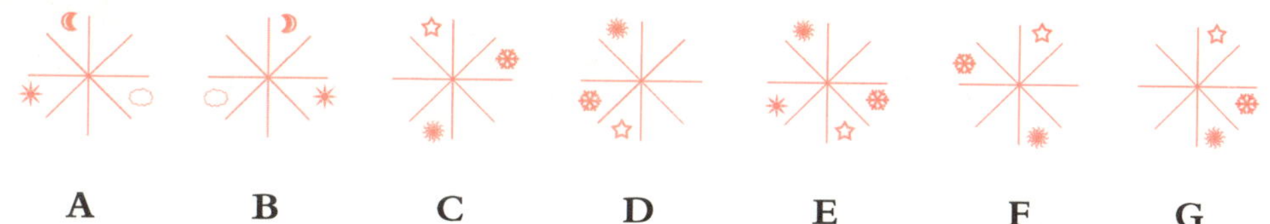

342

神秘的游艇

某地警方接到国际刑警通知，一个贩毒集团的头目已抵达这个海滨城市，他藏匿在一艘豪华游艇上。

警方监视这艘游艇已经有三天三夜了，警长对船上的情况了如指掌。船上的人员情况如下：一个绅士，他除了每天早晚到舱外伸展一下腰腿，整天都呆在舱内；一个厨师，他每天骑着自行车定时去采购，先去面包店，再去调料店，最后去菜市场，经常满载而归；还有五个水手，有时也会上岸去娱乐场所，但看不出干了什么与毒品有关的事。警长心急如火，因为游艇很可能在明天或今晚启航。

当然，警长最后还是从这些表象中找到了线索，顺藤摸瓜，一举破了案。

你能分析一下贩毒者是谁吗？

343

爱鸟人之死

在一幢被杂木林所包围的别墅中，一位孤独的老人死了。在现场发现了写得很潦草的遗书，看起来他似乎是服毒自杀。

发现尸体的人是死者生前的女友，他们有好几年没见面了。

房后有很多鸟笼，一群小鸟不知主人已死，仍然在那里快乐地唱歌。

老人的女友告诉刑警说："一直到三年前，他都是爱鸟协会的会长。"

刑警听了以后，立刻就断定："既然是这样，这必然是他杀，遗书也一定是伪造的。"

请问，为什么呢？

344

填空格

A	B	C	A	A
C	B	C	B	B
B	A	A	C	C
A	C	B	A	A
?	B	A	C	B

根据左图表格中字母排列规律，想一想问号处该填什么字母？

345

巧移碟子

有A、B、C三个桌子，A桌子上有四个从上到下、从小到大叠起来的碟子。现在要把A桌上的碟子移到C桌上。要求每一次只能移动任何桌子上的一个碟子，每桌上有两个或两个以上碟子时，碟子必须重叠放置，任一碟子不能放在比它小的碟子上。

怎样移才能又快又简便呢？你可以动手试试。

346

猜数字

老师在一张纸上写了四个数字，对甲、乙、丙、丁四位同学说："你们四位是班上最聪明，最会推理、演算的学生。今天，我出一题，考考你们。我手中的纸条写了四个数字，这四个数字是1、2、3、4、5、6、7、8中的任意四个。你们先猜猜各是哪四个数字？"

甲说：2、3、4、5。 乙说：1、3、4、8。

丙说：1、2、7、8。 丁说：1、4、6、7。

听了四人猜的结果后，老师说："甲和丙两同学猜对了2个数字，乙和丁同学只猜对了1个数字。你们知道了各自猜的结果了，能推导出纸条上写了哪几个数吗？

347

清洁工的问题

有甲、乙、丙、丁四个清洁工负责一条环绕着正方形城堡的环城公路上的清洁工作，但是他们四个人只有一套清洁工具，并且他们每个人竭尽全力也只能完成其中一边上路段的清洁任务。所以他们的工作总是不能让领导满意。

于是，一个清洁工想出了一个办法：他们四个人分散在城堡的四个角上，先由甲拿着清洁工具开始清理，清理完一条边后到达乙的位置就把工具交给乙，乙就开始清理，甲休息。乙再清理完一条以后丙开始工作，乙休息。依此类推，当丁做完之后再把工具交给甲，他们就可以一直不停地循环下去了。

你觉得他们的想法真的能实现吗？

348

巧排扑克牌

从一幅扑克牌中取出红桃的1到9这9张牌，有没有一种排列顺序，能使所有的9张牌子中找不到有4张牌是按由大到小或由小到大的顺序排列的。我们随便举一例，如651849237，这其中的6542与6543是由大到小的顺序排列的，所以不行。

349

赢牌的秘诀

做一个游戏。准备1至10的10张扑克牌，两个人轮流取牌，可任意取。各人取的牌按取牌的顺序排列。哪个人先完成4张单调排列（由大到小或由小到大排列）的牌，就算赢。如果你先取牌，用什么办法才能确保胜利？

350

偷运橡胶

在一家提炼橡胶的工厂，经常发生工人偷运橡胶倒卖的事件。工厂的负责人为了防止橡胶被偷运，特意雇用了保安人员，对下班出厂的车辆、工人进行严格检查。

这一天，保安部接到举报，说今天有人要偷运橡胶出厂。保安人员立即行动起来，对来往行人、车辆都十分认真地进行检查。这时，一辆满载胶桶的货车准备驶出工厂大门，保安人员检查时，发现车上装的只是一些空胶桶，并没有发现橡胶装在里面，就准予货车驶出工厂。过了一会儿，举报人又打来电话，说：“刚才出去的那辆车已把橡胶偷运出厂了。”说完就挂掉了电话。保安人员十分不解，他们对货车进行了全面检查，橡胶被藏在什么地方呢？

你能想得到吗？

351

路径谜题

依照图中的箭头方向，从起点走到终点有多少条路径？

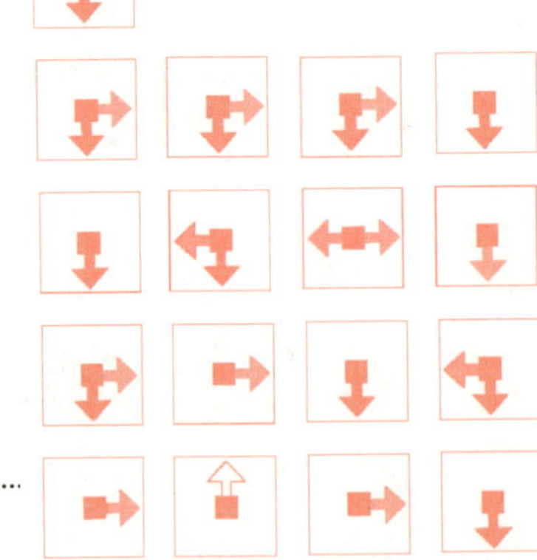

第四章

强化演绎推理力的思维游戏

352

杰克是哪里人

在一次国际型的户外活动中，聚集了好几个国家的人。现在知道，所有的英国人穿西装；所有的美国人穿休闲服；没有既穿西装又穿休闲服的人；杰克穿休闲服。

根据以上条件，下面哪个说法一定是正确的？

杰克是英国人；

杰克不是英国人；

杰克是美国人；

杰克不是美国人。

353

谁男谁女

皮特夫妇有7个子女，老大至老七分别为甲、乙、丙、丁、戊、己、庚。目前我们知道7个人的如下情况：

①甲有3个妹妹；

②乙有一个哥哥；

③丙是女的，她有两个妹妹；

④丁有两个弟弟；

⑤戊有两个姐姐；

⑥己也是女的，但她和庚没有妹妹。

根据这些条件，你能推算出谁是男性，谁是女性吗？

354

谁的年龄大

小强与小田是两兄弟，有一天被一个路人问到谁的年龄比较大。

小强说：“我的年龄比较大。”

小田说：“我的年龄比较小。”

他们两个也不是双胞胎，而且他们之中至少有一个人在说谎。

请问：谁的年龄比较大？

355

商场购物

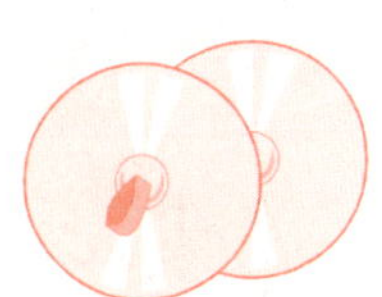

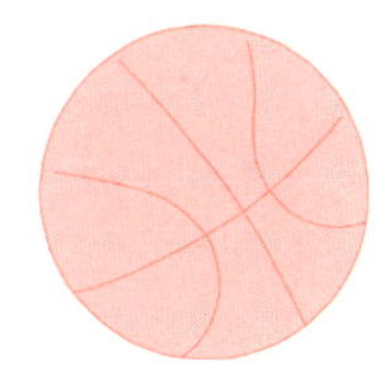

强强、壮壮和冬冬三兄弟约定在某个周日去商场。他们各自买了不同的东西(书包、CD、英语字典、篮球等)。

请根据三人的发言，推断谁买了什么东西。每个男孩的话都有一半是真话，一半是假话。

强强：“壮壮买的不是篮球。冬冬买的不是CD。”

壮壮：“强强买的不是CD。冬冬买的不是英语词典。”

冬冬：“强强买的不是书包。壮壮买的不是英语词典。”

请问：他们3个人各自买了哪件东西？

356

看见了几辆军车

某空军实验基地由于从事秘密的国防武器研究工作离后勤基地比较远，后勤部每天都派出一辆军车往该基地运送后勤物资。后来由于工作的需要，该基地的一位军官要调到后勤部任职。他一早离开该基地前往后勤部报到，10天后到达后勤部。他的速度与往该基地运送物资的军车的速度是一样的，并同时相对出发，你知道该军官一路上看到了几辆运送物资去空军基地的军车吗？

357

羽毛球能手

张老师、他的妹妹、他的儿子和女儿都是羽毛球能手。关于这4人的情况如下：

① 常胜将军的双胞胎兄弟或姐妹与表现最差的人性别不同。

② 常胜将军与表现最差的人年龄相同。

请问：这4人中谁是常胜将军？

358

小魔女们的小狗

小林子、小欢子、小安子、小丹子4个小魔女每人都养了小狗，但数量各不相同，并且她们眼睛的颜色和她们所穿的魔女服装的颜色各不相同。

小狗的数量有：1只、2只、3只、4只。

眼睛颜色分别是：灰色、绿色、蓝色、红色。

服装颜色分别是：黑色、红色、紫色、茶色。

请根据如下条件判断她们每个人眼睛的颜色、魔女服装的颜色、饲养小狗的数量。

①灰色眼睛的魔女和黑色服装的魔女和小欢子3人共有8只小狗。

②绿色眼睛的魔女和红色服装的魔女和小安子3人共有9只小狗。

③红色眼睛的魔女和茶色服装的魔女和小丹子3人共有7只小狗。

④紫色服装的魔女的眼睛不是灰色的。

⑤小安子的眼睛不是蓝色的。

⑥小欢子的眼睛是红色的。

359

雪地上的脚印

在一个积雪厚达30厘米的严冬的早晨，罪犯在自己家中杀人后，穿过一片空地，将尸体扛到邻居一所正在建造中的空房内，转移了杀人现场。然后他顺原路返回家中，拨通了报警电话，装作若无其事的样子说发现有人被害了。

警探赶到后，查看了那个人往返现场时留在雪地上的脚印，便厉声呵斥说：“你在说谎，凶手就是你！”

你知道警探是怎么判断的吗？

360

鸵鸟蛋

甲、乙、丙、丁4个人暑假里到4个不同的岛屿去旅行，每个人都在岛上发现了鸵鸟蛋(1个到3个)。4人的年龄各不相同，从18岁到21岁。

目前只知道下列情况：

①丙是18岁。

②乙去了A岛。

③21岁的男孩发现的蛋的数量比去A岛男孩的少1个。

④19岁的男孩发现的蛋的数量比去B岛男孩的少1个。

⑤甲发现的蛋和去C岛的男孩发现的蛋之中，有一处是2个。

⑥去D岛的男孩发现的蛋比丁发现的蛋要少2个。

请问：他们分别是多少岁？分别在哪个岛上发现了多少个鸵鸟蛋？

361

真正的朋友

玛丽气质高雅、乐于助人，是班上9个同学希望交往的对象。而且这9个人之中，有一个人是玛丽真正的朋友。下面是这9人的话，假设其中只有4人说实话，那么究竟谁才是玛丽真正的朋友呢？

A：我想一定是G。B：我想是G。C：我是玛丽真正的朋友。D：C在说谎。E：我想一定是I。F：不是我也不是I。G：F说的是实话。H：C是玛丽真正的朋友。I：我才是玛丽真正的朋友。

362

迷雾重重的盗窃案

雷米警长正在盘问一宗盗窃案的5个嫌疑犯，他们当中只有3个人说的是真话。根据他们的说辞，你能猜出谁是小偷吗？

A：D是小偷。

B：我是无辜的。

C：E不是小偷。

D：A说的全是谎话。

E：B说的全是真话。

363

音乐会上的阴谋

直到音乐会开幕的当晚，格雷对他的两个得意门生巴蒂和埃利谁将首次登台独奏小提琴，仍然犹豫不决。开幕前15分钟，他告知巴蒂准备出场演奏，然后将这个决定告知埃利，埃利感到很遗憾。

10分钟之后，格雷去叫巴蒂准备出场，却发现巴蒂倒毙在小小的化妆间，头部中弹，血流满地。格雷慌忙敲开舞台侧门，将这一惨案报告尼克探长。

探长见开场时间已到，就极力劝格雷先别声张，继续演出，然后他走进埃利的化妆室。埃利听到最后决定让他登台时，没有询问情由，便拉拉领带，拿起琴和弓，随格雷登台去了。

当听众如痴如醉地沉浸在优美的乐曲中时，尼克探长却拿起电话通知警察前来逮捕这位初露头角的小提琴手。

你知道探长为什么要逮捕埃利？

364

谁在前面，谁在后面

甲、乙、丙、丁、戊、己6个人排成一排开始训练。己没有排在最后，而且他和最后一个人之间还有两个人；戊不是最后一个人；在甲的前面至少还有四个人，但他没有排在最后；丁没有排在第一位，但他前后至少还有两个人；丙没有排在最前面，也没有排在最后。

请问：他们6个人的顺序是怎么排的？

365

圣诞聚会

5个圣诞老人约好周末参加一次圣诞聚会。他们都不是在同一个时间到达约会地点的：A不是第一个到达约会地点；B紧跟在A的后面到达约会地点；C既不是第一个也不是最后一个到达约会地点；D不是第二个到达约会地点；E在D之后第二个到达约会地点。

你知道他们到达约会地点的先后顺序吗？

366

谁是体操全能冠军

去年夏天，兄弟3人分别参加了三项体育竞赛，即体操、撑杆跳和马拉松。

已知的情况是：老大没去参加马拉松比赛；老三没有参加体操比赛项目；在体操比赛中获得全能冠军称号的那个孩子，没有撑杆跳；马拉松冠军并非老三。

你能判断出谁是体操全能冠军吗？

367

赴宴会

有三对新婚夫妇住在同一个院子里。这天他们都收到了请帖要到西城区去赴宴会，但门外只停着一辆能容纳两人坐的小汽车，而且没有司机。每个丈夫都嫉妒心强，随时都要保护他美丽的新娘，不让自己的新娘和别的男子在一起。

请问：这三对夫妇该如何赴宴会？最少要往返多少次？

368

谁和谁是一家

有4个男孩(童童、壮壮、可可、丁丁)，分别是两对兄弟：童童和壮壮是兄弟，可可和丁丁是兄弟。他们4个人说了如下的话，如果是兄弟，话都是真实的；如果不是兄弟，话都是假的。

跑步的男孩说："拿着长笛的男孩是可可。"

拿着长笛的男孩说："溜冰的男孩是丁丁。"

溜冰的男孩说："拿着书的男孩是童童。"

拿着书的男孩说："拿长笛的男孩不是丁丁。"

根据以上对话，说出这几个男孩分别是谁，谁和谁是一家的？

369

礼服和围巾的问题

下面有3个礼盒，盒子上都有标签，但是这些标签和内容都完全不符合。请问：你应在哪几个盒子里检查其中的物品，才能确定哪只盒子里有什么物品？

2件晚礼服
1条围巾

3件晚礼服

3条围巾

370

宇宙飞船里的稀客

有一天，在广阔的西伯利亚地面上降落了一艘子弹头式的宇宙飞船，随后从里面下来5个穿着奇异服装的稀客，有两个人是火星人，其余的是水星人。

面对新闻媒体的热烈采访，5人的发言如下。其中的4个人说了真话，有一人撒谎。

阿波罗说：“泰勒和比尔两者之中只有一个是火星人。”

泰勒说：“比尔和费卢之中有一个是水星人。”

比尔说：“帕萨斯和费卢之中有一个人是水星人。费卢和阿波罗来自不同星球。”

费卢说：“比尔和莱布之间至少有一个人是火星人。”

莱布说：“阿波罗和泰勒之中有一个人是火星人。”

请问：他们之中哪几个是火星人，哪几个是水星？

371

玛瑙戒指

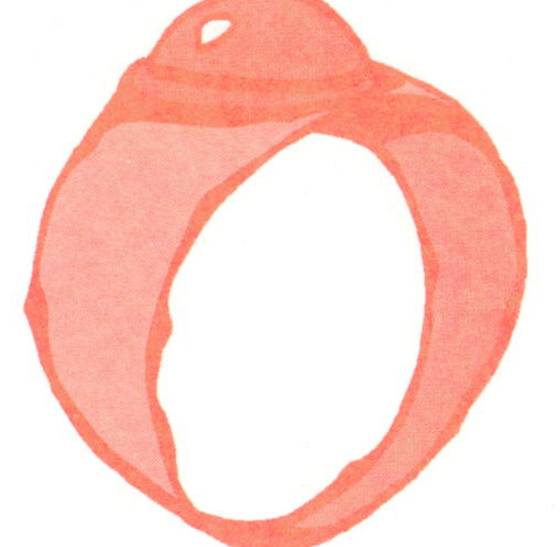

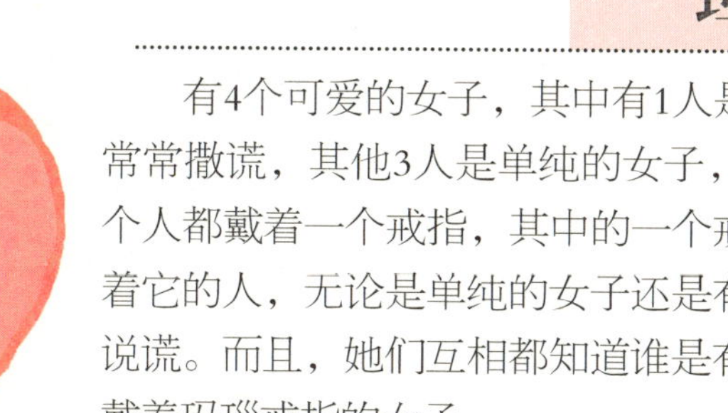

有4个可爱的女子，其中有1人是有妖性的女子，她常常撒谎，其他3人是单纯的女子，从不撒谎。她们每个人都戴着一个戒指，其中的一个戒指是玛瑙戒指，戴着它的人，无论是单纯的女子还是有妖性的女子，都会说谎。而且，她们互相都知道谁是有妖性的女子，谁是戴着玛瑙戒指的女子。

根据以下对话，推断到底谁是有妖性的女子？谁戴着玛瑙戒指呢？

拉拉说：“我的戒指不是玛瑙戒指。”

奇奇说：“天天是妖性女子。”

天天说：“戴着玛瑙戒指的是兜兜。”

兜兜说：“天天不是有妖性的女子。”

372

酒店挟持案

福特在金冠大酒店被歹徒挟持，歹徒逼迫他给家里报平安。福特的电话内容是这样的：

“亲爱的罗莎，您好吗？我是福特，昨晚不舒服，不能陪您去夜总会，现在好多了，多亏金冠大酒店经理送的特效药。亲爱的，不要和我这样的‘坏人’生气，我们会永远在一起的，请您原谅我的失约，我的病不是很快就好了吗？今晚来我家吧？可别生我的气呀!好吧，再见！”

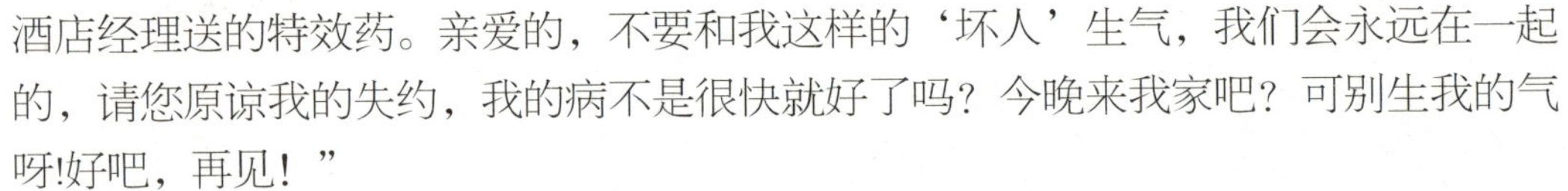

可是5分钟后，警察突然出现在他们面前，歹徒不得不举手投降。你知道福特是怎么报案的吗？

373

嗜酒如命的人的礼品

有5个嗜酒如命的人，他们的绰号分别是“威士忌”、“鸡尾酒”、“茅台”、“伏特加”和“白兰地”。某年圣诞节，他们之中的每一个人，都向其他4个人中的某一个人赠送了一瓶酒；没有两个人赠送的是相同的礼品；每一件礼品都是他们中某个人的绰号所表示的酒；没有人赠送或收到的礼品是他自己的绰号所表示的酒。“茅台”先生送给“白兰地”先生的是鸡尾酒；收到白兰地酒的先生把威士忌酒送给了“茅台”先生；其绰号和“鸡尾酒”先生所送的礼品名称相同的先生把自己的礼品送给了“威士忌”先生。

请问：“鸡尾酒”先生所收到的礼品是谁送的？

374

谁在谁的左边

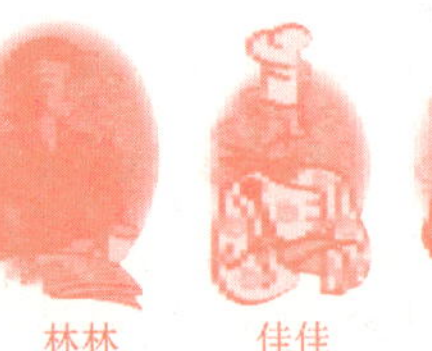

左边和右边是一个很简单的问题，可往往有人会把它们弄混。请试试下面这个问题：

林林的左边是佳佳，佳佳的左边是花子，花子的左边是沙沙。

请问：沙沙永远都在林林的左边吗？

375

离奇的命案

在海边沙滩上，发生了一桩离奇的命案，死者是黑社会某帮老大。本来，像死者这样的人应该有保镖跟随，但在案发当日，死者却在独自享受日光浴，把保镖支开了，想不到就出事了。

当莫斯探长赶到现场侦察时，发现死者是在沙滩上被人用太阳伞尖刺毙的，沙滩上除了保镖的足迹和那些东倒西歪的桌椅外，再也找不到第二个人的足迹(包括被害者的在内)。据调查，保镖是不可能杀害老大的，那凶手是怎样逃走的呢?

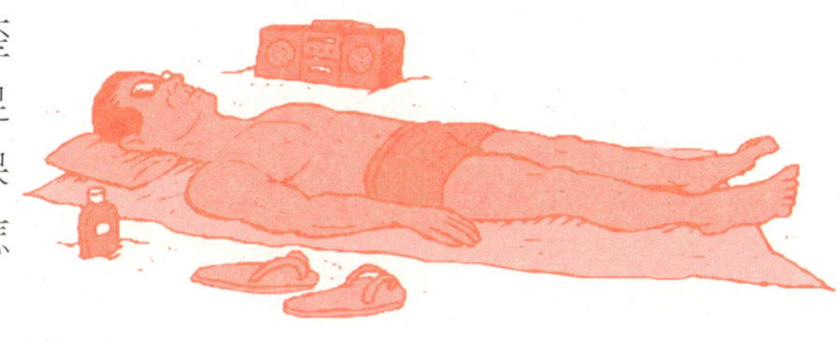

探长沉思了一会儿后说：“我知道谁是凶手了。”

你知道凶手是谁吗?

376

电影主角

怀特有两个妹妹：贝尔和卡斯；怀特的妻子费伊·布莱克有两个弟弟：迪安和埃兹拉。他们6人中有一位担任了一部电影的主角，其余5人中有一位是该片的导演。

怀特家

亚历克斯：舞蹈家

贝尔：舞蹈家

卡斯：歌唱家

布莱克家

迪安：舞蹈家

埃兹拉：歌唱家

费伊：歌唱家

① 如果主角和导演是亲属，则导演是个歌唱家；不是亲属，则导演是位男士。

② 如果主角和导演职业不同，则导演姓怀特。

③ 如果主角和导演性别相同，则导演是个舞蹈家；性别不同，则导演姓布莱克。

请问：谁是电影主角?

377

昆虫聚会

蜜蜂、蝴蝶、蜻蜓如图A所示正排队参加昆虫聚会。忽然，队长让它们变成了如图B的排列。如果：

①相邻的叶子是空的，就可以飞过去。

②隔一个叶子相邻的叶子是空的，也可以飞过去。

③不可以两只昆虫同时停在一片叶子上。

请问：它们一共要飞几次才能完成图B的顺序呢？

378

两个乒乓球

小雪一直吵着要明明陪她一起打乒乓球。明明被吵得实在受不了，于是想了一个妙计：“小雪，这袋子里放了两个乒乓球，一个黄色的，另一个是白色的。现在，要你伸手进去拿乒乓球。如果你拿到黄色的，我陪你玩，但如果拿到白色的，就要放弃了，而且不能再吵我！”

小雪的眼睛顿时亮了起来，但此时却瞥见转过身的明明放了两个白色乒乓球进去。那么，不论她拿到哪一个都会是白色的。

请问：小雪是不是玩不成乒乓球了？

379

4个兄弟一半说真话

劳斯生有 4 个儿子，3个哥哥都生性顽劣，只有最小的弟弟善良淳朴。不过二哥也还算善良，也会说真话。

下面是他们关于年龄的对话。

劳拉：“劳莎比劳特年龄小。”

劳莎：“我比劳拉小。”

劳特：“劳莎不是三哥。”

劳茵：“我是长兄。”

你能判断他们的年龄顺序吗？

380

多少枚钻戒

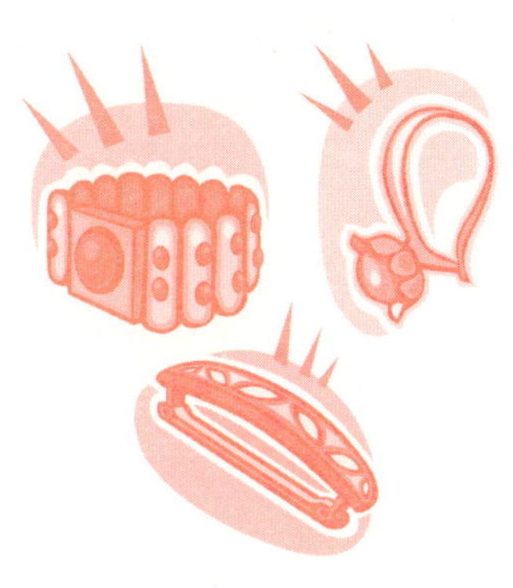

人间来了 4 位天使。她们 4 个人的手上都戴着1枚以上的钻戒，4人的钻戒总数是10枚。她们4个人说的话刚好被魔鬼听见了。其中，有2枚钻戒的人的话是假话，其他人的话是真话。另外，有2枚钻戒的人可能存在两人以上。

丽丽：“艾艾和拉拉的钻戒总数为5。”

艾艾：“拉拉和米米的钻戒总数为5。”

拉拉：“米米和丽丽的钻戒总数为5。”

米米：“丽丽和艾艾的钻戒总数为4。”

请问：她们每个人的手上各戴有多少枚钻戒？

381

舞蹈老师

学校来了A、B、C、D、E 5位应聘舞蹈老师的女士。她们当中有两位年龄超过30岁，另外3位小于30岁。而且有两位女士曾经是老师，其他的3位是秘书。现在只知道A和C属于相同的年龄档，而D和E属于不同的年龄档。B和E的职业相同，C和D的职业不同。但是校长只想挑选一位年龄大于30岁的老师任舞蹈老师。你猜谁是幸运者？

382

六边形的桌子

A~F六个人围着一个六边形的桌子而坐（如下图）。图中已经填好了A和B的位置，请根据下面的提示依次把其他人的空位填满。

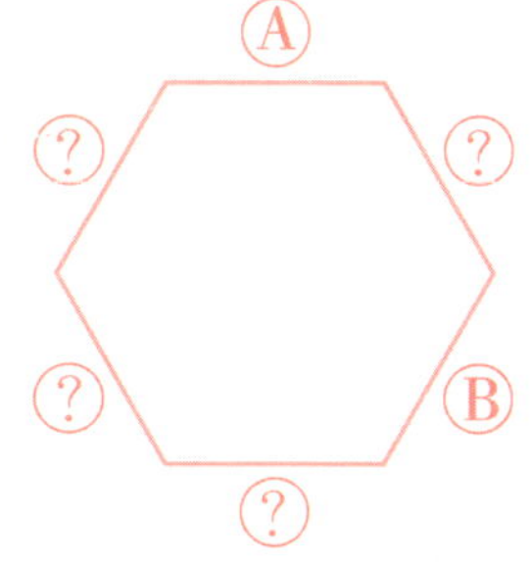

①A坐在B右手边隔一个空位的位子上。

②C坐在D的正对面。

③E坐在F左手边隔一个空位的位子上。

那么，如果F不是坐在D的隔壁，A的右边会是谁呢？

383

女秘书

由于朗克总裁被杀，他的3位秘书玛丽、琳达和莉莉都受到警方的传讯。这3人中有一人是凶手，另一个人是同谋，第三个人则是毫不知情者。她们的供词说的都是别人，这些供词中至少有一条是毫不知情者说的，而且毫不知情者说的是真话。她们的供词如下：

① 玛丽不是同谋。

② 琳达不是凶手。

③ 莉莉参与了此次谋杀。

请问：这3位秘书中，哪一个是凶手？

384

车库命案

一天早晨，某集团的董事长死在自己的车库里。死因是氰化钾中毒，死者是在准备出车库时，吸入剧毒气体致死的。

可是，案发那天，周围既无人接近过车库，也未发现现场有任何可能产生氰化钾的药品和容器。那么，罪犯究竟是用了什么手段将富翁毒死的呢？

调查这一案件的侦探发现，汽车的一个轮胎已爆胎，被压得扁扁的，他马上就识破了作案手段。你知道凶手是如何作案的吗？

385

真假钻石

年事已高的国王想从众多儿子当中挑选继承人。为了考验儿子们的智慧，国王拿出10颗钻石，其中带有标记的一颗才是真钻石。然后他将这10颗钻石围成一圈，由大家轮流按规则挑选，即任选一颗为起点，接着按照顺时针的方向数，数到17的时候这颗钻石就被淘汰，依次类推，继续数下去，直到最后只剩下一颗钻石。这样，谁得到那颗真钻石，谁就可以做皇位的继承人。

假如你是皇子，你该怎么数才可以得到那颗真钻石呢？

386

避暑山庄

甲、乙、丙、丁4人分别在上个月不同时间内入住到避暑山庄，又在不同的时间分别退了房。现在只知道：

① 滞留时间（比如从7日入住，8日离开，滞留时间为2天）最短的是甲，最长的是丁。乙和丙滞留的时间相同。

② 丁不是8日离开的。

③ 丁入住的那天，丙已经住在那里了。

入住时间是：1日、2日、3日、4日。

离开时间是：5日、6日、7日、8日。

根据以上条件，你知道他们4人分别的入住时间和离开时间吗？

387

帽子的颜色

在一次生日派对上，准备了三顶蓝帽子和两顶红帽子。在前面扮演小丑的大毛、二毛、三毛排成一列。大毛后面站着二毛，二毛后面站着三毛。

他们3人头上各戴上一顶帽子，剩下的帽子被藏了起来。他们可以看到前面的人帽子的颜色，但看不到自己的。

“三毛，你的帽子是什么颜色？”

“不知道。”

“二毛呢？”

“我也不知道。”

这时候，谁的帽子都看不到的大毛却说：“啊!我知道了。”

请问：大毛的帽子是什么颜色？

388

仙女和仙桃

4个仙女手中拿着仙桃，每个人的数量不同，4个到7个之间。然后，4个人都吃掉了1个或2个仙桃，结果每个人剩下的仙桃数量还是各不相同。

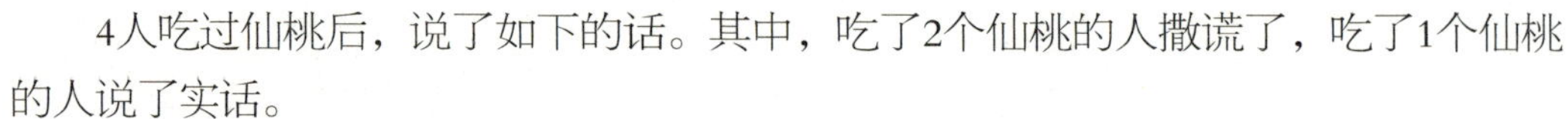

4人吃过仙桃后，说了如下的话。其中，吃了2个仙桃的人撒谎了，吃了1个仙桃的人说了实话。

西西：“我吃过红色的仙桃。”

安安：“西西现在手里有4个仙桃。”

米米：“我和拉拉一共吃了3个仙桃。”

拉拉：“安安吃了2个仙桃。米米现在拿着的仙桃数量不是3个。”

请问：最初每人有几个仙桃，吃了几个，剩下了几个呢？

389

猫的谎言

有3只猫(白猫、黑猫、花猫)在美丽的小溪中捉鱼，每只猫都捉到了1~3条鱼不等，即它们可能各捉到一条，也可能各捉到不同数量的鱼。回来的路上，3只猫说了下面的话，显然，说的数量比实际捉到的多，那肯定是假的，剩下的话都是真的。

白猫：“黑猫捉到了两条鱼。”

黑猫：“花猫捉到的不是两条鱼。”

花猫：“白猫捉到的不是一条鱼。”

请问：它们各自捉了多少条鱼？

390

谁做家务

丁丁经常喜欢和他的两个同胞兄弟用猜拳来决定谁做家务，可老是平手，分不出胜负。于是，丁丁就想：如果一次只有两个人的话，就不会出现这么多次平手了。

你认为丁丁的想法正确吗？

391

学什么运动

当当在某月的前半个月(1日到15日)学了5种运动。每学一种运动的天数各不相同，而且，同一天里也没有学2种运动。那么，究竟他每天在学什么运动呢?

①当当4日的时候学了打网球，8日的时候在学滑雪，12日学射箭。

②第三项运动只进行了1天时间。

③第四项运动是踢足球。

④用3天学的运动项目不是踢足球也不是打保龄球。

运动项目：网球、滑雪、射箭、踢足球、打保龄球。

天数：只有1天、连续两天、连续3天、连续4天、连续5天。

你能列出他学习每项运动的开始日期和结束日期吗?

392

糊涂的答案

一位驼背的老年人和一位瘸腿的年轻人路过一个陌生的村庄，对面走来一位中年人。好奇的中年人问年轻人：“那位驼背的老年人是不是你父亲？”年轻人肯定地回答：“是的。”中年人又到前面去问老年人：“后面那位瘸腿的是不是你儿子？”老年人否定地回答：“不是。”中年人有点被弄糊涂了，又一次问年轻人：“那位驼背的老年人是不是你的亲生父亲？”年轻人仍然肯定地回答：“是的。”中年人又一次到前面去问老年人：“那位瘸腿的年轻人是不是你的亲生儿子？”老年人同样否定地回答:“不是。”

但事实上老年人和年轻人说的都是真话。想一想老年人和年轻人到底是什么关系?

393

见面分一半

一只从没出过远门的小猴子跑到一块桃园里，摘了很多的桃，背起来就走，没走几步，就被山神拦住了。山神说要见面分一半。小猴子只好无奈地把桃分了一半给山神。分完以后，山神看见小猴子的包里有一个特别大的桃，又拿走了那个桃。

小猴子非常不高兴，背着桃悻悻地走了。没走一里路，又被风爷爷拦住了，同样风爷爷从小猴子的包里拿走了一半外加一个。之后，小猴子又被雨神、电神、雷神用同样的办法要走了桃。等小猴子到家的时候，包里只剩下一个桃。小猴子心想：反正就只有一个，干脆我自己吃了吧。这下，却被妈妈看见了。小猴子委屈地向妈妈诉说自己的遭遇。妈妈问他原来有多少个桃，小猴子说他也不知道有多少个桃，而且他们每人拿走了多少也不知道。但妈妈一算就知道猴子原来有多少个桃。你知道吗？

394

勇敢的探险家

一个勇敢的探险家有一次分别从3只凶狠的狼的爪下救出3个姑娘。现在只知道：

① 被救出的姑娘分别是依云、农夫家的女儿和从白狼爪下救出来的姑娘。

② 李琳不是书店家的女儿，茉莉也不是开宾馆家的女儿。

③ 从黑狼爪下救出来的不是书店家的女儿。

④ 从红狼爪下救出来的不是李琳。

⑤ 从黑狼爪下救出的不是茉莉。

根据上面的条件，说说这3个姑娘分别来自哪家？又是从哪种颜色的狼爪下被救出来的？

395

谁是盗窃者

一天，某超市的监控器坏了，但仍在正常营业，店长在巡视的时候发现一个台灯被偷了。警方经过缜密地调查，认为甲、乙和丙是怀疑对象。3个人在不同的时间分别受到警方的传讯，于是各作了一条供词。具体如下：

① 甲没有偷东西。

② 乙说的是真话。

③ 丙在撒谎。

供词①是最先讲的；

供词②③不一定是按讲话时间的先后顺序排列的，但它们都是针对前面所作的供词。

目前只知道，他们每个人作的一条供词，都是针对另一个怀疑对象，而且盗窃者就是他们其中的一个。

请问：这3个人当中谁是盗窃者？

396

谁是智者

甲、乙、丙3个人中，只有一个是智者。他们一起参加了语文和数学两门考试。

甲说：如果我不是智者，我将不能通过语文考试；如果我是智者，我将能通过数学考试。

乙说：如果我不是智者，我将不能通过数学考试；如果我是智者，我将能通过语文考试。

丙说：如果我不是智者，我将不能通过语文考试；如果我是智者，我将能通过语文考试。

考试结束后，证明这3个人说的都是真话，并且智者是3人中唯一通过某门考试的人，也是唯一没有通过另一门考试的人。

你知道这3个人中，谁是智者吗？

397

属于哪一个家庭

在拉拉的13岁生日会上，来了12个小孩，共来自甲、乙、丙3个不同的家庭，当然也包括拉拉所在的家庭。这13个孩子中，除了拉拉13岁外，其余的都不到13岁，而且每个孩子的年龄都各不相同。在1～13这13个数字中，除了某个数字以外，其余的数字都表示某个孩子的年龄。把每个家庭孩子的年龄加起来，得出以下结果：

甲家庭：年龄总数41，包括一个12岁；

乙家庭：年龄总数23，包括一个5岁；

丙家庭：年龄总数21，包括一个4岁。

请问：拉拉属于哪一个家庭？

398

汽车是谁的

凯特、丽萨和玛丽每人都拥有3辆车：一辆双门、一辆四门、一辆五门。每个人也都分别有一辆别克、一辆现代、一辆奥迪。但是，同一品牌的汽车的门的数量却各不相同：凯特的别克汽车的门的数量与丽萨的现代汽车的门的数量一样；玛丽的别克汽车的门的数量与凯特的现代汽车的门的数量一样；凯特的奥迪汽车为双门，而丽萨的奥迪汽车则有四门。

请问：

① 谁拥有一辆双门的别克汽车？

② 谁拥有一辆四门的别克汽车？

③ 谁拥有一辆五门的别克汽车？

④ 谁拥有一辆五门的现代汽车？

⑤ 谁拥有一辆五门的奥迪汽车？

399

外国游客

5位外国游客分别来自罗马、新德里、费城、华盛顿和巴西利亚。请根据下面的谈话分别确认他们各来自哪里？

甲：我曾到过北美洲，但还没有去过南美洲。下个月，我准备去罗马旅游。

乙：去年我曾在费城旅游过，下个月我也要去罗马旅游。

丙：我去年到过费城，它是我去美国的第一站。

丁：我从没有去过费城。我第一次出国旅游。下个月，我要去欧洲或者南美洲。

戊：……

400

凶杀案

某小区一位富翁被杀了，凶手在逃。经过艰苦的侦查之后，警察抓到了A、B两名疑凶，另有4名证人在录口供。

证人张先生说：“A是清白的。”

第二位证人李先生说：“B为人光明磊落，他不可能犯罪。”

第三位证人赵师傅说：“前面两位证人的证词中，至少有一个是真的。”

最后一位证人王太太说：“我可以肯定赵师傅的证词是假的。至于他有什么意图，我就不知道了。”

最后警察经过调查，证实王太太说了实话。

请问：凶手究竟是谁？

401

人和魔鬼

有一个地方的人分为四类：正常人、神志不清的人、正常的魔鬼、神志不清的魔鬼。正常人都说真话，神志不清的人都说假话；对魔鬼来说，正常的都说假话，神志不清的却说真话。

现在你问一个问题，就确定回答者到底是哪一类人，你能做到吗？

402

收藏画

小花、小娟、小叶、小美4人是很好的朋友，她们每个人都有一些灌篮高手的收藏画（数量不同，5~8幅）。有一天，小花送给另外3人中的1人一些收藏画，小娟、小叶、小美也做了同样的事情。结果每人都分别从别人那里得到了收藏画。互相赠送的收藏画数量各不相同，在1~4幅之间。交换后，4人手里的收藏画数量依然不相等。

根据以下条件，请推断最初这4人各有几幅收藏画？每人又给谁多少幅？交换后每人还有多少幅呢？

① 小花最初拿着7幅，送给了小娟几幅。

② 小娟向某人赠送了3幅。

③ 小叶从别人那里得到一幅。

403

白马王子

罗萨公主心目中的白马王子是高鼻子、白皮肤、长相帅气的男士。她认识亚历山大、汤姆、杰克、皮特4位男士，其中只有一位符合她要求的全部条件。

① 4位男士中，只有3人是高鼻子，只有两人是白皮肤，只有一人长相帅气。

② 每位男士都至少符合一个条件。

③ 亚历山大和汤姆都不是白皮肤。

④ 汤姆和杰克鼻子都很高。

⑤ 杰克和皮特并非都是高鼻子。

请问：谁符合罗萨公主要求的全部条件？

404

孪生姐妹

丁丁讲了这样一件怪事：有一对孪生姐妹，姐姐出生在2001年，妹妹出生在2000年。

你说可能吗？丁丁有没有撒谎？

405

小鸟吃虫子

在一个虫子不太多的日子里，黄鸟、白鸟、黑鸟、绿鸟4只鸟还是想方设法各自捉到了一条虫子。虫子的长度各不相同，分别是3厘米、4厘米、5厘米、6厘米。以下是4只鸟的话，其中捉到红色虫子的2只鸟的话是真话，捉到黑色虫子的2只鸟的话是假话。

黄鸟："我捉的虫子有4厘米或者5厘米长。"

白鸟："黑鸟捉的虫子是3厘米的红虫子。"

黑鸟："绿鸟捉的虫子是5厘米的黑虫子。"

绿鸟："白鸟捉的虫子是4厘米的红虫子。"

请问：每只鸟分别捉到了多长的什么颜色的虫子？

406

压岁钱

洋洋是一个节俭的孩子。刚过完新年，他就把大人们给他的压岁钱都存进了银行。他的4个兄弟姐妹都很想知道洋洋到底有多少压岁钱。

哥哥说：洋洋有500元压岁钱。姐姐说：洋洋至少有1000元压岁钱。弟弟说：我猜哥哥的压岁钱不到2000元。妹妹说：哥哥的存折上最少有100元。这4个人中，只有一个人猜对了。你能推断出洋洋到底有多少压岁钱吗？

A.多于500元　B.多于100元　C.少于500元　D.少于100元

407

动物园里的动物们

一日，可可独自一人到动物园里去观赏动物。他一共只看了猴子、熊猫和狮子三种动物。这三种动物的总数量在26只到32只之间。

根据下面的情况，说说这三种动物各有多少只？

① 猴子和狮子的总数量要比熊猫的数量多。

② 熊猫和狮子的总数量要比猴子的总数多两倍多。

③ 猴子和熊猫的总数量要比狮子数量的三倍还多。

④ 熊猫的数量比狮子数量少两倍多。

408

闹钟罢工后的闹剧

一天，同住一个院子里的小朋友们的闹钟同时罢工，所有人都起得很晚。由于大人都出去了，家里又没有日历，他们就围在一起讨论今天星期几？

小红：后天星期三。

小华：不对，今天是星期三。

小江：你们都错了，明天是星期三。

小波：今天既不是星期一也不是星期二，更不是星期三。

小明：我确信昨天是星期四。

小芳：不对，明天是星期四。

小美：不管怎样，昨天不是星期六。

他们之中只有一个人讲对了，是哪一个呢？今天到底是星期几？

409

3个女儿采花

农夫生有3个女儿，这一家常年靠到山上采花为生。碰巧他的3个女儿除了会采花以外，什么都不会。一天，农夫来检查她们的采花情况，大女儿说她采了一束花，二女儿说她采了2束，小女儿说她采了3束，但她们一共只采了4束花，显然至少有一个人在撒谎。

大女儿说：“三妹妹一贯都喜欢撒谎。”

二女儿说：“她们都说了谎。”

小女儿说：“二姐说谎了。”

请问：她们各采了多少束花？

410
一个关键的指纹

汤姆向欧文斯借了很多钱买了一栋豪华别墅，可现在都快半年了，汤姆还没有还一分钱。欧文斯实在是无法忍受就按响了汤姆家的门铃，找汤姆要钱。两人在争吵过程中动手打了起来。高大的欧文斯用两只手死死地掐住汤姆的脖子，汤姆在挣扎中左手摸到一个锤子朝欧文斯的头砸去。欧文斯随即倒地停止了呼吸。

杀死欧文斯后，汤姆马上把欧文斯的尸体拖到后院掩埋起来，然后擦拭干净所有的血迹，再认真清理了沙发、地板和欧文斯所有可能碰过的东西，不留下一点痕迹。正当他做完这一切的时候，门外响起了急促的敲门声——是欧文斯的两位警察朋友。欧文斯曾交代，如果他在下午还没有回到家的话，就让他的警察朋友来这里找他。尽管汤姆十分镇定，但警察还是不费吹灰之力就找到欧文斯的唯一一个指纹。你知道这个指纹在哪里吗？

411
家庭案件

在一个偏远的国度里，住着一对夫妇和他们的儿子、女儿组成的四口之家。一天晚上，为了分财产，家里发生了一起谋杀案。家庭中的一个人杀害了另一个人；其他两个人，一个是目击者，另一个则是凶手的同谋。

① 同谋和目击者性别不同。

② 最年长的成员和目击者性别不同。

③ 最年轻的成员和被害者性别不同。

④ 同谋的年龄比被害者大。

⑤ 父亲是最年长的成员。

⑥ 凶手不是最年轻的成员。

请问：这四人中，谁是凶手？

412

买衣服

凯特、吉姆、苏森和乔治来到一家商店选购衣服。售货员介绍道："英雄牌每件90美元，豪杰牌50美元，佳人牌100美元，风华牌95美元。"事后，他们高兴地聊了起来。凯特说："我这件衣服花了90美元。""是吗？"买了佳人牌的人说："我买的比乔治那件价钱要贵。""我选择的是最便宜的一种。"另一个对吉姆说。"而我买的这件比你买的价钱要低一些。"乔治告诉吉姆。根据上述对话，请您判断一下他们4个人分别买的是哪种牌子的衣服？

413

猜扑克牌

		1	
2	3	4	
	5	6	7
		8	

桌上有8张已经编号的纸牌扣在上面，它们的位置如图所示：

在这8张牌中，只有K、Q、J和A这四种牌。其中至少有一张是Q，每张Q都在两张K之间，至少有一张K在两张J之间，没有一张J与Q相邻；其中只有一张A，没有一张K与A相邻，但至少有一张K和另一张K相邻。

你能找出这8张纸牌中哪一张是A吗？

414

4个小画家

方方、莉莉、美美、洋洋 4 个人非常想当画家，她们每个人临摹了一幅名画（分别是"蒙娜丽莎"和"最后的晚餐"）。临摹完成后，她们分别将自己手中的画交给其中一个人，又从别人手里得到画，这样多次循环，每个人手中都有一幅画，而自己画的画在自己手中的只有一个人。

现在只知道洋洋画的是"最后的晚餐"；方方拿着的是"蒙娜丽莎"；拿着方方的画的人，既不是方方也不是洋洋；方方和莉莉临摹了同一幅画；美美和洋洋拿着同一幅临摹的画。

请问：她们各自临摹了哪幅画，交换后拿着的又是哪幅画呢？

415

圣诞舞会

今年的圣诞舞会上，一共有19个人参加。中间休息的时候，罗文先生看到丽莎一个人站在角落里喝酒。参加舞会的人的具体情况如下：

① 有7人是单独一人来的，其余的都是和伴侣一起来的。和伴侣一起来的，或是已订婚，或是已结婚。

② 凡单独前来的女士都没有订婚。

③ 凡单独前来的男士都不处于订婚阶段。

④ 参加舞会的男士中，处于订婚阶段的人数等于已经结婚的人数。

⑤ 单独前来的已婚男士的人数和单独前来的尚未订婚的男士的人数相等。

⑥ 在参加舞会的已经结婚、处于订婚阶段和尚未订婚这三种类型的女士中，丽莎属于人数最多的那种类型。

还没有订婚的罗文先生想知道丽莎属于哪一类型的女士，看他是否还有机会？你知道吗？

416

康乃馨

母亲节快到了，佳佳去花店买了5束康乃馨送给5位母亲。每束花有8朵，有黄的、粉红的、白的和红的，每种颜色都是10朵。为了让5束花看起来各有特点，每束花中不同颜色的花朵数量不全相同，不过每束花中每种颜色的花至少应该有一朵。

下面是5位母亲所收到的花的情况：

张妈妈：黄色的花比其余3种颜色的花加起来还要多；

王妈妈：粉色的花要比其他任何一种颜色的花都少；

李妈妈：黄色和白色的花之和等于粉色和红色的花之和；

赵妈妈：白色花是红色花的两倍；

董妈妈：红色花和粉色的花一样多。

请问：5位母亲各自所收到的花中每种颜色的花各有几朵？

417

火中逃生

美国有一种火灾救生器，其实就是在滑轮两边用绳索吊着两个大篮子，把一个篮子放下去的时候，另一个篮子就会升上来。如果在其中的一个篮子里放一件东西作为平衡物，则另一个较重的物体就可以放在另外的篮子里往下送。假如一只篮子空着，另一只篮子里放的东西不超过30磅，则下降时可保证安全。假如两只篮子里都放着重物，则它们的重量之差也不得超过30磅。

一天夜里，威尼的家里突然发生火灾。除了重90磅的威尼和重210磅的妻子之外，他们还有一个重30磅的孩子和一只重60磅的宠物狗。

现在知道每只篮子都大得足以装进3个人和一只狗，但别的东西都不能放在篮子里。而且狗和孩子如果没有威尼或他的妻子的帮助，自己不会爬进或爬出篮子。

你能想出好办法尽快使这3个人和一只狗安全地从火中逃生吗？

418

谁有钱

在一个灾荒之年，可怜的父亲都要面临断炊了，所以不得不求助于5个都已成家立业的儿子。他不知道哪个儿子有钱，但他知道，兄弟之间彼此知道底细，且有钱的说的都是假话，没钱的才说真话。

老大说：“老三说过，我的四个兄弟中，只有一个有钱。”

老二说：“老五说过，我的四个兄弟中，有两个有钱。”

老三说：“老四说过，我们兄弟五个都没钱。”

老四说：“老大和老二都有钱。”

老五说：“老三有钱，另外老大承认过他有钱。”

5个儿子中谁有钱，你知道吗？

419

花样扑克

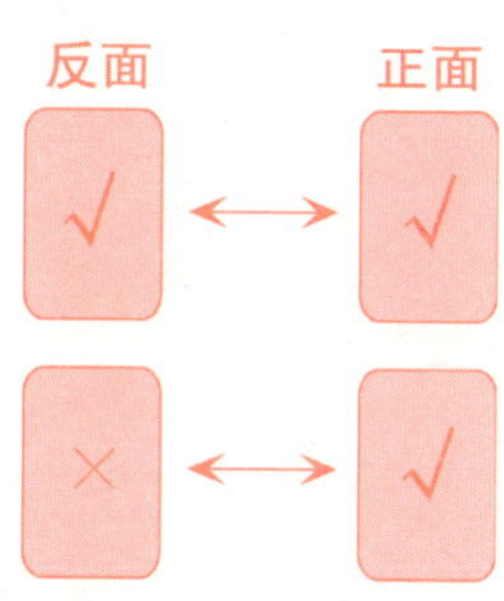

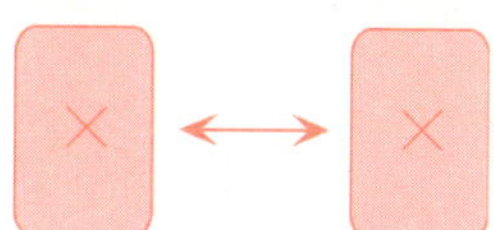

有一个人经常玩扑克牌，而且是变着花样地玩。一天，他摆出做了标记的3张扑克(如图)，扑克正反两面分别画上√或×。他说他可以把这3张扑克给任何人，在不让他看到的情况下选出一张，放在桌上，朝上的是正面或反面都没有关系。只要他看了朝上那面后，就会猜出朝下的是什么标记。猜对了，请对方给他100元；猜错了，他就给对方200元。扑克上√和×占总数各半，也没有其他任何记号。

你觉得他有胜算吗？

420

两个电话

有一个朋友打电话向保罗问了一个问题。保罗回答说：“哦，我告诉你吧。”

挂了电话后，过了一会儿，又有一个朋友打电话来，问了他一个几乎一样的问题，这次保罗却回答：“笨蛋！这我怎么会知道？”

保罗跟这位朋友也不是关系特别不好，也不是在开玩笑。

请你想想他到底被这两个朋友问了什么样的问题？

421

粗心的汤姆先生

粗心的汤姆先生把5000元现金落在了客厅的桌上。等他想起来时，钱已经不见了。家里只有他的两个孩子：杰米和雷米。

杰米说：“是的，我看见了。我把它放在了你房间书桌上，用一本黄皮书压着了。”

雷米说：“是的，我也看见了。我把它夹在了黄皮书的第113页和114页之间。”

汤姆听完他们两个人的说辞立刻就明白谁撒了谎。你知道吗？

422

谁是凶手

一个富翁在寓所遇害，4个嫌疑人受到警方传讯。警方有充足的证据证明，在富翁死亡当天，这4个人都单独去过一次富翁的寓所。

在传讯前，这4个人共同商定，每人向警方做的供词条条都是谎言。这几个人所做的供词是：

约翰：我们4个人谁也没有杀害富翁。我离开富翁寓所的时候，他还活着。

罗伯特：我是第二个去富翁寓所的。我到达他寓所的时候，他已经死了。

丹尼：我是第三个去富翁寓所的。我离开他寓所的时候，他还活着。

默里森：凶手不是在我去富翁寓所之后离开的。我到达富翁寓所的时候，他已经死了。

你知道这4个人中谁杀害了富翁吗？

423

孤独的小女孩

唐唐是一个非常可爱的女孩子，这个星期从周一到周四爸爸妈妈都出差了，剩下她一个人在家。幸好妈妈准备了足够的面包给她当作干粮。唐唐在周一到周四要吃4天面包。品种有椰蓉面包和豆沙面包。她每天吃的椰蓉面包的数量各不相同，在1~4个之间，而吃的豆沙面包的数量每天也不一样，在1~5个之间。

根据以下条件，猜猜唐唐每天吃了哪一种面包，分别吃了多少个？

① 一天中吃掉的面包总数量随着日期的增加而每天增加一个。

② 星期一吃了3个椰蓉面包；星期二吃了一个椰蓉面包；星期四吃了5个豆沙包。

③ 四天中吃的每种面包的各自的数量也都不一样。

424

谁是谁的新娘

大林、二林和小林三兄弟家的隔壁住了春红、夏红、秋红三姐妹。他们彼此都有喜欢的对象，三对恋人决定一起结婚。但他们非常害羞，在说自己的新娘、新郎的时候都故意讲错。

①大林：“我要跟春红结婚。”

②春红：“我要跟小林结婚。”

③小林：“我要跟秋红结婚。”

请猜猜谁是谁的新娘？

425

称粮食

大米、小米和玉米分别装在3只袋子里，它们的重量都在35斤到40斤之间。用一台最少称50斤的磅秤，最多称几次就能称出小米、大米和玉米各重多少斤？

426

同学聚会

甲、乙、丙、丁4人在酒吧里围坐着一张正方形桌子喝酒时，丁突然中毒身亡。对于警探的讯问，甲、乙、丙3人各作了如下的两条供词：

甲：我坐在乙的旁边。不是乙就是丙坐在我的右侧，这个人不可能毒死丁。

乙：我坐在丙的旁边。不是甲就是丙坐在丁的右侧，这个人不可能毒死丁。

丙：我坐在丁的对面。如果我们当中只有一个人撒谎，那人就是毒死丁的凶手。

警探在和酒吧的侍者交谈之后，证实他们中只有一个人撒谎，也确实只有一个人毒死了丁。请问：到底是谁毒死了丁？

427 一封来自国外的信

有一天汤姆收到一封来自国外的信，信的内容是这样的：“今天是我来到以色列的第5天，我去了它和约旦接壤的国界附近，在那里的湖中痛快地游了一次泳。以前，你们一直嘲笑我是一个旱鸭子，可这一次我的表现实在是太棒了！我发现游泳真的是一种享受。我既能够游自由泳，也能够游仰泳。当我伸展四肢浮在水面上仰望蓝天、白云时，我简直像进了天堂。我甚至还吸了一口气潜入水下。事后我才知道我的下潜深度已经达到海平面下390米，而我竟然没有使用任何潜水工具。说了这么多，你一定认为我是在撒谎，但我说的是千真万确的，只不过游泳之后皮肤感到很粗糙……”

看了上面这封信，汤姆一直觉得他的朋友是在吹牛。那么他是在吹牛吗？可信度到底有多少？

428 会说话的指示牌

篮球场、健身房和足球场是从教室通往宿舍的三个路过地点。一天，新生琪琪来到篮球场，看到一个指示牌，上面写着：“到健身房400米/到足球场700米”。她很受鼓舞继续往前走。但当她走到健身房时，发现那里的指示牌上写着：“到篮球场200米/到足球场300米”。聪明的她知道肯定哪里出了问题，因为两个指示牌有矛盾的地方。她继续朝前走，不久到达足球场，那里的路标上写着：“到健身房400米 /到篮球场700米”。琪琪感到困惑不解，她顺便询问一个过路的老师。老师告诉他，沿途的这三个指示牌，其中一个写的是假话，另一个写的是真话，剩下的那一个写的一半是假话，一半是真话。

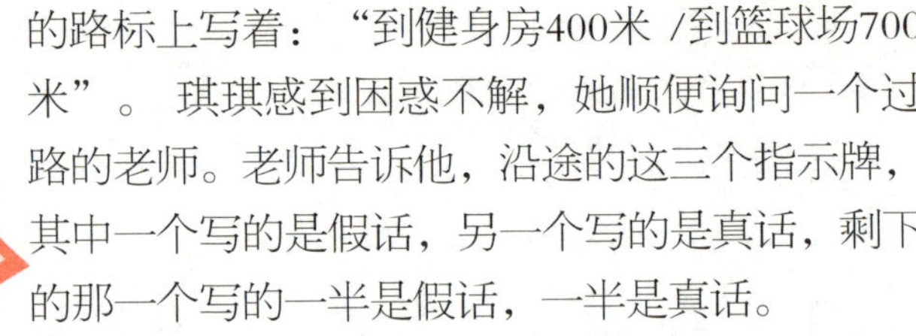

你能指出哪块指示牌写的都是真话，哪块路标写的都是假话，哪块路标写的一半是真话，一半是假话吗？

429

谁是贫困生

Jane、Kate、Lily是同一所大学的学生，她们中有两位非常聪慧，有两位非常有气质，有两位是才女，有两位家境富裕。每个人至多只有三个令人注目的特点：

——对于Jane来说，如果她非常聪慧，那么她家境富裕。

——对于Kate和Lily来说，如果她们非常有气质，那么她们也是才女。

——对于Jane和Lily来说，如果她们是家境富裕的，那么她们也是才女。

学校需要找出一名贫困生给予助学金，你知道她们三人中谁是贫困生吗?

邮局

便利店

打折商场

430

奇怪的城镇

某国有一个城镇里的人特别爱好休闲。这个城镇只有一家便利店、一家打折商场和一家邮局。每星期中只有一天全部开门营业。

① 每星期这三家单位各开门营业4天。

② 三家单位没有一家连续3天开门营业。

③ 星期天这三家单位都停止营业。

④ 在连续的6天中：

第一天，打折商场停止营业；

第二天，便利店停止营业；

第三天，邮局停止营业；

第四天，便利店停止营业；

第五天，打折商场停止营业；

第六天，邮局停止营业。

有一个人初次来到这个城镇，他想在一天之内去便利店里买东西，又要去打折商场买衣服，还要去邮局寄信。请问：他该选择星期几出门?

431

少了1元钱

一位老婆婆靠卖蛋营生。她每天卖鸡蛋、鸭蛋各30个，其中鸡蛋每3个卖1元钱，鸭蛋每2个卖1元钱，这样一天可以卖得25元钱。忽然有一天，有一位路人告诉她把鸡蛋和鸭蛋混在一起每5个卖2元，可以卖得快一些。第二天，老婆婆就尝试着这样做，结果却只得到了24元。

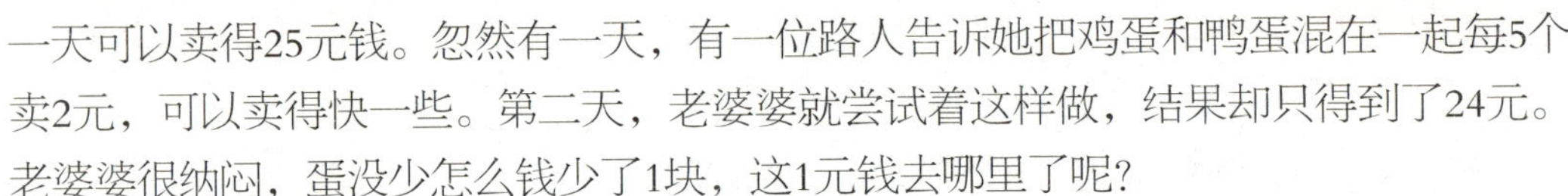

老婆婆很纳闷，蛋没少怎么钱少了1块，这1元钱去哪里了呢？

432

杀人浴缸

一天，尼克探长要去看望住在海边豪宅的好友布莱克。路上，他给布莱克打了电话，告诉他大约半个小时后到。

半小时后，尼克准时到达，可在客厅里等了5分钟，还不见布莱克出现。这时仆人特里说：“老爷进去洗澡已经半个多小时了，会不会……”尼克探长撞开浴室门，发现布莱克死在浴缸里。从初步检查的结果来看，他是溺水死的，死亡时间大概在半小时前。

警察赶到后做了进一步分析，发现布莱克的肺部有大量海水，并没有淡水残留物。而整个下午只有仆人特里一个人在家，没有其他人来过。

尼克第一个反应就抓住特里，说他是凶手。特里拼命地否认他没有作案时间：尼克探长打电话来的时候主人还在接电话，从那时到现在只有30多分钟，可是从这里到海边却要一个小时，就是坐飞机也来不及。但尼克却一口咬定是特里干的。你认为尼克的理由是什么呢？

433

逻辑推理

有9张纸牌，分别为1~9。A、B、C、D四人取牌，每人取2张。现已知A取的两张牌之和是10；B取的两张牌之差是1；C取的两张牌之积是24；D取的两张牌之商是3。请说出他们四人各拿了哪两张纸牌，剩下的一张又是什么牌？

434

白纸遗嘱

作曲家简和音乐家库尔是一对盲友。简病危时曾请库尔来做公证人，立下一份遗嘱：把简一生积蓄里的一半财产捐给残疾人福利机构。随即让他的妻子拿来笔和纸以及个人签章。他在床头摸索着写好遗嘱，装进信封里亲手密封好，郑重地交给库尔。库尔接过遗嘱，立即专程送到银行保险箱里保存起来。一星期后，简死于癌症。在简的葬礼上，库尔拿出这份遗嘱交到残疾人福利机构的代表手中。但当那位代表从信封中拿出遗嘱时，发现里面竟然是一张白纸。

库尔根本无法相信，简亲手密封、自己亲手接过并且由银行保管的遗嘱会变成一张白纸！这时来参加葬礼的尼克探长却坚持认定遗嘱有效。众人都疑惑不解地看着尼克探长，期待着他的解释。你认为探长会怎么解释？

435

玩牌

3个探险家结伴去原始森林探险，路上觉得十分乏味就聚在一起玩牌。

第一局，甲输给了乙和丙，使他们每人的钱数都翻了一番。第二局，甲和乙一起赢了，这样他们俩钱袋里面的钱也都翻了倍。第三局，甲和丙又赢了，这样他们俩钱袋里的钱都翻了一倍。结果，这3位探险家每人都赢了两局而输掉了一局，最后3个人手中的钱是完全一样的。细心的甲数了数他钱袋里的钱发现他自己输掉了100元。你能推算出来甲、乙、丙3人刚开始各有多少钱吗？

436

邮路图

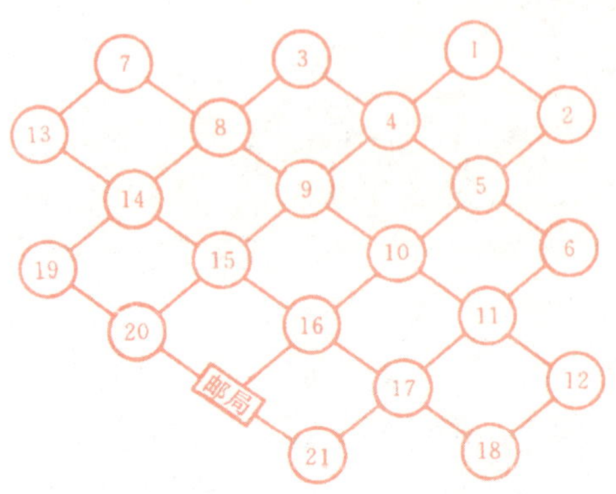

邮递员要到21个村庄去送信，各村庄的道路互相连在一起。邮递员从邮局出发去送信，没有走任何重复的路线和村庄，就把所有的信都送完又回到了邮局，你知道他是怎么走的吗？

437

找规律

按照图中鱼鳞片的变化规律，下一个图形该是什么样的？

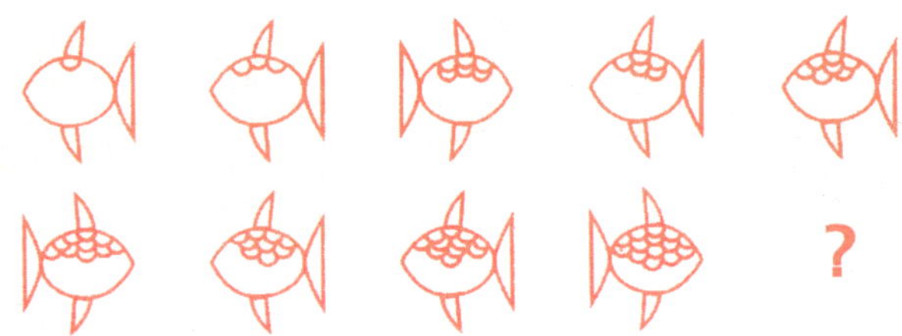

438

排队

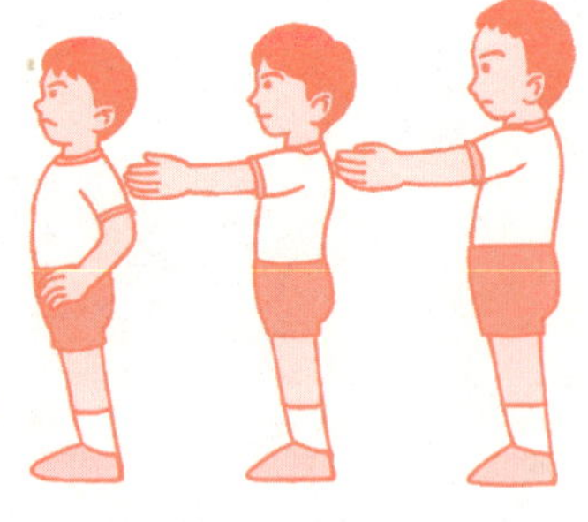

汤姆、沃克、杰尼、鲍勃、芬尼和杰克去买世界杯的球票，来得太早了，正等售票窗口打开，杰克的一个朋友打电话来问杰克买到球票没有，杰克说：“还没有呢，应该快开门了。”

杰克的朋友说：“你排第几啊？别忘了帮我买票。”

杰克说：“我不是最后一个。而且芬尼也不是最后一个。”

“那你到底是排在第几？”

杰克说：“我看看。汤姆的前面至少有4个人，但他也没有排在最后；鲍勃不是第一个，他前后至少都有两个人；杰尼没有排在最前面，也没有排在最后面。你知道我们排队的顺序吗？

439

T字路口迷宫

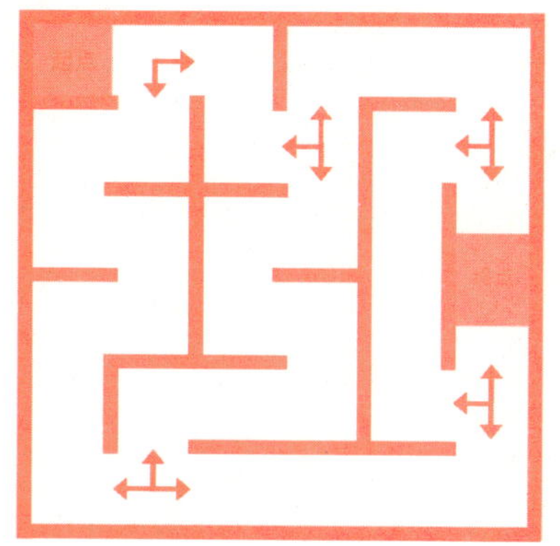

假设你走在这个迷宫里，搞不清楚自己的位置。你在每个T字路口随机选择下一步的方向，但不能选择回头。如果走过同一个地方两次你就出局了，抵达终点才算赢。你赢的几率有多少？

440

双门的别克汽车

警察截住了一个偷汽车的人，并追回一辆双门的别克汽车。小偷供词说是在14街花园口偷走的。电脑资料显示：那里相邻住着杰克、艾伦和马丁。他们三个人都有三辆车，分别是一辆双门、一辆四门、一辆五门。每个人的三辆车也都分别是别克，福特和丰田；而且三个人的车同一个品牌的都不一样；最后杰克的别克汽车的门的数量与艾伦的福特汽车的门的数量一样，马丁的别克车的门的数量与杰克的福特车的门的数量一样，杰克的丰田汽车是双门的，而艾伦的丰田汽车则是四门。现在你知道小偷偷的双门的别克汽车是谁的了吗？

第五章

开拓分析判断力的思维游戏

441 分黏纸

要把六块大小不一，形状又不规则的黏纸（如右图）各分成形状、大小都一样的两块，你知道该怎么分吗？

442 剪一刀拼正方形

你能在右面的两个图形上只剪一刀，然后再将它们拼成一个正方形吗？

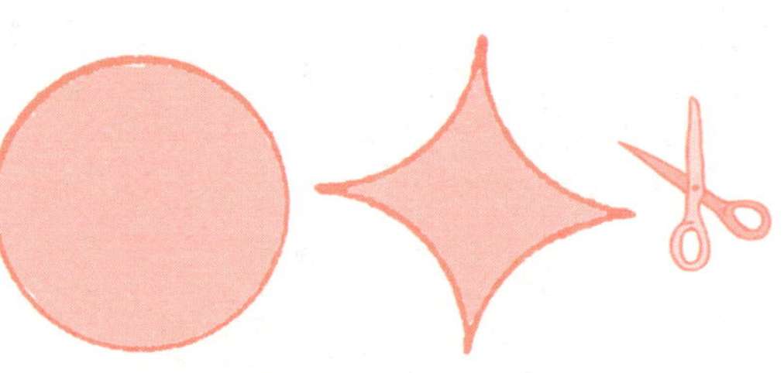

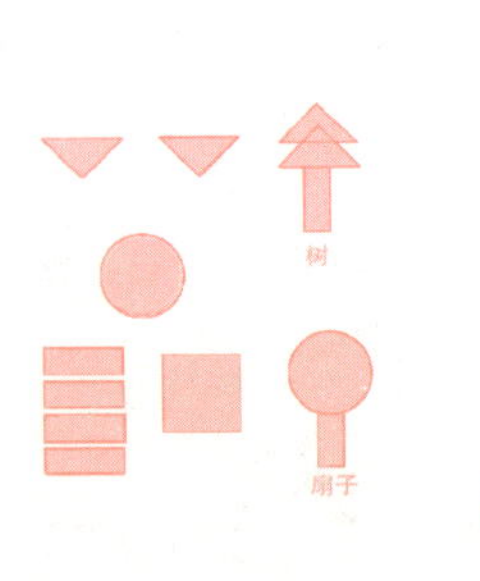

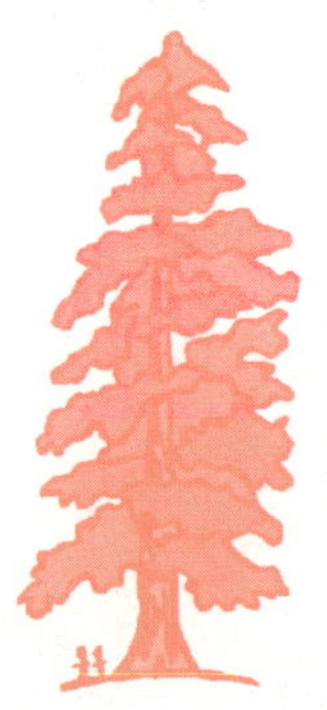

443 拼图案

用一些正方形的、长方形的、三角形和圆形的纸片任意组成图案。试一试，看看除了下面图中的树、扇子以外，你还可以拼出什么新图案来？

444 拼尺子

捣蛋鬼把爸爸的塑料尺给摔碎了，那把“T”字形的摔成了4截（见图一），那把“工”字形的摔成了5截（见图二）。爸爸回来后肯定会很生气的，趁爸爸还没回来，帮他把尺子拼起来吧。

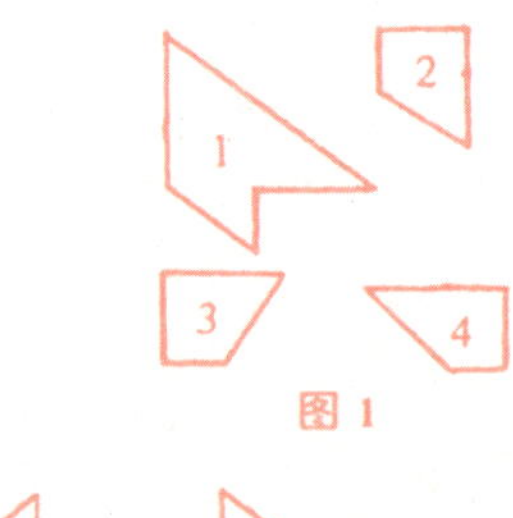

图 1

图 2

445

小桌变大桌

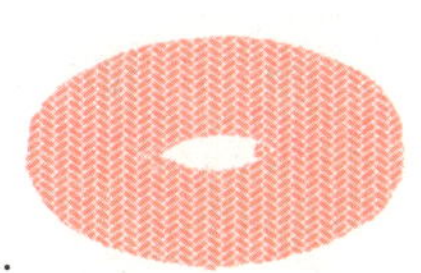

有一个木匠想要把两个中间挖空的椭圆形小桌，各锯成4块，然后再拼成一个实心的大圆桌。考虑了半天还是不知道该怎么锯，你可以告诉他吗？

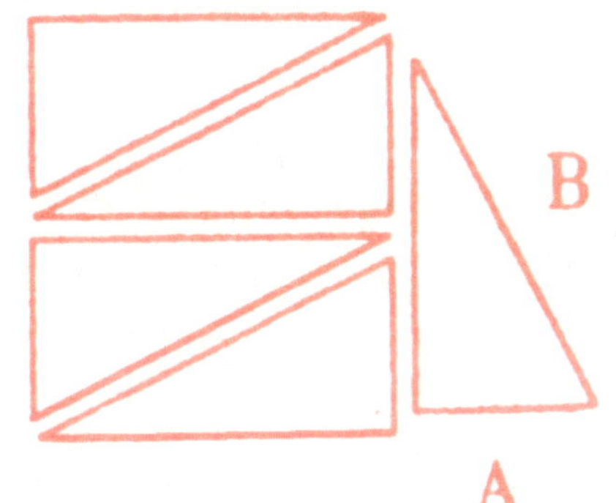

446

三角形变正方形

有5个全等的直角三角形，B边是A边的2倍（如图）。现在允许在其中的一个三角形上剪上一刀，把它分成两块，你能拼出一个正方形吗？

447

同样的卡片

只要把图1的卡片剪上一刀，就能拼出和图2一模一样的卡片。你知道怎么能做到吗？

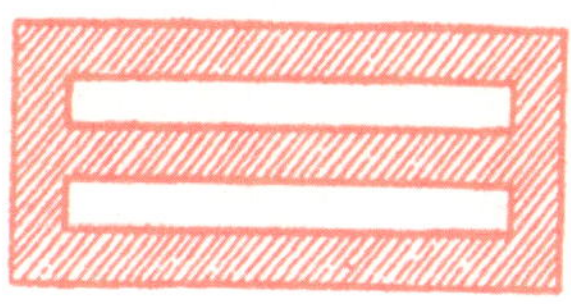

图 2

448

做风车

有一张正八边形的硬卡纸，卡纸的当中正好有一个正八边形的孔（如图）。现在用这张纸做成一个正八角星形的纸风车，原来纸中央的孔还照原来大小保留着。你知道怎么做吗？

449

“十”字标记

图中是一块有机玻璃板，现在准备把它做成一个大大的“十”字形标记。这块板只要沿着一条曲线锯开，就能拼成一个大“十”字，一点都不会浪费材料。你知道该怎么锯吗？

450

聪明的木匠

聪明的木匠有一张四边都凹凸不平的木板（如图），准备做成一块正方形的门板，只要把木板锯成4块，就能拼出正方形。你知道木匠是怎么拼的吗？

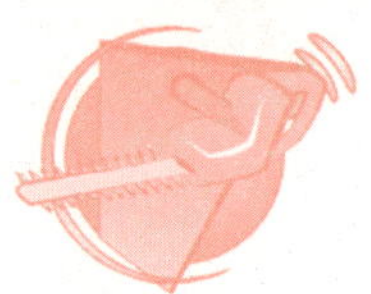

451

足球队旗

“大力神”足球队准备将原来那面绣着两个大力神形象的队旗，改成两面各有一个大力神形象的正方形队旗。该怎么剪才能做到呢？

452

圆圆的小月亮

有一张花瓣形状的卡纸，现在想把这张纸做成圆圆的月亮形状。只要在纸上剪2刀，就能拼出了圆圆的月亮。你知道怎么拼出来吗？

453

巧手拼桌面

有一个木匠，想用剩下的一块多边形的木料（如图）拼成一个正方形的桌面。本想多锯几下又怕太零碎了桌面会不结实。结果他只把木料锯成2块，就拼出了正方形桌面。木匠是怎么锯的呢？

454

十字形变正方形

这里有一张十字形卡纸，你能在这张卡纸上只剪一刀就把它拼成一个正方形吗？顺便提醒你一下，要先折3次之后再剪哦，来试试吧，看看该怎么拼！

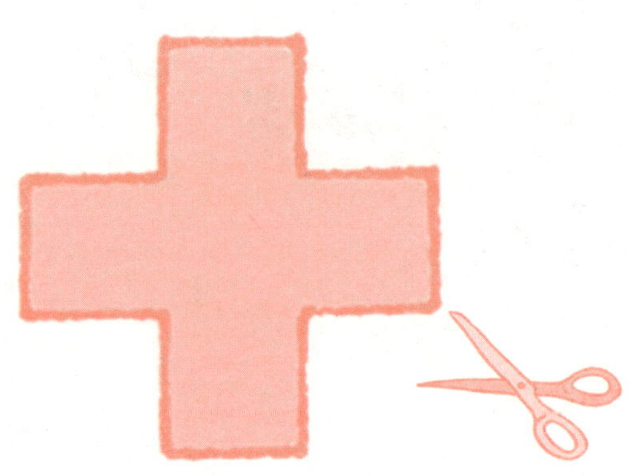

455

六角星地毯

乐乐从商店买回来的一块六角星形状的地毯，可是这块样子怪怪的地毯家里根本就铺不下，要拼成一个长方形才行。乐乐翻来覆去折腾了半天，还是不知道从哪里下手，你能帮他出个好主意吗？

456

修黑板

教室的小黑板坏掉了两个角，也找不到合适的木料来填补。你能将它锯成两块，然后再把它拼成一个长方形的小黑板吗？

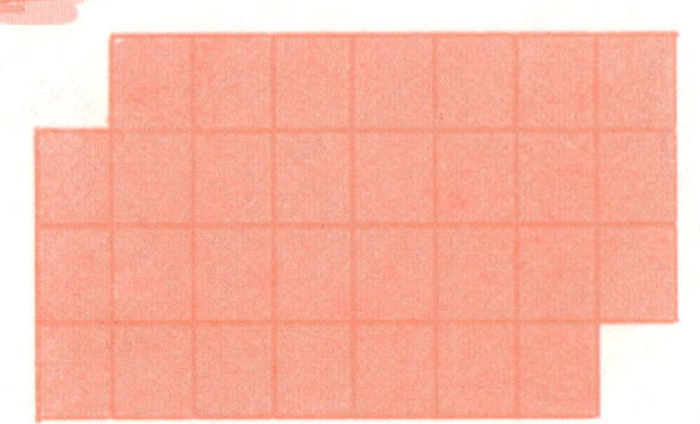

457

酒多还是水多

从装有一斤酒的瓶中倒出满满一玻璃杯，再把它倒进含一斤水的水壶中。然后，用壶中的混合液体装满玻璃杯，再把它倒进盛酒的酒瓶中。请问，从瓶中倒的酒更多呢，还是从壶中倒的水更多一点？水和酒的密度可忽略不计。

458

越狱

一个囚徒的牢房并非在地下，而是在高处。门异常坚固，锁得严严实实，守卫也同样严密，从门那里是不可能逃出去的。忙活了好多天之后，他撬掉了那狭小窗户的一根栏，并且把身子挤了出来；但是窗户距离地面如此之远，摔下去必死无疑。幸运的是，他在牢房的一角找到了一根绳索，绳索隐藏在黑暗之中。但是这根绳索却不够长，从绳子的末端跳下去也绝不可能。他立即把绳子分成了两半，然后把两部分接在一起。这样，他安全地下来了。这是怎么做到的呢？

459

排排队

如图所示，八个男孩的背上写着几个数字，把这八个男孩子平均分成两组，具体。其中，背上写着1，2，3，4的四个男孩子站在一边，写着5，7，8，9的四个男孩子站在另一边。从图中可以看出，左边的四个数字之和是10，右边的数字之和是29。现在要求把这八个男孩子重新分成两组，要求每组各四人，背上的数字之和也要相等。你好好考虑下，应该怎么样才能做到呢？

460

分酒和酒瓶

老板装了12大瓶和12小瓶的酒，两小瓶酒的容量正好等于一大瓶的容量。其中，大小瓶各有5瓶已经被喝光了。现在要把这些酒和瓶子平均分配给三个人，不管是空的还是满的，三个人分的酒一样多，瓶子也一样。

461

移动车厢

这是一列火车，有一台机车和八节车厢。要求要把车厢的位置颠倒一下，即把顺序从1, 2, 3, 4, 5, 6, 7, 8换成8, 7, 6, 5, 4, 3, 2, 1，机车最终仍然停在侧线上，并且要求移动最少的次数。每次机车或者车厢从主线移到侧线，或者从侧线移到主线上，机车或车厢每经过一个岔口，都算作移动一次。如图所示，8在岔口的另外一侧，7就可以移到侧线上，8移过来与6相接，再把7移到主线上；侧线上一次只能有至多五节车厢，或者一台机车和四节车厢。移动车厢时不需要借助机车。你需要移动多少次?

462

消失的弹头

有天晚上，一声枪响之后，富翁乔迪死在了别墅的花园里。警方到现场调查，见乔迪胸口有一处伤痕，是被子弹射中造成的。解剖发现，子弹击中了心脏，伤口有10厘米深。但是，却找不到弹头。

经过警员努力侦查，发现凶手是一名职业杀手。为了使自己杀人后不留下任何线索，因而采用了一种特制的弹头，这种子弹头射进人体后会自动消失，而不被警方发现。

你知道这种特制的弹头是用什么做的吗?

463

欲盖弥彰

一个初秋的早晨，在一片森林里一棵大树下的一顶帐篷里，发现了失踪的老地质队员的尸体，他好像是在这儿被人杀死的。

然而，公安人员得知他是个老地质队员后，只看了一眼现场，就马上下了结论：

“罪犯是在其他地方作的案，然后又将尸体转移到这里来，伪装成在帐篷里被杀的假象。”

此结论的理由何在?

464

谁是真凶

一场混乱的枪战之后，某医生的诊所里冲进一个陌生人。他对医生说：“我刚穿过大街时突然听到枪声，只见两个警察在追一个逃犯，我也加入了追捕。但是在你诊所后面的那条死巷里遭到那个家伙的伏击，两名警察被打死，我也受伤了。”医生从他背部取出一粒弹头，并把自己的衬衫给他换上，然后又将他的右臂用绷带吊在胸前。

这时，警长和地方议员跑了进来。议员喊：“就是他!”警长拔枪对准了陌生人。陌生人忙说：“我是帮你们追捕逃犯的。”议员说：“你背部中弹，说明你是逃犯!”

在一旁目睹一切的亨利探长对警长说：“这个伤号不是真凶!”

那么谁是真凶呢?

465

图形推理

请问A、B、C、D、E这一序列的下一个应是什么样的?

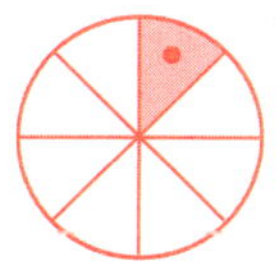

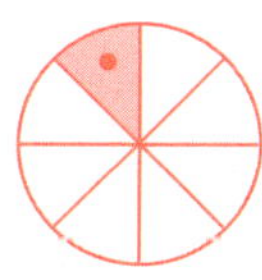

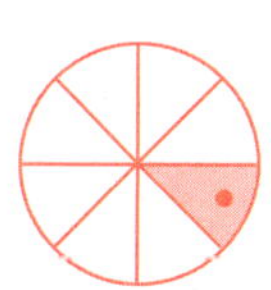

466

月夜凶杀案

在东北的一个小镇，某天晚上9点发生了一起杀人案件。第二天，很快就找到了嫌疑犯，刑警立即对他进行审问。

“昨晚9点左右你在哪儿？”

“在河边与我的女朋友谈话。”河水是由东流向西。

“你在哪边河岸坐？”

“在南岸。昨夜是满月，河面上映出的月亮真好看!”

“你说谎！这么说，罪犯就是你。”

请问，刑警的根据是什么？

467

机座上的遗书

千万富翁维克多乘坐私人直升飞机到别墅度假。一小时之后，直升机折回机场。架驶员向警方报案称：维克多在飞行途中，突然打开舱门跳机自杀了，座椅上留有一封遗书。

警方即到直升机上察看，果然发现维克多所坐的椅子上有一封遗书，其内容是说他已厌倦人生，所以自杀，与别人无关等等。警方经过调查研究，发现了一个很大的破绽，于是立即将驾驶员拘捕，指证是他把维克多推出机外，然后把遗书放在座椅上的。

请你动动脑筋，警方为何得出这样的结论？

468

真相大白

一天晚上，小野先生打电话报警，说他妻子在家开枪自杀了。警官接电话后，立即赶到小野家。

小野说，他正在楼下看电视，忽然听到楼上卧室里传来一声枪响，跑上楼一看，他妻子右手握着一把手枪，头部中弹趴在梳妆台上，已经死去。警官听完，仔细检查了卧室，然后将溶解了的石蜡涂在小野妻子的右手上，同时对小野说：“等石蜡一凝固，就能断定你妻子是不是自杀了。”小野见状便乖乖认罪了，交代了杀妻经过。

你知道这是怎么回事吗？

469

螳螂捕蝉，黄雀在后

羽根是一个职业小偷。一天，他溜到地铁上去作案，先偷了一位时髦小姐的钱包，等她下车后他又接连偷了一位西装革履的男子和一位白发苍苍的老太太的钱包。他兴高采烈地下了车，躲在角落里清点了一下，发现三个钱包里总共不过10万多日元，接着他又惊叫起来，原来与这三个钱包放在一起的他自己的钱包也不翼而飞了，那里面装着1000多万日元呢！他口袋里还有一张纸条，上面写着："让你这该死的小偷尝尝我的厉害，看看你偷到谁头上来了！"

猜猜看，那三个人中，究竟是谁偷了羽根的钱包呢？

470

三个数字一样

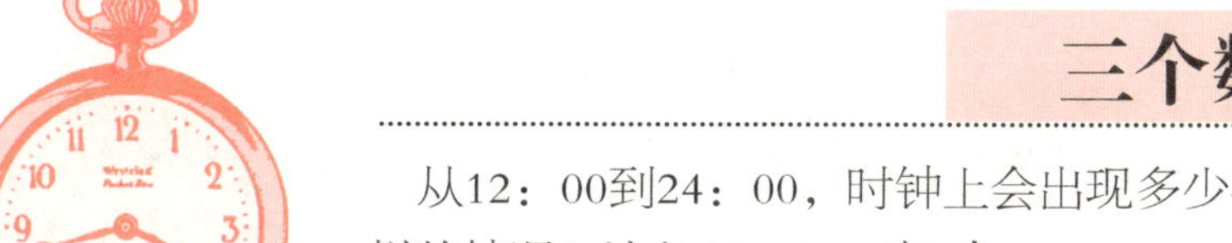

从12：00到24：00，时钟上会出现多少次至少有3个数字一样的情况？比如12：11，有3个1。

471

谁偷了项链

日本的一艘远洋货轮抵达了旧金山，船上除了一名值班的水手和去过旧金山市的大副外，其他人员都去市里游玩了。

船长买了一些东西，第一个返回了船上。他发现放在房间里的一挂价值昂贵的钻石项链不见了。于是，他把在船上的大副和水手叫来询问。

大副说："我看见水手进过你的房间，一定是他偷了项链。"

水手争辩道："我没进去过，大副是在诬陷。我看到桅杆上的国旗挂颠倒了，便一直忙着将国旗挂正，根本没时间去偷东西。"

船长听完他俩的述说后，已经知道是谁偷走了钻石项链。那么，你知道了吗？

472

将军的妙计

有一位将军特别善于调配士兵，一次他带了360名士兵守一座小城池。他把360个士兵分派在城的四面，每面城墙壁上有100名士兵。战斗打得好激烈，不断地有士兵阵亡，每减少20人，将军便将守城的士兵重排了一下，使敌人看到每面城墙上依然有100名士兵。士兵的人数已降为220人了，四面城墙上仍有100名士兵。敌人见守城的士兵丝毫没有减少，以为他有大量的后备军，便撤军了。

你知道将军是怎样巧妙布置士兵的吗？

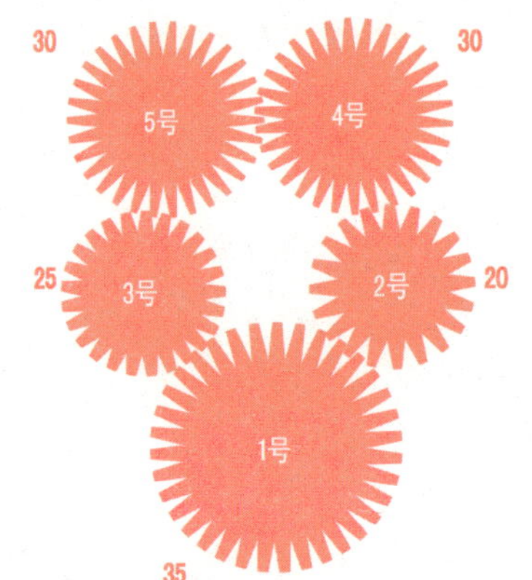

473

连动齿轮

5个组合的连动齿轮，每个齿轮的齿目都标在旁边。如果你转动1号齿轮两圈，5号齿轮会转动几圈？

474

钻石失窃案

大富翁维特常常向人炫耀他那颗价值连城的大钻石，因此吸引了不少朋友到他家来参观。

为了安全、美观起见，他特意把钻石放在一个很大的窄口玻璃瓶内。玻璃瓶本身重六十多公斤，普通人想搬走也不是一件容易的事。何况，维特又在放钻石的房间周围装上了防盗警报，只要有人把玻璃移动，警报系统就会发出叫声。

有一天晚上，维特从外面回来，走进放钻石的房间一看，大吃一惊，那颗钻石竟然不翼而飞了！维特急忙报了警。

经警探调查得知，维特外出后曾有三个人先后进入过这间房子。一个是负责清洁地毯的工人，一个是管家，一个是守卫。这三人之中，谁能够不移动玻璃瓶，而把那颗钻石偷走呢?

475

破绽在此

海边的H市某天晚上受到了台风和暴雨的袭击。

第二天早晨，在公园发现一具男尸，浑身湿淋淋地趴在地上，旁边还有一顶死者的帽子。现场没有留下任何痕迹，更找不到目击证人。

经验尸，死亡时间已经超过20个小时。警员断定，这不是凶杀现场，死者是被人由别处搬运来的。

警员是根据什么下此结论的呢？

476

最后一个星期五是几号

星期二一上班，罗伯特就接到一大堆事情，回到座位瞧见日历，他叹了一口气：“原来今天13号，真是倒霉。”然后罗伯特拿出日程表对着日历安排起来，他又发现了有趣的事情，这个月居然有5个星期二。这时安妮问罗伯特：“这个月的最后一个星期五我们安排活动，那天是几号啊？”

罗伯特在看日历，当然知道，但是你知道这个月的最后一个星期五是几号吗？

477

硬币收藏的问题

我喜欢收藏硬币，我把其中1分、2分、5分的硬币放在5个一样的盒子里，并且每个盒子里所放的1分的硬币数量相等，2分的硬币数量也相等，5分的硬币数量也相等。

没事的时候拿出来清点，把5盒硬币都到在桌子上，分成4堆，每一堆的同种面值的硬币的数量都相等。然后把其中两堆混起来，又分成3堆，同样每一堆里的同种面值的硬币的数量相等。好了，问题来了，你知道我至少有多少个1分、2分和5分的硬币吗？

478

花形排序

这组花形序列的下一个应是什么样子？

479

珍珠项链

警察甲、乙在讨论刚接手的谋杀案。一个寡妇死在梳妆台前，头部被击，几乎没有线索。

“你注意了吗？死者手里抓着一串珍珠项链。”

“人是死在梳妆台前，她是正在打扮时被害的，当然拿着项链了。”

“不，死者脖子上有项链，她不会再戴呀。”

“可能凶手也是个女人，她在搏斗中揪下了项链。”

“也不对，项链很完整。我以为这是死者在暗示什么，一定与凶手有关。”

“凶手？刚才邻居说这个女人信佛讲道，接触的除了和尚，就是算命的，谁戴项链呀？”

“谁戴……我好像明白了。”

凶手是什么人呢？

480

巧排座位

某外国语学院举行的圣诞节联欢晚会上，在一个圆桌子周围坐着5个人。A是中国人，会英语；B是法国人，会日语；C是英国人，会法语；D是日本人，会汉语；E是新西兰人，只会说英语。你能巧妙地为他们安排座位，让他们彼此间都能交谈吗？

481

蟑螂的启示

湖面上漂浮着一具男尸，看上去很像是溺水自杀。公安人员接到报案后，迅速赶到现场。尸检时，在被害人的内衣里发现了一只蟑螂。刑警队长立刻断定说：“这个人是在室内被杀死，然后转移到湖里的。”

请问，队长的根据是什么？

482

来访的凶手

女教师在星期日下午被发现死在宿舍里。她身穿睡衣，满身是血地躺在地上。经法医鉴定，死者由于胸部被刺，于昨晚9点左右死亡。

据调查，在星期六晚9点左右有两个男子来拜访过死者：一个是她的男朋友，另一个是她的学生。两人都先后按了门铃。警察查看现场时，发现死者的房门上安着一个“猫眼”，于是他有了新发现。经过缜密思考，推断出了真正的杀人凶手。

你知道他推断的凶手是谁吗？

483

与众不同

下列四组物品中，每组都有一个物品与其余3个不同。你能挑出来吗？

西红柿、苹果、桃子、香蕉；菜刀、水果刀、案板、剪刀；

山羊、黄牛、梅花鹿、老虎；二胡、吉它、小提琴、笛子。

484

哪个不合群

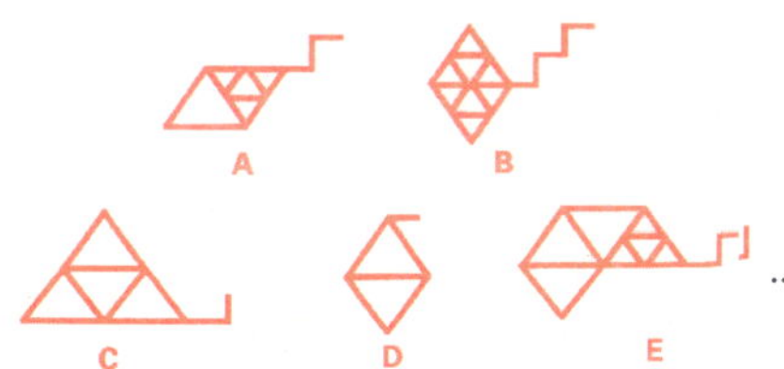

在这五幅图中，哪一个是不合群的？

485

反射出来的头像

市区的一家银店遭劫。营业员指控科恩是作案者：“银店刚开门，科恩就闯进来了。当时我正背对着门，他用枪抵在我背上，命令我不准转过身来，并叫我把壁橱内的所有银器都递给他。我猜他把银器装进了手提包，他逃出店门时，我看见他提着包。”

警长问：“这么说，你一直是背对着他的，他逃出店门时又背对着你，你怎么知道他就是科恩呢？”营业员说：“我看见了他的影像。我们的银器总是擦得非常亮，在我递给他一个大水果碗时，我见到他映在碗中的头像。”

在一旁静听着的亨利探长发出了警告：“不要再演戏了，快把偷走的银器送回来，或许能减轻对你的惩处。”

探长为什么断定营业员是罪犯？

486

移花接木

亚美死在卧室里，尸体是被来访的记者朋友发现的。他立刻拨打了110，刑警和法医以最快的速度赶到了现场。

大约过了一个小时。“死因和死亡时间出来了吗？”刑警问法医。

“是他杀，大概已死了二十三四个小时了，但现场没有作案的痕迹。”法医回答。

“那就奇怪了。”

刑警忽然注意到桌子上的蜡烛在燃着，他顺手打开日光灯，却发现停电了。猛然，他意识到了什么。

“原来这尸体是从别处移过来的。”

请问，刑警是凭什么做出推理的？

487

凶手的谎言

侦探小说作家A先生，有一晚在家里写小说时，被人用棒球的球棒从背后击毙。书桌上的一盏台灯亮着，窗户紧闭。

报案的是住在对面公寓里的张某。他向赶到现场的警方所做的说明是这样的：“当我从房间向外看时，无意间发现A先生书房的窗口有个影子高举着木棍，我感觉不妙，所以赶紧给你们打电话。”

但聪明的刑警听了以后却说：“你说谎!你就是凶手！”说罢便将张某逮捕归案。

张某说谎的证据在哪里？

488

大家族

爱聊天打发时间的婆婆又在和路人说话了，她告诉路人自己家可是一个大家族了，有一位祖父、一位祖母，两位父亲、两位母亲，四位孩子、三位孙子，一位哥哥、两位姊妹，两位儿子、两位女儿，以及法律上的一位父亲、一位母亲、和一位女儿，大家都住在一起。

路人恭喜婆婆好福气，可是婆婆却告诉路人家里其实就7口人。路人满脸惊讶，说不清怎么回事了。可婆婆并没骗人，你想明白了吗？

489

错按了乘法键

欧皮皮陪马琪琪去一家商店买东西，马琪琪挑选了四件小饰品，欧皮皮心里算了一下，总共6.75元，其中有一件只有1元钱。马琪琪准备付钱时，欧皮皮发现店主用计算器算价时，按的不是加法键，而全是乘键！他正准备提醒店主时，奇怪地发现，计算器算出的数字也是6.75元。店主没按错数字。那么，你知道这四件小饰品的单价各是多少？

490

真假之辨

某天清晨，在一堵围墙外的大树下发现一具尸体。死者赤着脚，脚底板有几条从脚趾到脚跟的纵向的伤痕，而且还有血迹。旁边有一双拖鞋。

“死者是想爬树翻入围墙，但不小心摔死了。他可能是想行窃。”有人这样推断。

但是老练的刑事科科长却说：“不，这个人不是从树上摔下来的，而是被人谋杀后放在这里的。凶手是想伪装成被害者不慎摔死的假象。”

试问，科长为什么这样说呢？

491

桶里的水能不能喝

琳达和她的男友一起出国旅游，在一个晴朗的午后他们来到异国的一个小村庄里找水喝。在这个村子里他们遇见一个男孩和一个女孩抬着一桶水，在他们当中有一个是只说实话的，另一个则只说谎话。琳达想知道他们抬的那桶水可不可以喝，就走过去对那个男孩说：“今天的天气不错。”

“是的。”男孩回答。

“我们可以喝你们桶里的水吗？”

“可以。”

请问他们桶里的水到底可不可以喝呢？

492 主谋是谁

星期三的早上，作家邓如山先生被发现死在家里。他是在和经纪人张先生通电话时被自己养的狗咬死的。最近，因邓先生外出，这只狗曾委托张先生代为照顾。

于是，张先生成为嫌犯，但无确凿证据。因为邓先生被狗咬死时，张先生在5公里外的研究所实验室里。即使他在照顾狗期间将狗训练成咬人的工具，也不可能在5公里之外发号施令，指挥狗咬人。

因此，一般人都推断是狗兽性突发，将邓先生咬死的。

但负责这件案子的探长却有不同见解，而且断定主谋就是张先生。

那么，探长凭什么断定张先生就是主谋呢？

493 保险诈骗案

占美是某大公司的总裁，最近报纸登出这家大公司濒于破产的消息。消息刊出不久，占美就失踪了。两天后，人们发现他倒毙在他郊外自己的别墅中，是被刀片割断喉咙而死的。

在调查中了解到，占美死前曾购买了巨额人寿保险。保险条款中规定，如果占美死于意外，将会获得赔偿，受益人是他太太；如果死于自杀，则不能获得赔偿。

警方初步断定，这是一起保险诈骗案。占美属自杀，他企图造成一种他杀的假象，但是警方在房间里找不到行凶的刀片。按照常理，人自刎之后不可能还有力气把刀片扔到别处。

最后，有一个细心的警察在死者旁边发现了一些鸟的羽毛，这个问题便迎刃而解了。

你知道为什么吗？

494 该怎么问

这一道游戏题跟前面的一个问题有点关系，不过要比前面的问题的难度系数高很多。

有一对出国旅游的情侣到异国的一个小村庄里找水喝，碰上一个只会说实话的小孩和一个只会说谎话的小孩。在这两个小孩的前面有一个装满水的水桶，但那对情侣不知道桶里的水能不能喝。

那么请你想一想，如果他们只能向一个小孩问一个问题来确定水到底能不能喝的话，他们该怎么问呢？

495 追根溯源

在森林公园的深处发现一辆高级的敞篷车，车上有少量树叶，一个老板模样的人死在车里。警方封锁了现场。

“发现了什么线索？”警长问。

“法医估计已死亡两天。没有发现他杀的迹象，死者手边有氰化钾小瓶，所以初步认定是自杀。”

“有没有发现第三者的脚印？”

“没有，地面上落满了树叶，看不到什么脚印。”

“请大家再仔细搜查现场，排除自杀的主观印象，这不是自杀，而是他杀后移尸到这里。估计罪犯离开不到一小时，他一定会留下马脚的。”大家又投入仔细搜查，果然发现了许多线索，追踪之下，当天便抓获了杀人犯。

请问：警长为什么认定不是自杀，罪犯没有走远呢？

496 找不同

在A、B、C、D、E五个图形中，哪一个是不合群的？

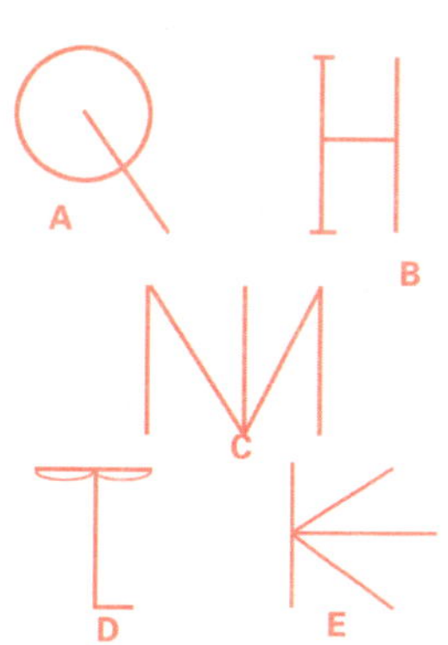

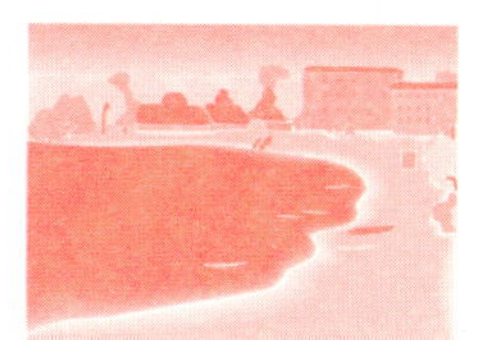

497 抓捕

在一次集中的抓捕行动中，一名刑警紧追一名歹徒，就在刑警将要把罪犯抓捕归案的时候，歹徒跑到了一个圆形的大湖旁边跳上岸边惟一的一只小船拼命地向对岸划过去。刑警不甘心就这样让歹徒逃走，就骑上一辆自行车沿着湖边向对岸追去。现在知道刑警骑车的速度是歹徒划船速度的2.5倍，你想想：在湖里面拼命划船的歹徒还有逃脱的可能性吗？

498

毒酒何来

一天，亨利探长应友人之邀去一家小酒店饮酒。突然，隔壁桌上的一位老板呻吟着呕吐起来，两位保镖立即拔出匕首，对准与老板同座的一位商人。

亨利探长一问，才知道双方刚谈成一笔生意，共同喝酒庆贺，谁知老板竟中毒了。那位商人举着双手，吓得不知所措。探长走上前，摸了摸温酒的锡壶，又打开盖子，看见黄酒表面浮着一层黑膜，就说："果然是中毒了！"

这时，中毒的老板摇晃着身子说："探长，救救我！他身上一定带着解毒药！搜出来……"探长说："错了，他身上没带解毒药！这酒是你作东请客的，他怎么有办法投毒呢？"大家很吃惊，难道酒里又没有毒了？

499

狗的骨头

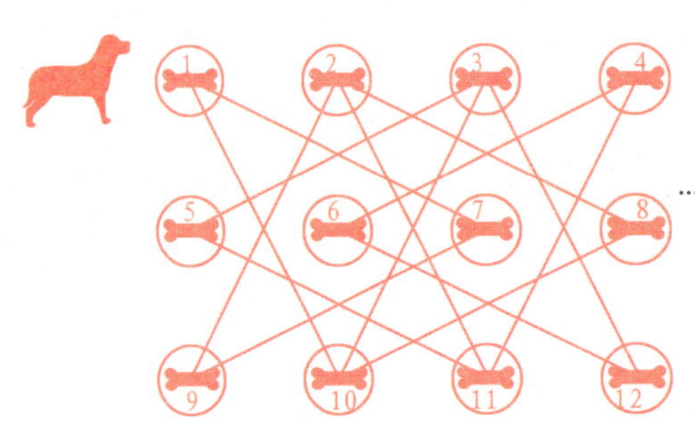

这只是一个游戏，骨头是不会动的，但狗要拿到所有的骨头也不是那么简单的。如左图，如果狗从1号骨头那个地方出发，沿黑线一直跑到12号骨头的地方，最终把骨头统统拿到，一根也不留。但是同一个地方不能去第二次。那么狗要沿着什么样的路线跑呢？

500

珠宝在哪儿

一家首饰店被盗了，警方得到可靠情报，罪犯还在市里，并且将于今天下午5点乘飞机逃走。于是，公安人员与机场人员严密地检查着每一位旅客的随身携带物。

这时，本次航班只剩下最后一个乘客了，奇怪的是，这个乘客除了随手带的笼子里有几条蛇以外，再没有其他东西。

"看来，是得到的情报有误。"刑警队长自言自语地说。

实际上，罪犯就是最后一个乘客。但是你能猜出他将珠宝藏到哪儿去了吗？

附录

解答部分

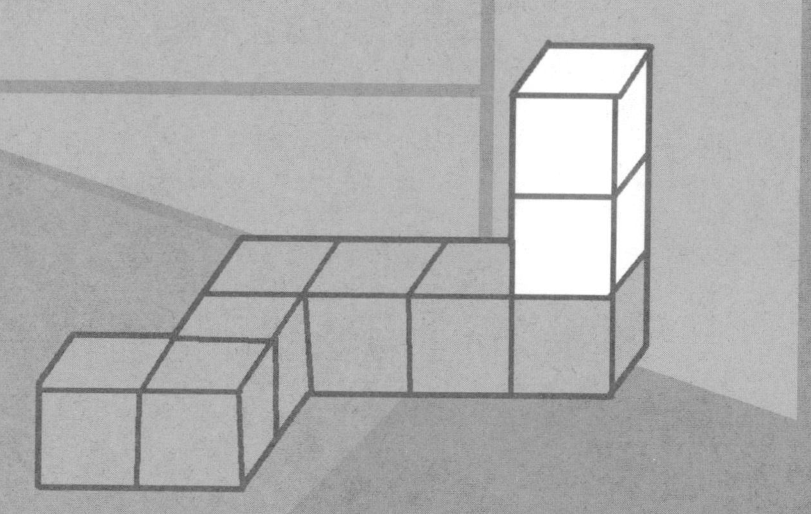

001. 会遇到几艘客轮

从香港开往费城的客轮，除了在海上会遇到13艘客轮以外，还会遇到2艘：一艘是在开航时遇到的从费城开过来的客轮，另一艘是到达费城时遇到的正从费城出发的客轮，所以，加起来一共是15艘客轮。

002. 偷酒喝

桶内共有一百斤的酒，管理员前后共偷喝三十次，每次偷喝一斤，并重新注入一斤水。他第一次偷喝后，桶内剩下的酒是99斤；第二次偷喝后，桶内剩下的酒是9801/100斤（99的平方除以100）；第三次偷喝后剩下970299/10000斤（99的立方除以100的平方）；第四次偷喝后剩下99的四次方除以100的立方；第三十次偷喝后，桶内剩余的酒是99的三十次方除以100的二十九次方。按照一般的计算方法，结果是用一个59位数除以一个58位数！但是使用对数的话，很快便可确定所求桶内剩余的酒量非常接近于73-97/100斤，于是可知酒窖管理员大约偷喝了26.03斤。

003. 坐哪一辆车

哪辆车先来就乘坐哪一辆，因为价钱都一样，而且间隔时间也不长，没有必要走一站地再坐车。

004. 撕日历

第一张是2号，最后一张是10号。

005. 叠纸游戏

A。0.1×2^{25}=3355443.2(mm)这叠纸的厚度将达到3355.4432米，有一座山那么高。

006. 猜年龄的秘诀

这是一个通用的式子。把最后的数字扣掉365，前面的几位数就是你的出生月日，剩下的十位与个位数就是你的年龄。

007. 金字塔的高度

挑一个好天气，从中午一直等到下午，当太阳的光线给每个人和金字塔投下阴影时，就开始行动。在测量者的影子和身高相等的时候，测量出金字塔阴影的长度，这就是金字塔的高度，因为测量者的影子和身高相等的时候，太阳光正好是以45度角射向地面。

008. 见面分一半

商人最初就只有两个钱币。

009. 酒徒比酒量

一共有6个酒徒。

010. 消失的1元钱

付账的钱是能对上的。

3个人开始拿出30元，后来退回3

元，其结果是3人负担27元。

27元的清单是会计收取25元和服务员私吞的2元，正好与付账的钱一致。服务员私吞的2元，包含在3人负担的27元内。

会计收取的25元+服务员私吞的2元=3人负担的27元。

因此，3人负担的27元加上服务员私吞的2元的29元的数字，实际上没有任何意义，因为这2元已经包括在27元里了。所以说，30元与这29元的差额1元是无意义的。

011. 巧妙分马

解决的办法，当然不是把23匹马卖掉，换成现金后再分配。而是，假定还有24匹马。在这24匹马中，长子得到1/2的12匹马；次子得到1/3的8匹马；三儿子得到1/8的3匹马。

不偏不倚，按照遗嘱分完后，三人分到的马加起来正好是23匹。

如果拘泥于“遗产全部瓜分”的思维方式，那么这道题就解不出来。

012. 卖鸡蛋

一个农妇带了40个鸡蛋，另一个农妇带了60个鸡蛋。

013. 抢报30

蓬蓬的策略其实很简单：他总是报到3的倍数为止。如果亨亨先报，根据游戏规定，他或报1，或报1，2。若亨亨报1,则蓬蓬就报2，3；若亨亨报1，2， 蓬蓬就报3。接下来，亨亨从4开始报，而蓬蓬视亨亨的情况，总是报到6为止。依此类推，蓬蓬总能使自己报到3的倍数为止。由于30是3的倍数，所以蓬蓬总能报到30。

014. 遗书分牛

农夫留下15头牛。

妻子 8头；

长子 4头；

次子 2头；

幼子 1头。

015. 飞机的数量

是32架。可以这样计算：4人工作4×4小时生产4架模型飞机，所以，1人工作4×4小时生产1架模型飞机，这样每人工作1小时就生产1/16架模型飞机。

因此，8人每天工作8小时，一共工作8天，生产的模型飞机数目就是8×8×8×1/16=32架。

016. 鸡生蛋

仍然仅需5只鸡。

017. 分米

①两次装满脸盆，倒入7斤的桶里；

②往3斤的脸盆里倒满米，再将脸盆里的米倒1斤在7斤的桶里，这样脸盆中还有2斤米；

③将7斤米全部倒入10斤的袋子中；

④将脸盆中剩余的2斤米倒入7斤的桶里；

⑤将袋子里的米倒3斤在脸盆中，再把脸盆中的米倒入桶里，这样桶和袋子里各有5斤米。

018. 猫追老鼠

能。

猫要跑60步才能追上老鼠。

019. 母子的年龄

今年妈妈比华华大26岁，即两人年龄差为26岁，4年后，妈妈的年龄是华华的3倍，即：3倍（华华年龄+4）=（华华年龄+4）+26岁。26岁是4年后华华的年龄的2倍，所以，华华今年年龄是26÷2－4=9岁，妈妈今年是9+26=35岁。

020. 数学家的年龄

84岁。假设数学家的年龄为X岁。根据碑文很容易列出方程：X=X/7+X/4+5+X/2+4,即可解得X=84。

021. 龟兔赛跑

不对。乌龟只看到了速度和距离，却没考虑时间。事实上，兔子只要用10/9秒的时间就能与乌龟相遇，然后，兔子就跑到乌龟的前面去了。

022. 损失了多少财物

商店老板损失了100元。

老板与朋友换钱时，用100元假币换了100元真币。此过程中，老板没有损失，而朋友亏损了100元。

老板与持假钞者在交易时：100＝75＋25元的货物，其中100元为兑换后的真币，所以这个过程中老板没有损失。

朋友发现兑换的为假币后找老板退回时，用自己手中的100元假币换回了100元真币，这个过程老板亏损了100元。

所以，整个过程中，商店老板损失了100元。

023.《静夜思》的数字游戏

71＝68＋3

90＝45×2

34×2＝68

14×5＝70

024. 和与差

找出规律了吗？得数是较小数的两倍。

当从两个数的和中减去这两个数的差时，就是从两个数的和中减去了较大数比较小数多的一部分，得到的结果是两个较小数的和，也就是较小数的两倍。

025. 兔子的繁殖

12个月兔子的对数分别是：1，1，2，3，5，8，13，21，34，55，89，144。所以满一年可以繁殖出376对兔子。

026. 山涧

小孩可以把木板向山涧的那边伸出一小部分，并站在木板的另一端压住。大人可以把木板搭在小孩的木板上，就可以从容过河了。然后他可以压住木板，让小孩过河。

027. 分配果汁

老板倒4升的果汁到小华的瓶子里，然后把这些果汁倒到小力的瓶子里，小力就得到他想要的果汁了。现在果汁桶里还剩下18升的果汁，老板把这些果汁倒到小华的瓶子里，直到桶里的果汁高度是圆桶的一半就可以了，刚好只剩15升，而小华也得到了他想要的3升。

028. 从1加到100

第一个数和最后一个数、第二个数和倒数第二个数相加，它们的和都是一样的，即1+100=101，2+99=101……50+51=101，一共有50对这样的数，所以答案是：50×101=5050。

029. 乒乓球比赛

冠军只有1人，28人中的27人都要被打败，27人被打败就需要27场比赛。

030. 摸黑装信

不正确。如果出错的话，至少有2封信出错。

031. 奇怪的三位数

504。因为7、8、9正好是一组倍数，所以7×8×9=504。

032. 思维算式

①1＋7=8；②4＋5=9；③2×3=6。

033. 棋子布阵

034. 扑克牌棋盘

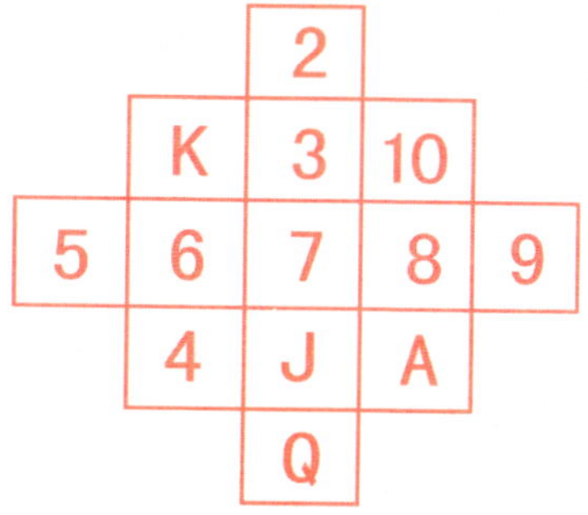

035. 棋子和正方形

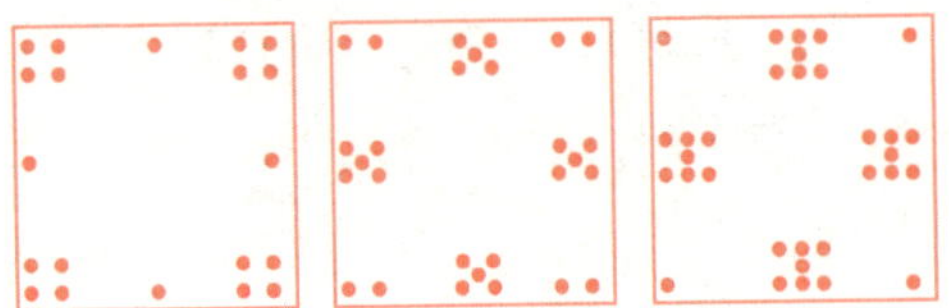

036. 数字节日

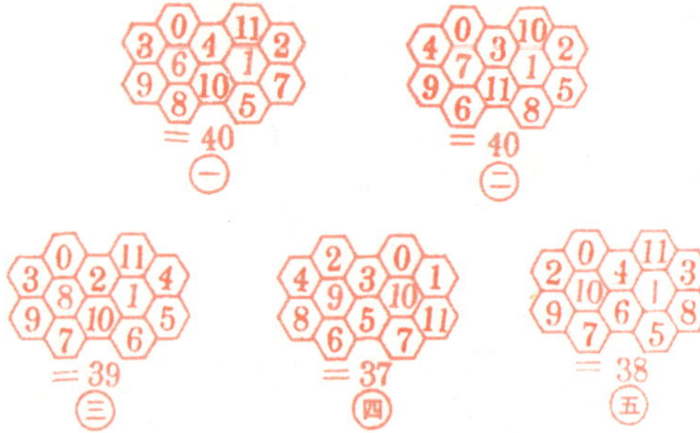

037. “山”字形数字格

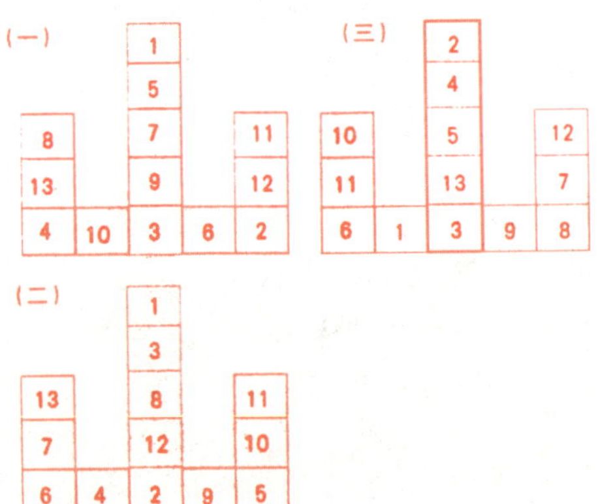

038. 梯形数塔

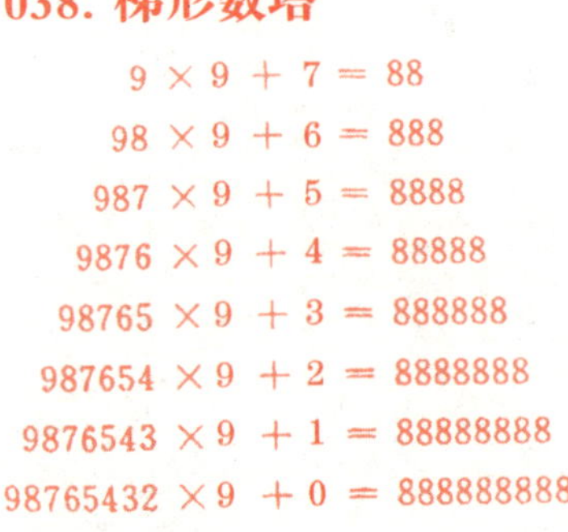

$9 \times 9 + 7 = 88$

$98 \times 9 + 6 = 888$

$987 \times 9 + 5 = 8888$

$9876 \times 9 + 4 = 88888$

$98765 \times 9 + 3 = 888888$

$987654 \times 9 + 2 = 8888888$

$9876543 \times 9 + 1 = 88888888$

$98765432 \times 9 + 0 = 888888888$

039. 五角幻方

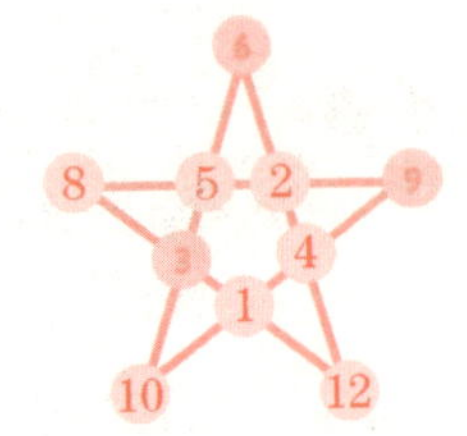

040. 数字幻方

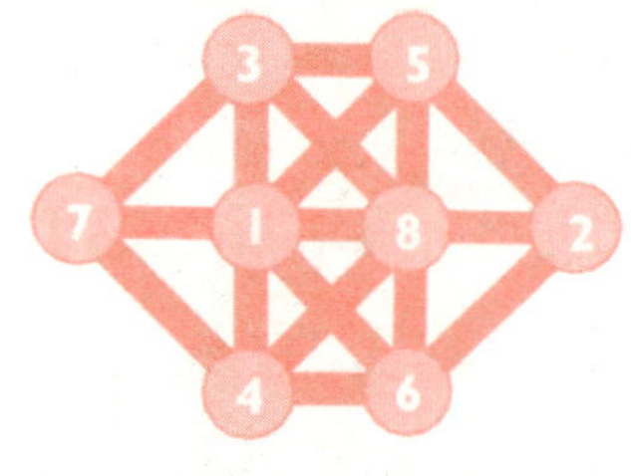

041. 填一填，算一算

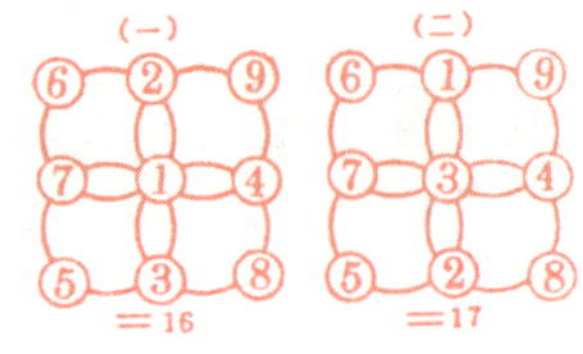

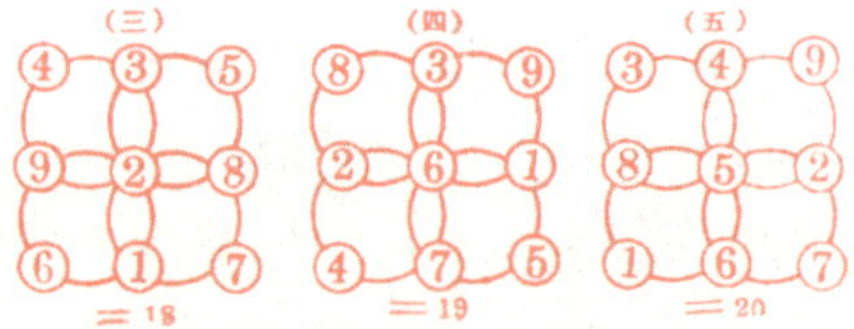

042. 谁大谁小

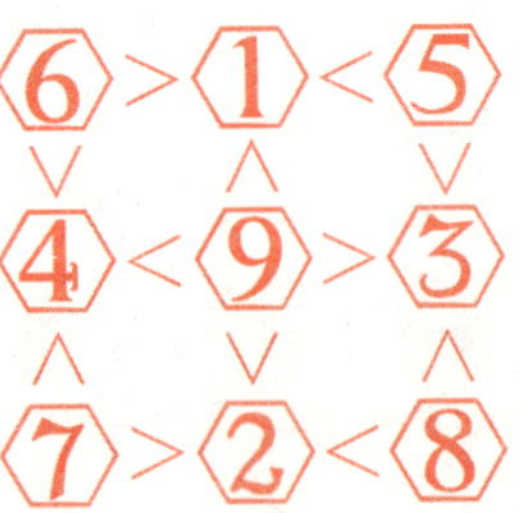

043. 三角形魔方

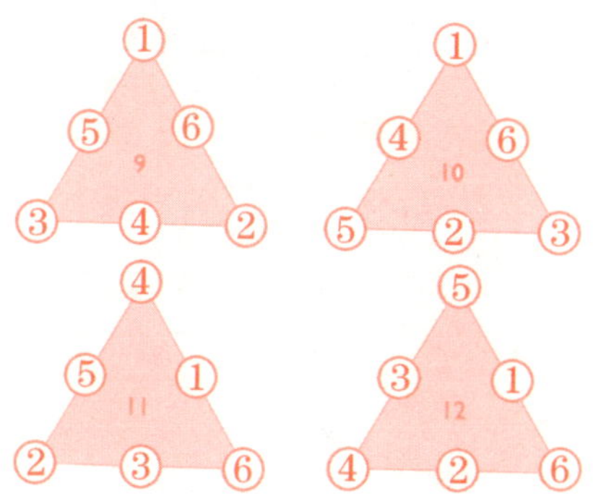

044. 分钱币

磨坊主应该得到七枚钱币，而织布工仅得一枚。因为三个人所吃的面包份额相等，显而易见每人吃了8/3块面包。因此，由于磨坊主提供了15/3块面包，而吃了8/3块，所以他给顾客吃的面包是7/3块；而织布工提供了9/3，吃了8/3，所以仅给了顾客1/3。因此，既然他们提供给顾客的面包的比例是7：1，那么他们必须按照同样的比例分配这八枚钱币。

045. 老式高尔夫球游戏

因为九个洞依次相差300, 250, 200, 325, 275, 350, 225, 375和400码，一个人如果可以把球打成笔直的直线，而且随心所欲的击打125码和100码的话，他可以26次击打完成一轮。这个答案很明显是正确的，因为我们如果把125码叫做“重击”，100码叫做“轻击”，那么可以这样打：第一个洞可以用3次轻击达到，第二个2次重击，第三个2次轻击，第四个2次轻击和1次重击，第五个3次重击和1次反向轻击，第六个2次重击和1次轻击，第七个1次重击和1次轻击，第八个3次重击，第九个4次轻击。所以一共是26次击打，没有其他更少的击打方式了。

046. 都是22

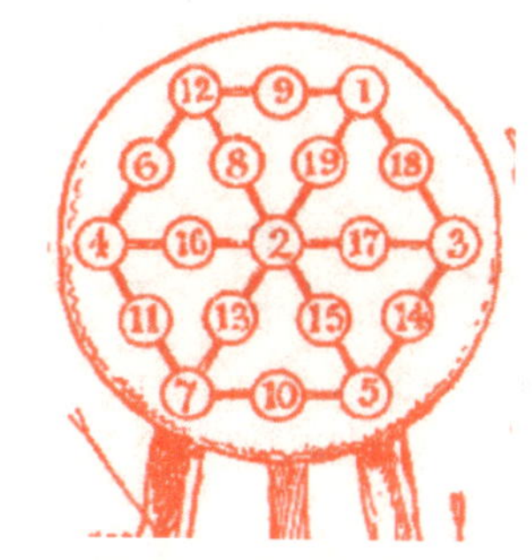

047. 都是23

这19个数字可以排列成每条线上的数字之和是从22到38之间，除30之外的任何数字。要想得到23这个和，除图示，还有一种方法，把图中的7, 10, 5, 8, 9分别和13, 4, 17, 2, 15对调。再把18和12对调，其他的数字不变。在任何情况下，三个数字中间的那位数字必须是偶数，并且可以是从2到18之间的任何一个偶数。每一个解都有一个补解。因此，附图中的每一个数字可用它和20的差来代替，这样每条线上的三个数字之和就是37。同样，在原排列顺序的情况下，我们可以用每个数字和20的差代替，然后每条线上的三个数之和就是38了。

048. 袋子上的数字

面粉袋的排列方式如下：2, 78, 156, 39, 4。这样的话，左右两边的个位数乘以两位数的结果都是中间的三位数，而且只需移动五个袋子。

049. 扑克游戏“二十四”

182。

（1）7×（3+3/7）=24

（2）（10×10－4）/4=24

（3）5×（5－1/5）=24

（4）（9×10）/6+9=24

（5）6/（1－3/4）=24

值得强调的是，题目中并未规定不让用分数。

050. 切方块

1	15	5	12
8	10	4	9
11	6	16	2
14	3	13	7

051. 卖鹅

农场主一共送了101只鹅到市场。雇工先是卖给了甲这群鹅的一半加半只（也就是，50−½ + ½ = 51 只, 剩下 50只）；然后他又卖给了乙剩下鹅的三分之一再加三分之一只（也就是，16−2/3 + 1/3=17只，还剩下33只）；然后他又把剩下的鹅的四分之一再加四分之三只鹅卖给了丙（也就是8−1/4 + 3/4 = 9 只，还剩24只）；接着，他又卖给了丁剩下鹅的五分之一，并赠送给丁太太五分之一只（也就是, 4−4/5 + 1/5 =5 , 剩下 19)。最后他把剩下的19只鹅带回给农场主。

052. 安排住宿

如果没有要求说，每个房间的客人不能超过三个，并且每个房间必须住人的话，那么就可以安排住下24，27，30，33，36，39或者42个人了。但是住24个的话，要求楼上人数是楼下的两倍，而且楼房每边的人数为11，那么就会有空余的房间留下不能住人。另外，如果我们安排33，36，39或者42个人住宿的话，我们会发现，我们又不得不安排三个以上的人住在一个房间内。因此，我们知道，原本说的人数应该是27（应该记住，按照题目的要求，这个人数是可以安排的），并且，实际的人数又多了三个，那么总人数应该是30。附图展示了安排的可行方式，如果把楼上的安排方式叠加在楼下的情况来看，楼房的每边住了11人，并且楼上的人数是楼下的两倍。

原计划的安排：

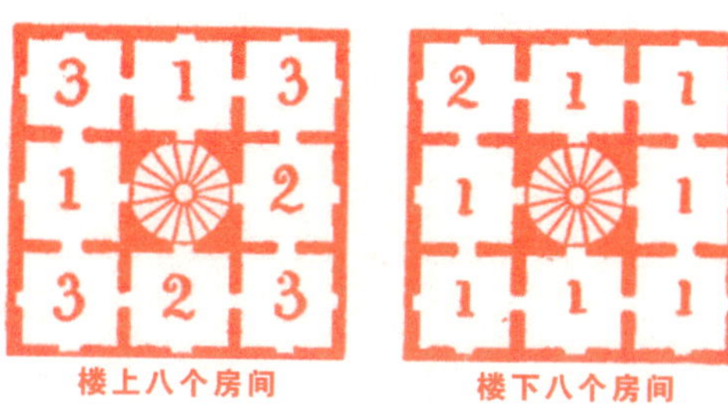

人数增加三人后的安排：

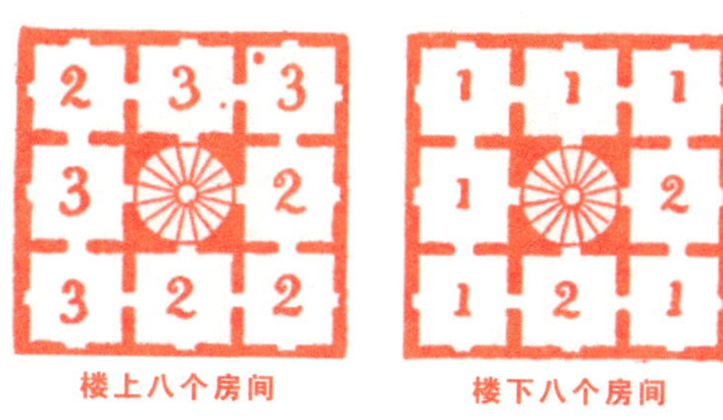

053. 12条鱼

把鱼筐从1到12编号，从1开始，按照如下的方式进行，“1到4”是指把1号鱼筐的鱼挪到4号鱼筐里：1到4，5到8，9到12，3到6，7到10，11到2，走完最后一圈到1，共走三圈。或者你可以这样走：4到7，8到11，12到3，2到5，6到9，10到1。用四圈解出谜题方法非常简单，但是三圈的话就难很多了。

054. 卖鸡蛋

农夫带到市场去的鸡蛋的最小数量是719。卖掉一半并赠送给顾客半个之后，鸡蛋的数量是359；第二次买卖之后，他还剩下239个；第三次之后，他还剩下179个；第四次之后还剩下143个。最后，他把余下的鸡蛋平均分给十三个朋友，每人11个，这样，他就没有打破一个鸡蛋。

055. 数字积木（1）

3485乘以2等于6970，6970乘以1也等于6970。你会发现再也不可能找到更小的乘积了。

056. 数字积木（2）

把这十块积木按照915 × 64和732 × 80的方式排放，两个乘积是一样的，都是58560。

057. 种苹果

这个数肯定是1、2、3直至15的最小公倍数，而且除以7余1，除以9余3，除以11余10，除以13余3，除以14余8。此数为120，还可以是360480。但是根据常识我们可以知道，没有一棵树——特别是一棵小树——可以结如此多的苹果，所以我们可以取120，它是唯一可以接受的答案。

058. 两店的距离

只要用两人相遇处的距离之和与其差相加即可，即720+400+640【（720−400）×2】=1760米。

059. 围成几个圈

在不违反题目条件的前提下，只能围成六个不同的圆圈。下面是达到这种排列的一种方法：

A	B	C	D	E	F	G	H	I	J	K	L	M
A	C	E	G	I	K	M	B	D	F	H	J	L
A	D	G	J	M	C	F	I	L	B	E	H	K
A	E	I	M	D	H	L	C	G	K	B	F	J
A	F	K	C	H	M	E	J	B	G	L	D	I
A	G	M	F	L	E	K	D	J	C	I	B	H

将各端连起来，你就得到了这六个圆圈。

060. 有趣的数字

分别由一个两位数、三位数和五位数这三个数字构成的组合中，只有一组满足所要求的条件，即27 × 594 = 16038。

061. 可反转的幻方

按照给出的排列，可以看到，无论你是否将其上下颠倒，所有数字各不相同，而且各行、各列和两条对角线上的数字相加得179。读者会注意到，我并没有使用3、4、5、8或0这些数字。

11	77	62	29
69	22	17	71
27	61	79	12
72	19	21	67

179

062. 多少个女孩

如果一共有十二个女孩，仅仅在女孩中间会产生132个吻，还有十二个吻是与牧师的互吻——他吻了六次，也得到六次回吻。因此，这十二位女士中有六位是他的姐妹。于是，如果十二个人可以在半个月时间内完成这项工作，那么六位女士来做的话需要两倍的时间，即再延长半个月。

063. 蜗牛攀爬（1）

10天。你是不是想的是12天呢？蜗牛实际上每24小时上升1米。在第9天末蜗牛距顶端三米，因此在第10天到达目标顶点，因为一旦到达顶端，它则停止下滑。

064. 蜗牛攀爬（2）

在第17天结束时，蜗牛已经爬了17米，所以在第18天白天结束时，它将到达顶端。睡觉时它立刻开始下滑，在第18天全部结束时，它应经从另一端滑下2米。那么滑下余下的18米需要多长时间？如果它在夜间滑下2米，在白天向上爬行时显然克服了下滑2米的倾向。如果蜗牛在十二小时向上爬行过程中，克服了下滑2米的倾向，同时能上升3英尺，那么如果是在水平面上的话，用同样的努力它就可以爬行5米。因此，向下爬行时，在十二小时的时间内它用同样的努力可以前进7米——即靠自己的力量前进5英尺，另外靠下滑趋向的推动力前进2英尺。和夜晚下滑的距离相加，它在二十四小时之内可以下滑9米。因此，它正好可以在两天内爬完余下的18米。这样一来，上下全程共需要整整20天。

065. 三个9

以分数形式排列三个9，99/9可以得到所代表的数字11。

9 + 9

——

.9

用9+9=18除以(0).9，结果就是要求的20。

066. 农夫的牛

任何情况下我们都可以将公牛分成两部分——一组吃新长出来的草，另一组吃原来的草。第一组牛的数目与草地大小成正比，但不随时间而变动；第二组牛的数目也与草地大小成正比，而且与时间成反比。从农夫的描述中，我们发现，6头牛吃掉了一块10亩草地上新长的草，而另外6头牛在16周内吃掉了十亩草地原有的草。因此，如果六头牛可以吃掉10亩草地上新长的草，那么吃掉40亩草地上新长的草需要24头牛。

而且，我们会发现，如果6头牛在16周内吃掉十亩草地原有的草，那么

在8周内吃掉10亩草地上原有的草要12头牛；

在8周内吃掉40亩草地上原有的草要48头牛；

在8周内吃掉40亩草地上原有的草要192头牛；

在6周内吃掉40亩草地上原有的草要64头牛。

将两个结果相加，即24 + 64，我们

就得到，假设草一直迅速生长，那么一块40亩的草地可以供88头牛吃六周。

067. 切割木块

尽管这块木头的体积足以分成二十五份，实际上只能将其切割成二十四小块。首先将这块木头的长度切掉半英寸，切下来的小片毫无用处。将剩下的大块切成三块厚板，每块厚1.25寸。读者会发现，根本不用进一步浪费，便可以轻而易举地将每块厚板切割成八小块。

068. 周游的骑士

这是一道超难的题！除了图中的答案外还有许多走法，即便回不到原点，也算正确！

069. 计算面积

7平方公尺。首先求出地毯之外的面积，再用房间的面积减去这部分面积即可。

①是2平方公尺，②是3平方公尺，③是4平方公尺，房间面积为16平方公尺。16－2－3－4＝7（平方公尺）。

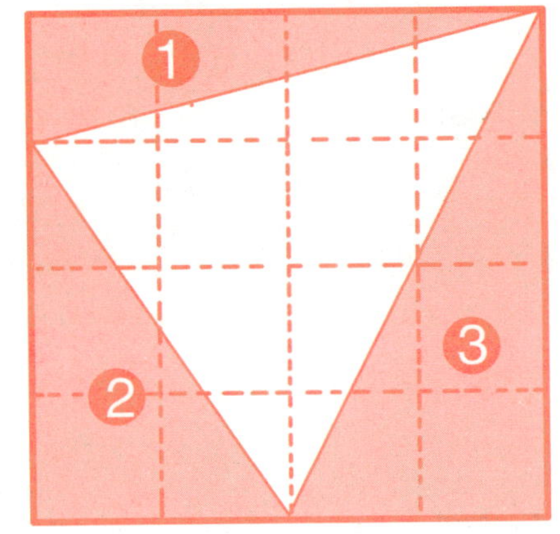

070. 填数字（1）

16。变化规律是加2，减1，加4，减2，加8，减4，加16，减8。

071. 数字幻方

14	10	1	22	18
20	11	7	3	24
21	17	13	9	5
2	23	19	15	6
8	4	25	16	12

072. 12枚硬币

这5枚是5分的。

073. 等于1的趣题

（1）（1＋2）÷3＝1

（2）1×（2＋3）－4＝1

（3）[（1＋2）×3－4]÷5＝1

（4）（1×2＋3－4＋5）÷6＝1

（5）（1＋2＋3＋4）÷5＋6－7＝1

（6）（1＋2×3－4）－5×6÷（7＋8）＝1

074. 农场家畜知多少

16头奶牛，342只羊，58头猪。

075. 快速计算

168。真是很简单的一道题。如果你被其中的B×C＝13所迷惑，那只能证明你的粗心。如果换一种表达方式你就明白了：A×B×C×D＝（A×B）×（C×D）＝12×14＝168。差不多口算就能算出来了。

076. 姐妹兄弟

他们家三个女孩，四个男孩。

077. 考考你

19。字母按字母表倒数序号（Z＝1，A＝26，等等）排列，A之后跳过两字母为D（倒序号是23），再跳过两字母为G，再跳过两字母为J（倒序号17），等等。至问号处为H（倒序号19）。

078. 计算谜题

7。规律是2＋2×2＝1＋7。

079. 丰收的苹果

64个。

080. 数独x

9	6	2	3	1	8	4	7	5
7	4	1	9	5	2	6	3	8
8	3	5	6	7	4	9	1	2
5	1	3	8	9	6	7	2	4
4	9	6	5	2	7	1	8	3
2	8	7	4	3	1	5	9	6
6	2	8	7	4	9	3	5	1
3	7	4	1	8	5	2	6	9
1	5	9	2	6	3	8	4	7

081. 一个比四个

答案：一样大。以小圆的半径为a，4个小圆面积为4a2π，大圆的面积为（2a）2π也是4a2π。

082. 填数字（2）

4。这三行均为六位数，下两行之数相加，得第一行之数。

083. 添符号

6+7+11÷3×2+5−12=9。

084. 开关的难题

1、4、9、16……100，编号是平方数的灯都是关熄的状态。你可以先尝试用1到20号做一下，就可以发现这个规律。

085. 扑克房子

8475张扑克牌。

086. 有名的数列（1）

34。这是一个著名的斐波纳契数列，它的规律是每一个数等于前面两个数之和。这个数列有很多有趣的数学性质，所以变得非常有名。

087. 有名的数列（2）

47。这同样是一个有名的数列，叫鲁卡斯数列，是仿斐波纳契数列，从第三个数字开始，每个数都等于前来个数之和。最神奇的是任意取两个相邻的数，然后用大数去除以小数，得到的结果是一个接近“黄金比例”1.618……的数，而且越到后面越接近。

088. 彩笔配对

120天。

089. 缺失的数字

缺失了1。

090. 妙在动1根

117−73=44

091. 平衡

5个太阳符号。各符号的数值为：月亮=2，云=3，太阳=4。

092. 魔术六角形

如图所示：

093. 五角星的数

12。五角星上面一个数加下面两个数等于中间两个数之和。

094. 三角形骨牌

15个。我们可以先从更简单的情形

开始思考：这种骨牌的设计规则是在三角形三角上放不同的数字组合。如果用0到2这三个数字，我们可以很容易地找到如下组合：0-0-0，0-0-1，0-0-2，0-1-1，0-1-2，0-2-2，1-1-1，1-1-2，1-2-2，2-2-2共10种组合。这是一个三角形数，而56也是三角形数，这不是巧合，所以10后面的下一个三角形数是15，那就会有15张这种三角形骨牌。当然，你可以用数学排列组合的方法来解，那也可以验证这种思考方法是正确的。

095. 12的菱形迷宫

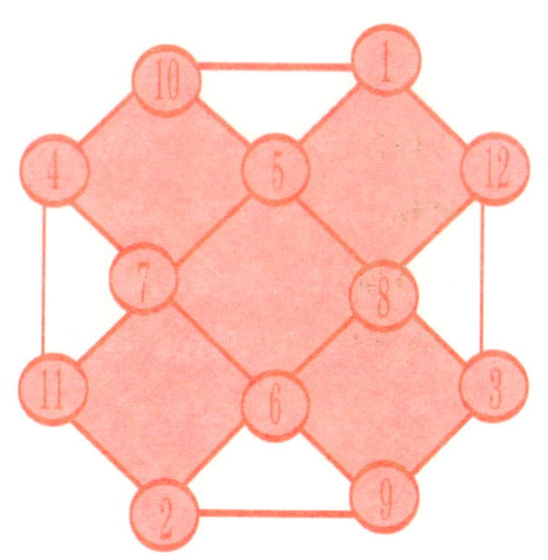

096. 卖东西

以A、B、C分别表示炒锅、盘子、小勺，于是有：

（1）A+B+C＝100

（2）30A+2B+0.5C＝200

这是一个二元一次方程组，却只有二个方程，初看起来无法解答（或没有唯一解）。但题意告诉我们，炒锅、盘子、小勺都大于2，且都是整数，这说明可能存在唯一解，问题是怎样去求出来并加以证明。

（2）式×2-（1）式，得59A＋3B=300，A=3（100-B）÷59只有B=41时才能满足，所以A=3，B=41，C=56。

097. 要多少块瓷砖

181块。

提示：可以先试某些小一点的数目。比如这样的图形当对角线是3块的时候，一共需要5块瓷砖；如果对角线是5块的时候需要13块；对角线是7块的时候，需要25块，对角线是9块的时候需要41块……上列数目依次是5、13、25、41……考虑一下每一次增加了多少块，找到什么样的规律，然后用笔简单地排出一个数列，就可以知道对角线是19块的时候需要181块瓷砖。

098. 分桔子

答案只有一个：60＋16＋6＋6＋6＋6。

因为把100个桔子分装在6个袋子里，100的个位是0，所以6个数的个位不能都是6，只能有5个6。即6×5＝30；又因为6个数的十位数的数字和不能大于10，所以十位上最多有一个6；而个位照上面的分法已占去30个桔子了，所以目前十位上的数字和是不能大于7，也只能有一个6；就是60个桔子。这样十位上还差1，把它补进去出现一个16。即：60、16、6、6、6、6。

099. 图形填数

68。各符号代表的数值：三角＝7，圆＝11，太阳＝17，心＝3。

100. 邻居的问题

尼吉太太一共用了33.60美元，可以买到48串黄香蕉和48串绿香蕉，共有96串。如果把钱平分，16.8美元可以买42串绿香蕉和56串黄香蕉，一共98串，多了2串香蕉。

101. 生日蜡烛

答案是21岁。计算方法很简单，就是将从1开始以后的连续自然数相加，到210的时候，最后一个数字是21。

102. 经理女儿的年龄

三个数加起来等于13的情况共有如右图的几种情况。

因为知道的其年龄的乘积之后，其下属还不能确定其经理女儿的年龄，就说明经理的年龄应该是36岁，因为乘积为36时有两种可能。当经理说有两个女儿去学滑冰的时候，如果是2、2、9这种情况，显然2岁的孩子还不能去进行滑冰学习，所以不可能有两个女儿去学滑冰，所以这个新的信息表明只可能是有两个6岁的女儿去学滑冰了，答案应该是1岁、6岁和6岁，有一对双胞胎姐妹。

女儿一	女儿二	女儿三	和	积
1	1	11	13	11
1	2	10	13	20
1	3	9	13	27
1	4	8	13	32
1	5	7	13	35
1	6	6	13	36
2	2	9	13	36
2	3	8	13	48
2	4	7	13	56
2	5	6	13	60
3	3	7	13	63
3	4	6	13	72
3	5	5	13	75
4	4	5	13	80

103. 变算式

4=114+1−111

Z+Z+7=11

104. 划分区域

7	1	4	4	4	3
3	5	5	3	5	2
5	5	1	3	5	0
1	4	3	2	0	5
3	0	4	5	6	4

105. 符号填空

如图。构图规律：自左上格开始，顺时针方向逐行由外向内，按2+，3−，2÷，3×的顺序反复数至图中央。

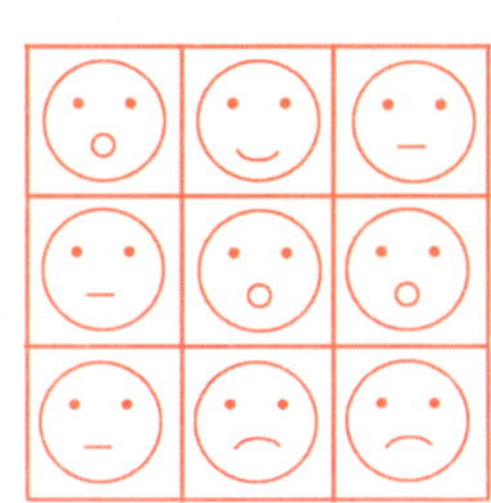

106. 不合群的数

E。其他几个数都符合一个规律：每一个数的前两位相加等于三四位组成的数，而第二位加三四位组成的数等于末尾两位组成的数。

107. 战士和警犬

在这个队伍里有275名战士和85条狗。

战士：(360 × 4 − 890) ÷ (4 − 2) = 275(个)；警犬：360 − 275 = 85(条)。

108. 算得分

不可能。6与3都是3的倍数，最后的得分也应是3的倍数，而80与77都不是3的倍数。

109. 薯片促销

玛丽可以换到10包免费的薯片。先用64个包装袋换8包薯片；吃完后，用这8个包装袋换1包薯片；再吃完，与原先剩的7个包装袋加在一起刚好8个包装袋，又可以换1包。所以，玛丽最多可换10包薯片。

110. 填数字（3）

21。

= 12， = 9， = 3， = 5， = 7。

111. 比周长

一样长。圆的周长是直径与圆周率的乘积，而四个小圆的直径之和刚好等于大圆的直径，圆周率是一定的，所以两者当然相等。

112. 费脑子的组合

除了题目中列出来的一个，等与30的组合还有四种，等于20的却只有三种。

①33 − 3 = 30；5 × 5 + 5 = 30；6 × 6 − 6 = 30。

②22 − 2 = 20；4 × 4 + 4 = 20；5 × 5 − 5 = 20。

113. 步行比乘车快多少

皮皮白白地辛苦地行走全路的二分之一，他步行加乘车与一开始就乘车所用的时间一样多。因为他步行了全程二分之一所用的时间就跟他在车站上等车是一样的，他走与不走最终都按那辆班车到达目的地的时间计所用的时间。他除了在心理上有了一点安慰，免得站在车站上着急了外，是不会节约一分钟的。

114. 求面积

这个题目不止有一种解法，只是看你的思路而已。

可以把正方形转90度，面积就会变成原正方形的一半；或者利用对角线的长来计算小正方形的面积。

115. 最简单的题

他把机身卖300元，机套卖10元就错了，300－10＝290，而实际上机身要贵出300元。正确答案是机套卖5元，机身卖305元。

116. 各行了多少公里

8000公里。车由4个轮行，也就是4个轮各行了10000公里，4个共行了40000公里。如果5个轮胎均匀使用，即40000/5=8000公里。

117. 大帅的兵

他一共有2519个兵。要想每排人站齐，人数必须是每排人数的倍数，或是10的倍数或是9的倍数……如果是10、9、8、7……2的公倍数，那无论怎样排都是没有问题的。10、9、……2的最小公倍数是2520。现在该大帅的兵数是2520—1也就是2519，自然是怎么排也缺少1人了。公倍数有许多，因兵数在3000以下，所以我们取最小公倍正适合。

118. 爬楼梯

当然不对啦！皮皮上楼要走7层楼梯，琪琪要走三层楼梯，皮皮要多爬一倍多的楼梯。

119. 涨价与降价

百货商城实际比原价卖赔了钱。因为如果原价为100％，商城降价是按涨价的110％降的价，降价后的价格为110％×0.9＝99％。

120. 买牛

这个问题可以有两种不同的答案。

第一种：公牛18头，母牛4头，小牛78头。

第二种：公牛11头，母牛8头，小牛81头。

121. 以物易物

甲有11头牲口，乙有7头牲口，丙有21头牲口。

122. 春游

这次春游连带队老师在内一共去了34位老师和66个学生。

123. 蚂蚁搬兵

14641。

第一次：1 + 10 = 11

第二次：11 + 11 × 10 = 121

第三次：121 + 121 × 10 = 1331

第四次：1331 + 1331 × 10 = 14641

124. 猜斜边

加上辅助线不难看出4个三角板的斜边都等于半径，即30厘米。

125. 不变的值

123 − 45 − 67 + 89 = 100

126. 年龄

露斯的年龄是50岁。这道题要求解题者既想到代数计算又会合理分析。首先，在已给两个条件下，我们可以算出各种可能的年龄组合：

2450 = 7 × 7 × 5 × 5 × 2；这意味着可能的组合有：

(1) 2，5，245

(2) 2，7，175

(3) 2，25，49

(4) 5，7，70

(5) 5，10，49

(6) 5，14，35

(7) 7，7，50

(8) 7，10，35

这些年龄之和又分别是：

(1)252；(2)184；(3)76；（4）82；(5)64；(6)54；(7)64；(8) 52

杰克是知道亨利+杰克等于多少的，可是他却说他算不出来！这意味着亨利 + 杰克 = 64！因为其他结果都会马上导致杰克将年龄组合分析出来。而64这样一个结果使得他不知道是第五种还是第七种组合。但他却又知道露斯的年龄，于是根据A、B、C都比露斯年轻这一信息，他马上可以断定，第七种组合不符合要求。反过来，我们也可以根据杰克后来知道了结果这一信息，可以断定露斯只能是50岁，因为露斯哪怕大一点点，为51岁，杰克就无从找出惟一的年龄组合，使得满足所有已给信息。

127. 要多少根柱子

40根柱子。也许你会想过头，以为只要36根，即每边10根，再减去四个角的4根柱子。你仔细想一想，其实每边有11根柱子，才能使每两根之间保持10米，这样应是44 − 4=40。

128. 吃羊

狮子1小时吃1/2只羊，熊1小时吃1/3

只，狼是1/6只，1/2＋1/3＋1/6＝1所以正好1小时吃完这只羊。不过想想这可能吗？让狮子、熊、和狼一起吃晚餐，它们还不先打起来，至于多少时间能吃完，要看运气了。

129. 打油

2升的用了3次，3升的用了15次，5升的用了15次。

130. 数字方阵

2	3	4
4	2	3
3	4	2

131. 错误的算式

(1) 把62移动成2的6次方：

$2^6-63=1$

(2)把后面等于号上的“－”移动到前面的减号上，使等式成为62=63－1。

132. 表格中的奥妙

A=17，B=18，C=14。在任何横线或竖线条里的数字总和等于50。

133. 移杯子

将第2只杯子里的水倒入第7只杯子里，将第4只杯子里的水倒入第9只杯子里，这样就可以使其相间了。其实题目考的是一种思维方式，解答的时候不要拘泥于题目本身，要开拓思路。

134. 形状特异的生日蛋糕

如图所切，每人都能分到相同形状的蛋糕。

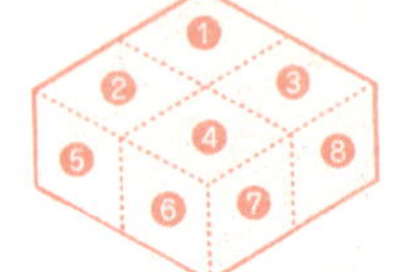

135. 经典的几何分割问题

136. 切蛋糕

最多可以切22块。

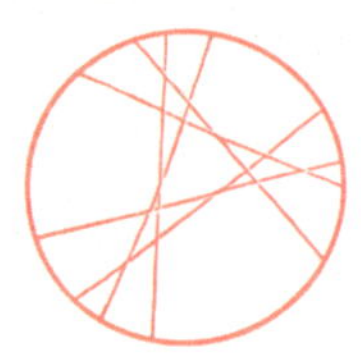

切割的次数	最多的块数
0	1
1	2
2	4
3	7
4	11
5	16
6	22

137. 数字城堡

4	6	11	13
9	15	2	8
14	12	5	3
7	1	16	10

138. 一只独特的靶子

一共要射6支箭。各箭的得分是：17，17，17，17，16，16。

139. 翻转梯形

移动4根。

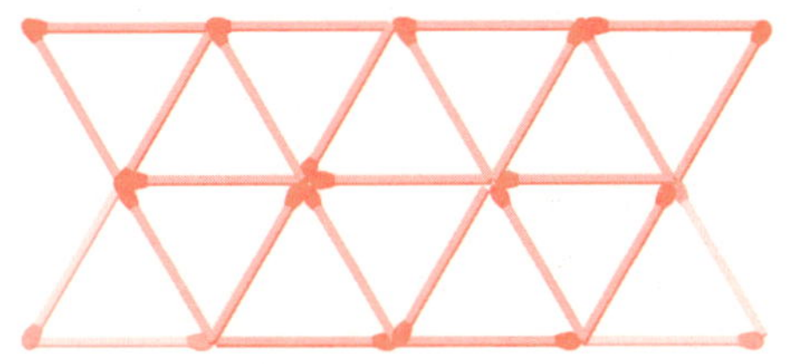

140. 面积比

把小三角形颠倒过来，就能立刻看出大三角形是小三角形的4倍。

141. 半个柠檬

单数的一半再加上半个，正好是整数，可取3、5、7。但3、5不符合条件，所以可以推断出柠檬的总数一共有7个，其中4个被藏在屋子的东面，2个被藏在屋子的西面。

142. 字母算式

A=4，B=9，C=3。

143. 体积会增加多少

1/11。假设现在有12ml的冰，这冰融化后，变成水，体积减少1/12，也就是只剩下11ml的水。当这11ml的水再结成冰时，则又会变成12ml的冰，对于水而言，正好增加了1/11。

144. 半盒子鸡蛋

盒子里的鸡蛋在60分钟时全满，一分钟之前，即59分钟的时候是半盒子鸡蛋。

145. 交换指针

不能，除了两针重合时能正确表示时间外，表针在其他位置均无法表示正确的时间。

146. 最佳位置

因为这些用户沿着铁路排列，可以看成是一条直线。商店应在最中间两户间任意一点。

147. 怪老头的玩意

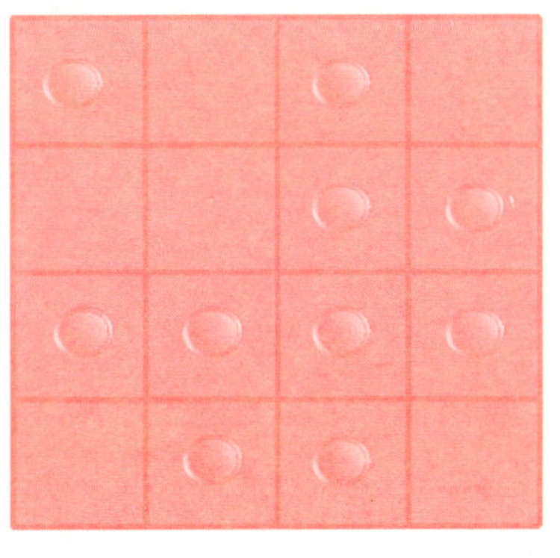

148. 数字乐园

6	2	9	3	7
3	7	6	2	9
2	9	3	7	6
7	6	2	9	3
9	3	7	6	2

149. 标点的妙用

《三角》、《几何》共计九角。《三角》三角，《几何》几何？

《几何》书价是六角。

150. 数字组合

根据该题目的游戏规则，不论你找出哪组数字，它们的总和都是3的倍数，这样的话，它们组合的数字也都能被3除尽。

151. 玩具的总价

鸭子=5，彩球=2，风车=4，熊=1，蝴蝶=3。因此，纵向列的未知数为11，横向行的未知数是11。

152. 圆圈里填数字

⑨－⑤＝④

⑥÷③＝②

①＋⑦＝⑧

153. 巧分苹果

把3个苹果各切成4份，把这12块分给每人 1 块。另4个苹果每个切成 3 等份，这12个1/3也分给每人 1 块。于是，每个孩子都得到了一个半块和一个1/3块，也就是说，12个孩子都平均分配到了苹果。

154. 面积缩小一半

一共有5种摆法。

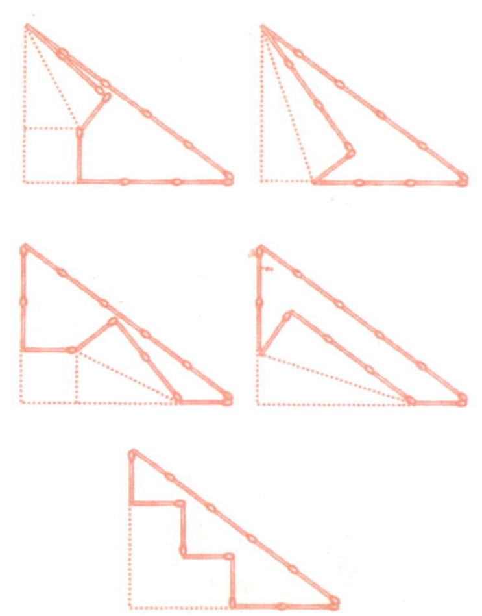

155. 乌龟和青蛙的赛跑

很多人可能会认为第二场比赛的结果是平局，其实这个答案是错误的。因为由第一场比赛可知，乌龟跑100米所需的时间和青蛙跑97米所需的时间是一样的。因此，在第二场比赛中，乌龟和青蛙同时到达AB线，而在剩下的相同的3米距离中，由于乌龟的速度快，所以，当然还是它先到达终点。

156. 最大的数

9的99次方。

157. 找对应

F。均有一曲线变为直线，一直线变为曲线。

158. 破译密码

E = 7，W = 4，F = 6，T = 2，Q = 0，东路兵力是7240，西路兵力是6760，总兵力是14000。

细心分析，可以发现只能是Q+Q = Q，而不可能是Q+Q = 2Q，故Q = 0；

同样，只能是W+F = 10，T+E+1 = 10，E+F+1 = 10+W。

所以有三个式子：

(1)W+F = 10

(2)T+E = 9

(3)E+F = 9+W

可以推出2W = E+1，所以E是单数。

另外E+F>9，E>F，所以推算出E = 9是错误的，E = 7是正确的。

159. 5个鸭梨6个人吃

鸭梨是这样分的：先把 3 个鸭梨各切成两半，把这 6 个半块分给每人 1 块。另两个鸭梨每个切成 3 等块，这 6 个1/3也分给每人 1 块。于是，每个人都得到了一个半块和一个1/3块，也就是说，6 个人都平均分配到了鸭梨，而且每个鸭梨都没有切成多于3块。

160. 排队

站成五角星的形状，5个顶点和5个交叉点各站一个人。

161. 果汁的分法

把4个半杯倒成2满杯果汁，这样，满杯的有9个，半杯的有3个，空杯子的有9个，3个人就容易平分了。

162. 月牙

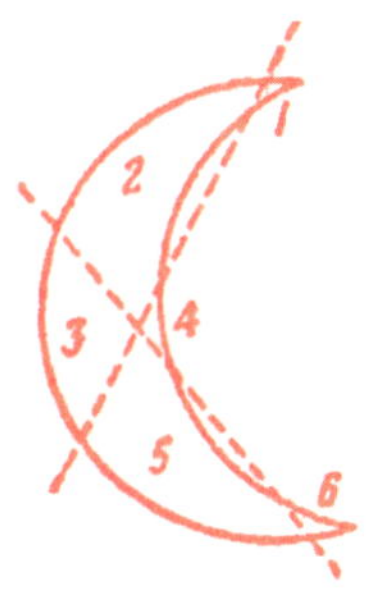

163. 切煎饼

第一刀和第二刀是相交垂直的切，就切成了4块，然后把这4块煎饼叠起来，用第三刀把它们一分为二，就成为了8块。

164. 趣味金字塔

A=5，B=4，C=15。每一条格子里数字的乘积等于比它略长一点的格子里数字的乘积的一半。

165. 台阶有多少个

正好是119个。

166. 猜拳

连续出对手刚出过的并且输了的拳。

167. 变出3个正方形

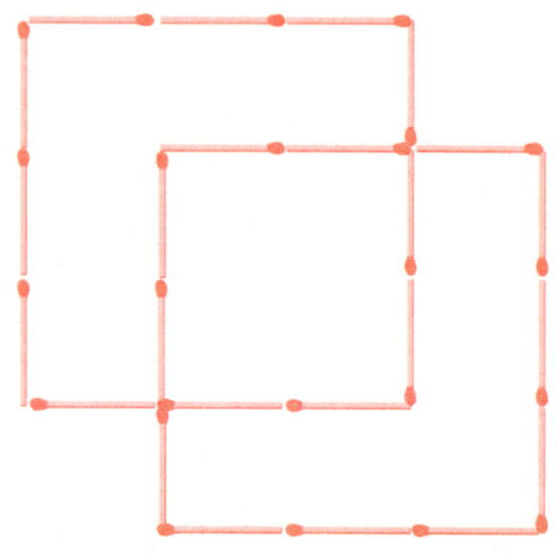

168. 滑冰场分块

169. 圈鸭子

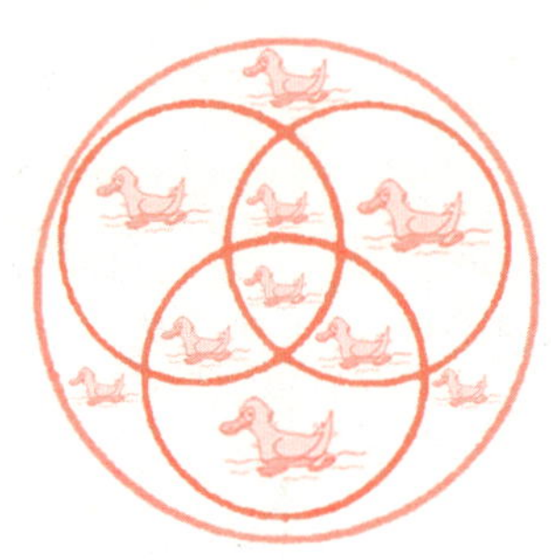

170. 小球入洞

B球能滚入洞中。

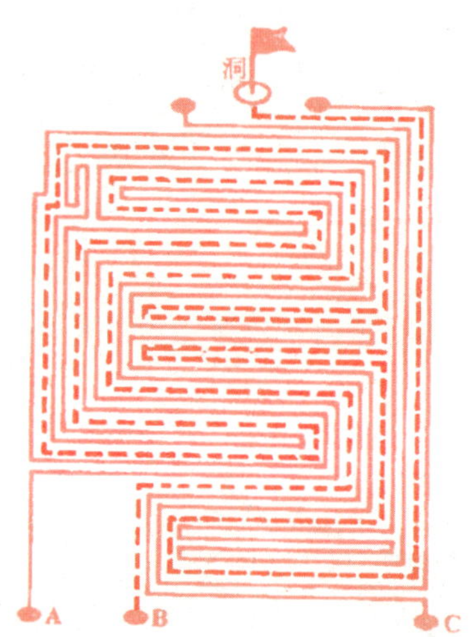

171. 去食品店

丙可到达食品店。

172. 大诗人

孟郊能找到自己的代表作。

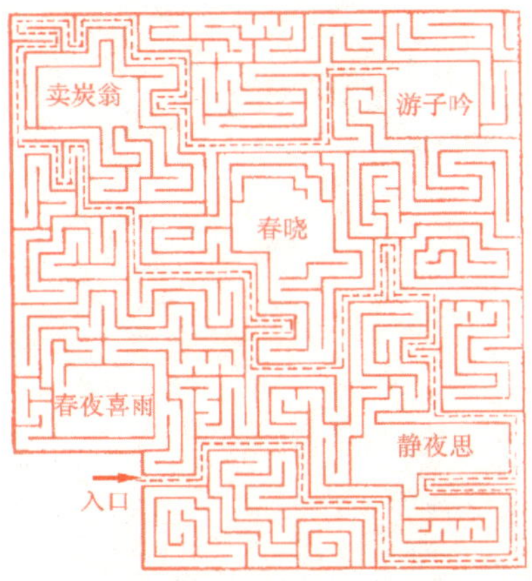

173. 套住小牛

小勇套住了小牛。

174. 游玩路线

175. 奇怪的公路

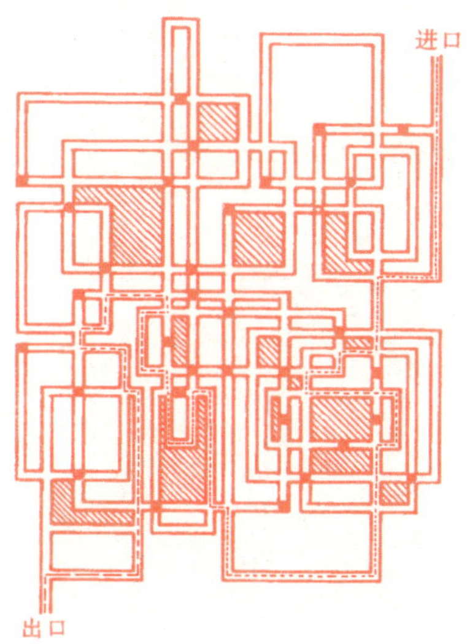

176. 游乐园

177. 去商场

178. 鱼和房子

179. 单向五边形

路径是：5→1→2→4→3。

180. 花坛种树

181. 数三角形

一共有44个三角形。

182. 巧栽花

183. 切割马蹄形

184. 划分瓢虫

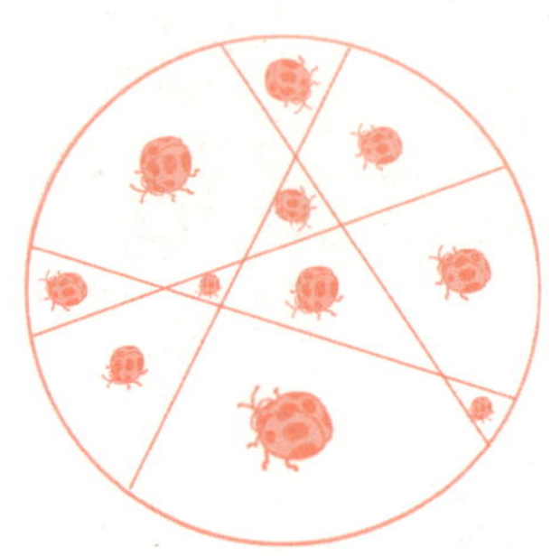

185. 新月形和十字形

这个新月形状特殊，不太规则——从a 到 b 和 从c 到 d这两段距离都为直线，而且弧ac 和弧bd相同。按照图1所示来剪裁，那么裁出的四部分可以重新拼合成一个标准正方形，如图2所示，只需注意其中三条弧线便可明白。下面按照图2的方法进行直线切割，我们得到了彼此吻合的十块，如图3所示，重新拼合就形成了一个完全对称的十字形。

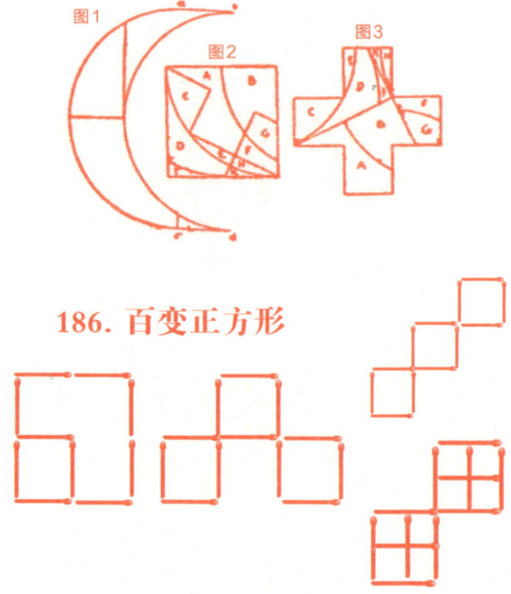

186. 百变正方形

187. 拼摆长方形

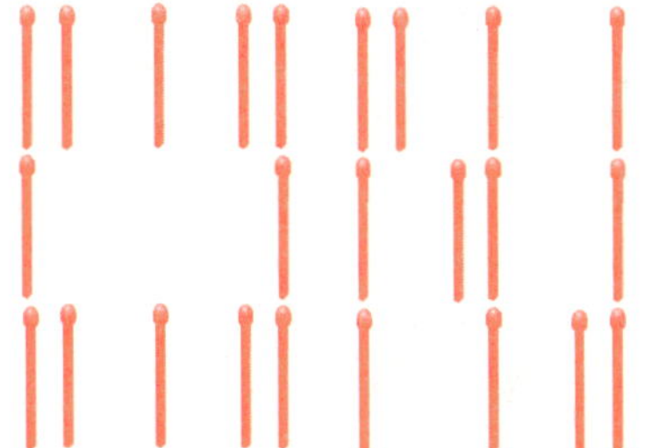

188. 图形推理

B。四个方形中间的符号应当是由A到D每次多一个边，可B不合群。

189. 不确定的选择

A和其他三个不一样，只有它是有单条封闭曲线组成。

B和其他三个不一样，只有它是由一条线段和一条曲线组成。

C和其他三个不一样，只有它是由两条曲线组成。

D和其他三个不一样，只有它全部由线段组成。

不管怎么样，你都是对的，但你有没有看出它们的区别呢？如果让你找出它们的共同点，又是什么呢？

190. 摆火柴

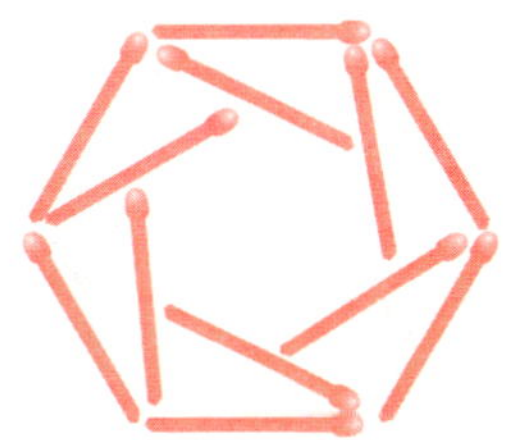

191. 都对称

如图，必须摆满。

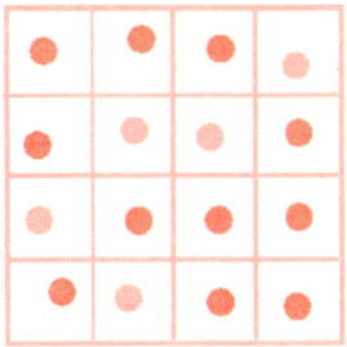

192. 8变5

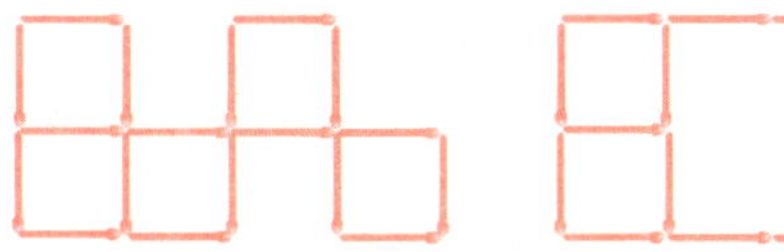

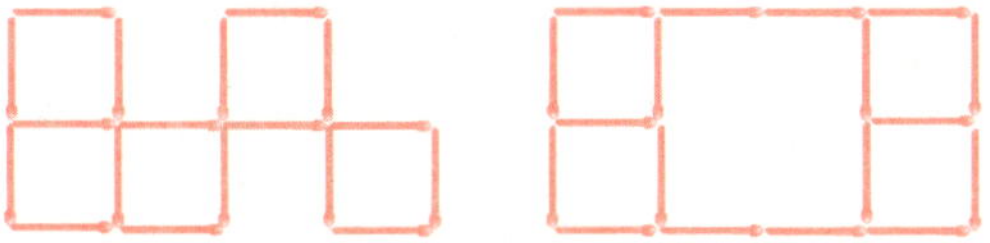

193. 图形对比（1）

可以在4个图形上试着把折线画出来，如果呈现出和黑影部分相同的图形，就是答案。或者仔细观察展开图，如四边形的黑影部分切口处是否平行及两个四边形的间距等，也能够找到答案。

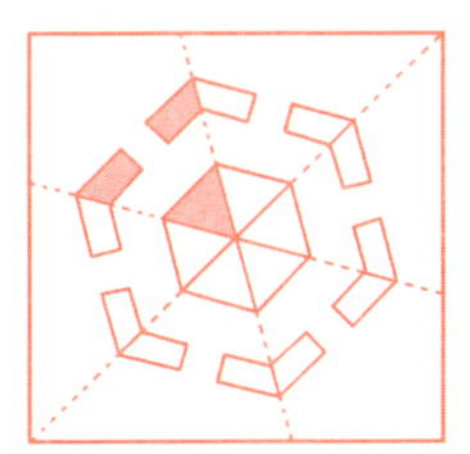

194. 找长方形

23个。

195. 战略转移

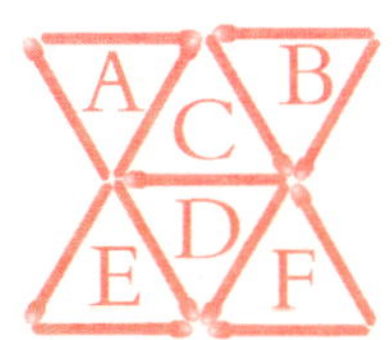

196. 三等分

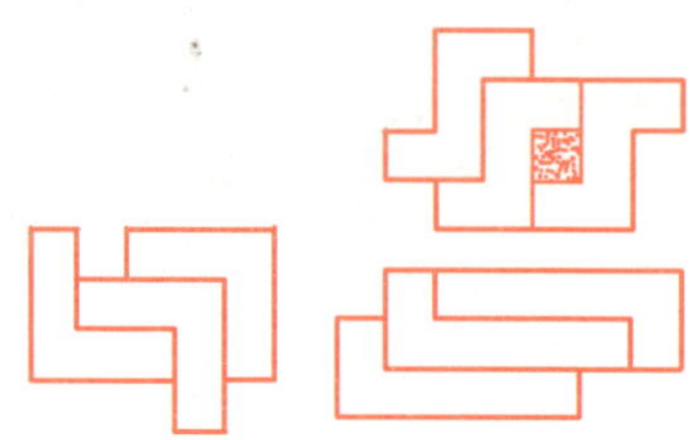

197. 骰子布局

C。

198. 白塔倒影

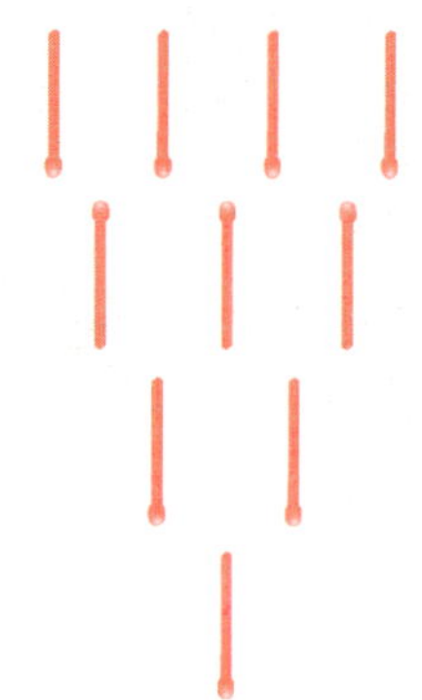

199. 拼圆形

B。

200. 路径谜题

正确的路径是164134734674，加起来正好是50。

201. 骰子构图

A块。构图规则：自上而下，由左边第一行起，半圆形朝向的变化为2上，4右，3下，2左，如此反复。每一行数完后，接着数下一行，仍自上而下。

202. 纠错

2B。

203. 图形对比（2）

观察立体图形的展开图时，先试着改变展井图的方向，然后再从每面的相对位置来看。

顶面的黑白图形，黑色在左边。图①的展开位并没有任一面符合“黑色在左边”的条件，可以排除图①。立体图里和底面相连的侧面的图案为右上到左下的黑色条状，图②中没有这样的图案。图④也不符合条件。

那么，请想想，图③符合条件的地方在哪儿呢？

204. 拼图形

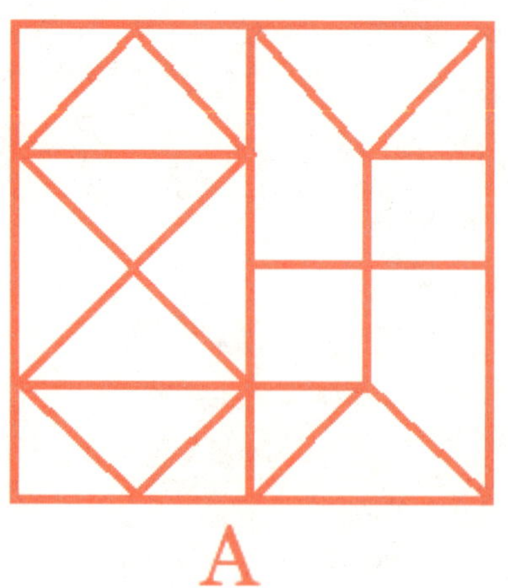

205. 藏宝图

藏宝图在书桌的抽屉中。

206. 分解小船

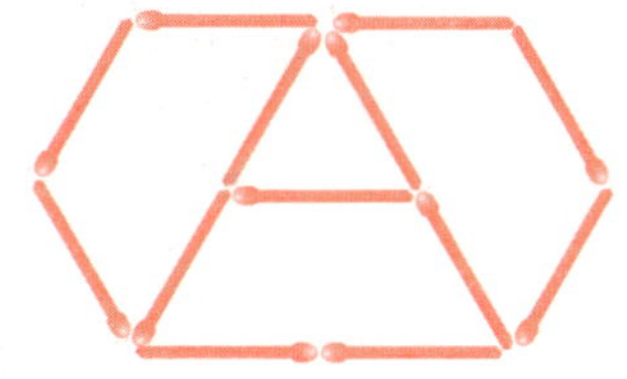

207. 找不同

B和F。

208. 拼桌面

209. 谁击中了杀手

如果8个保镖中有3人猜对，杀手是C击中的；如果8个保镖中有5人猜对，杀手是G击中的。

210. 玻璃是谁打碎的

是丙干的。乙和丁中一定有一个小孩在说谎，假设乙没有说谎，那么这件事就是丁做的，而丙说的话也同样正确，因为只有一个孩子说了实话，所以乙在说谎。也就是说，这4个孩子中，只有丁说了实话。因此可以断定，是丙打碎了李阿姨家的玻璃。

211. 无价之宝

开始时只有1颗，第二天增加了6颗，第三天又增加了12颗，第四天又增加了18颗……计算七天的总数，公式为：1＋6＋12＋18＋24＋30＋36=127颗。

212. 分机器人

4个女孩的姓名分别是：燕妮·琼斯、玫利·哈文、培拉·史密斯和米奇·安德鲁。

213. 小猫的名字叫什么

D不是“咪咪”（①），也不是“花花”（③），也不是“球球”（④），也不是“黑黑”（④），也不是“忽忽”（⑤），所以是“兰兰”。

A不是“咪咪”（③），也不是“球球”（④），也不是“黑黑”（④），也不是“忽忽”（⑤），所以是“花花”。

所以，由②和④可知，“球球”是C。

由①可知，“咪咪”是B。

由④可知，“黑黑”是E。

剩下“忽忽”就是F了。

214. 爱说假话的兔子

甲：2岁；

乙：4岁；

丙：3岁；

丁：1岁。

如果丙兔子说的话是假话，丙就比甲年龄小，而且甲就是1岁，这是不可能的。

所以丙兔子的发言是真实的，甲不是1岁，丙比甲年龄要大。

如果甲的发言是真的话，就是乙3岁，甲比乙年龄大，即甲4岁，这与上面的分析是矛盾的。

所以，甲的话是假的，乙也不是3岁，甲比乙年龄要小。

根据以上分析，乙是4岁，丙是3岁，甲是2岁，剩下的丁就是1岁。

215. 天平不平

因为每个秤盘和金条的重量相同，所以只要把左边的金条移动1块到右边即可。即：（7+1）×3（3个轴心）=24=（4+1+1）×4（4个轴心）。

216. 3只难以对付的八哥

罗伯特来自A国；丽萨来自B国；艾米来自C国。

217. 餐厅聚会

7个年轻人要隔许多天才能在餐厅里相聚一次，这个天数加1需能被1～7之间的所有自然数整除。1～7的最小公倍数是420，也就是说，他们每隔419天才能聚于餐厅。因为上一次聚会是在2月29日，可知这一年是闰年。那么第二年2月份就只有28天一种可能。由此可推，他们下一次相聚是在第二年的4月24日。

218. 休闲城镇

根据已知条件得知，餐厅在星期一、星期二、星期四、星期五和星期六开门营业，在星期日和星期三关门休息，而其中连续三天的第三天关门休息，因此，这连续三天的第一天不是星期五就是星期一。

因为一星期中没有一天餐厅、百货商场和蛋糕店全都开门营业，那么蛋糕店在星期四和星期五就关门休息，由于丁丁到达休闲城镇的那一天蛋糕店开门营业，所以那一天一定是星期一。

219. 互不相通的房间

把3个房间命名为甲、乙、丙，小明3兄弟分别拿一个房间的钥匙，再把剩下的钥匙这样安排：甲房内挂乙房的钥匙，乙房内挂丙房的钥匙，丙房内挂甲房的钥匙。这样，无论谁先到家，都能凭着自己掌握的一把钥匙进入3个房间。

220. 海盗分宝石

从后向前推，如果 1～3 号强盗都喂了鲨鱼，只剩 4 号和 5 号的话，5号一定投反对票让 4 号喂鲨鱼，以独吞全部金币。所以，4号唯有支持 3 号才能保命。 3 号知道这一点，就会提出(100，0，0)的分配方案，对 4 号、5号一毛不拔而将全部金币归为己有，因为他知道4号一无所获但还是会投赞成票，再加上自己一票，他的方案即可通过。不过， 2 号推知到 3 号的方案，就会提出(98，0，1，1)的方案，即放弃3号，而给予4号和5号各一枚金币。由于该方案对于4号和5号来说比在3号分配时更为有利，他们将支持他，不希望他出局而由3号来分配。这样，2号将拿走98枚金币。不过，2号的方案会被1号所洞悉， 1 号并将提出(97，0，1，2，0)或(97，0，1，0，2)的方案，即放弃 2 号，而给 3 号一枚金币，同时给 4 号（或 5 号） 2 枚金币。由于 1 号的这一方案对于 3 号和 4 号（或 5 号）来说，相比 2 号分配时更优，他们将投 1 号的赞成票，再加上 1 号自己的票， 1 号的方案可获通过，97 枚金币可轻松落入囊中。这无疑是 1 号能够获取最大收益的方案！

221. 失误的程序员

左边的机器人是犹豫不决的机器人，中间的机器人是骗子机器人，右边的机器人是诚实机器人。

222. 环球飞行

假设3架飞机分别为A、B、C。

3架（ABC）同时起飞，飞行至1/8处，其中一架(A)分油后，安全返航；剩余两架(BC)飞行到1/4处时，其中一架(B)分油后，安全返航；A降落后加完油，在B返回后马上起飞，逆向接应C；同样B降落后加完油，也立即逆向起飞，接应AC；两架（AC）在逆向1/4处相遇，分油后，同飞行。3架（ABC）飞机在逆向1/8处相遇，分油后继续飞行，这样就可以完成任务了。

所以，3 架飞机飞5 次就可以完成任务。

223. 一条漂亮的裙子

礼物在B盒。

224. 谁在撒谎

假如小艾的话是真实的话，那么小美的话就是假的，相反，如果小艾的话是假话的话，那么小美的话就是真话，据此推测，小艾和小美之间必定有1人在撒谎。以此类推，5人中应该有3人在撒谎。

225. 一家人

老王、李平和美美是一家；老张、

杜丽和丹丹是一家；老李、丁香、壮壮是一家人。

226. 照片上的人

这个人在看她丈夫的继母的外孙媳妇的照片。

227. 问什么问题

智者所问的问题是“你是这个国家的居民吗”？如果对方回答“是”，那么这个国家一定是A国；否则，这个国家是B国。

228. 坚强的儿子

儿子说：“如果我正直的话，就不会被神遗弃；如果我不正直，就不会被大众所背叛。所以无论如何，我都不会被背叛的。”

229. 神秘岛上的规矩

商人随便问其中一位美女，比如问甲：“你说乙比丙的等级低吗？”如果甲回答“是”，那么应该选乙做妻子。如果甲是君子，则乙比丙低，因此乙是小人，丙是凡夫，所以乙保证不是狐狸；如果甲是小人，则乙的等级比丙高，这就意味着乙是君子，丙是凡夫，所以乙一定不是狐狸；如果甲是凡夫，那么她自己就是狐狸，所以乙肯定就不是狐狸。因此，不管什么情况，选乙都不会娶到狐狸。

如果甲回答的是“不是”，那么商人就可以挑选丙做妻子。推理方法同上。

230. 玩具世界

一只狗、一只熊猫、一只洋娃娃。

231. 他们点的什么菜

根据②和①，如果阿德里安要的是火腿，那么布福德要的就是猪排，卡特要的也是猪排。这种情况与③矛盾。因此，阿德里安要的只能是猪排。于是，根据②，卡特要的只能是火腿。因此，只有布福德才能昨天要火腿，今天要猪排。

232. 野炊分工

老大洗菜，老二淘米，老三烧水，老四挑水。

233. 谁是班长

由“丙比组长年龄大”知道，丙不是组长，丙的年龄比组长的大。

由“学习委员比乙年龄小”知道，乙不是学习委员，乙的年龄比学习委员的大。

由“甲和学习委员不同岁”知道，甲不是学习委员。

既然知道了甲和乙都不是学习委员，那么丙就一定是学习委员了。3个人的年龄顺序是：乙＞学习委员丙＞组长。从这一顺序上看，乙不是组长，那他一定是班长了，而组长则是甲了。

234. 年龄的秘密

A是54岁，B是45岁，C是4岁半。

235. 姑娘与魔鬼

戴黄色头冠的是光光。

戴白色头冠的是贝贝，变成了魔鬼。

戴蓝色头冠的是木木。

戴黑色头冠的是乔乔。

236. 骗子村的老实人

“今天要不是星期一，就是星期二。”因为“今天是星期二”这句话，在星期一也可以说。

237. 珠宝公司的刁钻奖励

取出第三个金环，形成1个、2个、4个三组。第一周：领1个；第二周：领2个，还回1个；第三周：再领1个；第四周：领4个，还回1个和2个；第五周：再领1个；第六周：领2个，还回1个；第七周：领1个。

238. 扑克牌

红桃。

239. 谁是老实人

甲和丙。

先假设乙是老实人，那么，把丙说的话颠倒过来，戊就成了老实人。接着，甲跟丁也是老实人，这样就超过只有两个人的限制了。

那假设丁是老实人的话，把甲说的话颠倒过来，乙就成了老实人。但是照丁的说法，乙应该是个骗子，这样就产生矛盾了。

再假设戊是老实人试试看，加上甲和丁，老实人变成了三位，所以也行不通。

看看剩下的甲和丙所说的话，就跟题目的条件相吻合。

240. 一句话定生死

囚犯说的话是：“你一定砍死我。”国王听了左右为难，因为如果真的砍了他的头，那么他说的就成了真话，而说真话的应该被绞死；但是如果要绞死他的话，他说的话又成了假话了，而说假话的人是应该砍头的。

241. 死囚

不可能。死囚会被处死。

因为执行绞刑的日期可以放在规定日期内的任何一天。如果死囚提出“今天不能执行绞刑，因为我已经知道了今天要被处以绞刑，按照法官的命令，今天就不能执行绞刑了”的要求时，行刑者可以这样回答：“要是这样的话，说明你还没有想到今天要执行绞刑，按照规定，你没有想到今天被处死，所以今天能够对你执行绞刑。”

242. 小花猫搬鱼

把盘子分别编号为甲、乙、丙、丁。

① 先取出甲、乙盘中的各一条鱼放在丙盘里。

② 再把甲、丙盘中的各一条鱼放到乙盘中。

③ 再把甲、丙盘中的各一条鱼放到丁盘中。

④ 把乙、丁盘中的各一条鱼放到甲盘中。

最后，把乙、丁盘中各剩下的一条鱼都放到甲盘中。

243. 稳操胜券

跟贾老大一样押500根金条在“三的倍数”。只要跟贾老大用同样的方法下注即可。

如果贾老大赢了，蒋老大也会得到同样的报酬，他们的名次就不会受影响，就算贾老大输了，名次还是不会受影响。

事实上蒋老大只要押400根以上的金条，如果赢，金条数就会在1500根以上，仍是第一名。

所以，在这种场合，手里有较多金条的人便是赢家。

244. 12点的位置要经过多少次

要经过61次。

245. 门铃逻辑

通门铃的按钮是从左边数第五个。如果令F表示该按钮，则6个按钮自左至右的位置依次是D、E、C、A、F、B。

246. 期末考试的成绩

婷婷得了第四名，亮亮得了第二名，佳佳得了第三名，小美得了第一名，只有婷婷估错了。

247. 带魔法的饰物

有魔法的女子是思思。

系着魔法围巾的是思思和平平。

戴着魔法蝴蝶发带的是蕾蕾和思思。

248. 10枚硬币

这是一个后发制胜的游戏。谁先开局谁必输。如果你的对手稍微聪明一点，就不会在你先取1枚后，他取4枚，最后出现他输的局面。

249. 教授的课程

张教授教历史和体育，赵教授教英语和生物，彭教授教数学和物理。

250. 罪犯

大麻子。

251. 不可靠的预测机

局长说："预测机下一个预测结果会亮红灯。"如果预测机亮红灯表示"不会"，那么预测机就预测错了，因为事实上它已经亮起了红灯。如果它亮绿灯说"会"，这也错了，因为实际上亮的是绿灯，而不是红灯。这样预测机就预测不准确了。

252. 赌徒的谎言

如果张三说的是实话，那李四、阿七说的也不错。但只有一个人说实话，如果张三、李四、阿七说的都是假话，那只有王五说的是实话。李四是老大。

253. 换汽水

最多40瓶。

20元钱可以买20瓶汽水，喝完汽水就有20个空瓶子；20个空瓶子换10瓶汽水，喝完10瓶汽水后换5瓶；5个空瓶中拿4瓶换2瓶，然后就有了3个空瓶子；再用其中2个空瓶换1瓶，最后只有2个空瓶子的时候，换取最后1瓶。还剩1个空瓶子，把这1个空瓶换1瓶汽水，这样还欠商家1个空瓶子，等喝完换来的那瓶汽水再把瓶子还给人家即可。所以最多可以喝的汽水数为：20＋10＋5＋2＋1＋1＋1=40。

254. 篮球比赛

3胜1败。

全部共有10场比赛，各校都必须跟其他四所学校对打一场，4×5=20(场)，但是每场有两校出赛，所以20÷2=10(场)。也就是说，总共应该会有10胜。一至四中合计共有7胜，那么剩下的3胜便是五中的了，并可以马上算出五中有一败。

255. 啰嗦的自我介绍

张先生是最高领导人，张先生直接给"我"和董先生安排工作；"我"直接给王先生、李小姐安排工作；董先生直接给赵小姐、杜小姐安排工作。

256. 输与赢

是二毛说的这番话。在开始打赌前，大毛有30元，二毛有50元，三毛有40元。

257. 谁买了什么

A在一层买了一双鞋，B在三层买了一本书，C在二层买了一架照相机，D在四层买了一块表。

258. 游泳冠军

4个人名次排列顺序是：丙、乙、甲、丁，丙是游泳冠军。

259. 裙子的颜色

黄色。

260. 纸牌游戏

甲拿的两张牌是1，9；乙为4，5；丙为3，8；丁为2，6。剩下的那张牌是7。

261. 9枚硬币

由于只有9枚硬币，所以谁先开局就必定会输。

262. 李经理的一周行程

星期五。

263. 狗狗们的话

棕色衣服的狗狗：卡卡家的多多。

黄色衣服的狗狗：德拉家的汪汪。

白色衣服的狗狗：德拉家的咪咪。

灰色衣服的狗狗：卡卡家的依依。

264. 步行街两旁的商店

酒吧。

265. 宾馆凶案

假设死者是自杀的。

甲说“死者不是乙杀的”就是假话，则是乙杀的。

乙说“他不是自杀”是假话，则“甲杀的”是真的。

丙说“是乙杀的”如果是真话的话，那么“不是我杀的”就是假话，丙承认自己杀了人。以上分析结论是矛盾的，是不合逻辑的。

假设死者不是自杀。

甲说“死者不是乙杀的”是真的。

乙说“是甲杀的”是假，即不是甲杀的。

丙说“不是我杀的”是真。

既然凶手不是甲、乙、丙“所提及的人”，只剩下医生。因此，凶手就是医生。

266. 难解的血缘关系

罗西是唯一的女性。

假设比尔的父亲是罗西，那么罗西的同胞兄弟必定是哈文，于是哈文的女儿必定是比尔。从而得出比尔是哈文和罗西两人的女儿，而哈文和罗西又是同胞兄弟，这是违背道德伦理关系的，是不允许的。所以，比尔的父亲是哈文，罗西的同胞兄弟就是比尔。罗西是女性。

267. 一模一样

警探想，这个小伙子可能有一个孪生兄弟，找户口册一看，果然如此。因此，他们很快就抓获了凶手。

268. 找出异常的小球

将12个球分别编号为1～12，再把球分成A、B、C三组，每组4个球。A组为1，2，3，4，B组为5，6，7，8，C组9，10，11，12。取A、B两组在天平上称，有两种可能：

①1，2，3，4和5，6，7，8相等，那这个球在9，10，11，12中，第二次取9，10，11与1，2，3相称。

如果9，10，11与1，2，3相等，则为12，第三次可判断其轻重；

如果9，10，11与1，2，3不相等，可知道此球的轻或重，第三次则取9和10相称，如相等，则是11，如不相等，则根据上一步的重量判断结果，找出其中之一。

②1，2，3，4和5，6，7，8不相等。要先弄清楚是哪一边重，看第二步。

第二步假设是1，2，3，4这边重，将1，2，5与3，4，6拿来称：

如果相等，则在7，8中，且异重球是轻的，第三次只要将7和8拿来称，哪个轻就是哪个；

如果不相等，要是1，2，5这边重，则第三步拿1与2相称，如果1和2相等，则这个球肯定是6，如果1和2不相等，则是其中更重的一个，反之亦然。

269. 猛兽出没的村庄

“如果我问你‘今天没有猛兽出没，是吗？’你会回答我‘是’，对不对？”

270. 乌龟赛跑

假设丙的话是真话，那么丁的话也是真话了，从而，甲的话也是真话，所以乙上次是第二名。因此，上次的第一名既不是乙也不是丙，所以应该是丁或者甲。但是，无论哪个是上次的第一名，本应该都说真话的丙和丁的话至少有一个会变成假话。所以，丙的话只能是假话(名次下降，而且丁的名次没有上升)……①

由于丙不是上次的第一名，这次的名次下降，所以这次是在第三名以下。然而，乙的话是假话，乙的名次也下降了。

假设丁的话是假话，甲的名次没有上升，而同时甲以外的三只乌龟的名次也全部下降，这是不合理的。

所以，根据①可知丁的名次没有变化，根据他的话(真话)可知，甲这次名次上升了。

从甲的话(真话)来看，乙上回是第二名。丙上次既不是第一名也不是第二名而是第三名，这次是第四名，同样名次下降的乙这次是第三名。甲这次是从上次的第四名上升了，丁上次和这次都是第一名。所以，甲这次是第二名。

具体如下表：

	上次	这次
甲	4名	2名
乙	2名	3名
丙	3名	4名
丁	1名	1名

271. 太平洋里的鲸鱼

甲：1100米。

乙：1200米。

丙：800米。

丁：900米。

戊：1000米。

272. 瓶子里装的是什么

甲瓶子：可乐。

乙瓶子：白酒。

丙瓶子：果汁。

丁瓶子：啤酒。

273. 谁看了足球赛

B看了足球赛。

274. 猜不透的问答

若波波是诚实的，波波的回答应该是正确的。因此，哈瑞也是诚实的。因为哈瑞回答："杰森在说谎。"所以，杰森在说谎。经常说谎的杰森肯定说谎话："波波在说谎"。

相反，如果是波波在说谎，波波所说的话是谎言。哈瑞也在说谎。因为哈瑞回答说："杰森在说谎。"所以，杰森是诚实的。正直的杰森应该正直地回答："波波在说谎。"

也就是说，无论在哪种情况下，杰森都会回答："波波在说谎。"

275. 吃西瓜比赛

吴刚参赛4次，刘某因故没有参加，可以知道吴刚与刘某是一对情侣；孙全和钱佳是一对情侣；赵亮和周文是一对情侣；李利和张落是一对情侣；王林和郑成是一对情侣。

276. 赛马

这样的结果是可以发生的：

第一次：甲、乙、丙、丁

第二次：乙、丙、丁、甲

第三次：丙、丁、甲、乙

第四次：丁、甲、乙、丙

277. 数学讲师的难题

不能。由①知：标有日期的信——用粉色纸写的；②知：丽萨写的信——"亲爱的"开头；③知：不是约翰写的信——不用黑墨水；④知：收藏的信——不能看到；⑤知：只有一页信纸的信——标明了日期；⑥知：不是用黑墨水写的信——做标记；⑦知：用粉色纸写的信——收藏；⑧知：做标记的信——只有一页信纸；⑨知：约翰的信——不以“亲爱的”开头。

综上所知：丽萨写的信——不是约翰写的信——不是用黑墨水——做了标记——只有一页信纸——标明了日期——用粉色写的——收藏起来——皮特不能看到。所以，皮特不能看到丽萨写的信。

278. 魔鬼与天使

甲是人，乙是天使，丙是魔鬼。

279. 别墅惨案

凶手是送牛奶的人。因为只有知道金姆森太太已经遇害，他才不再到这里送牛奶，而送报纸的人显然不知道这一点，每天仍然准时把报纸送来。

因此，送报纸的虽然每天都来，却因此被排除了嫌疑。送牛奶的人作案后，显然没有想到这桩凶案在十多天以后才被人发现，他停止送奶的行为恰恰暴露了自己的罪行。

280. 美丽公主的不幸遭遇

假设玛丽是受害者，那么露西的话虽然是对受害者说的却又是真的，所以，玛丽不可能是受害者。

假设瑞利是受害者，那么玛丽和劳尔的发言虽然是对被害者说的却又是真的，所以，瑞利不可能是受害者。

假设劳尔是受害者，那么瑞利的话是对受害者说的却又是真的，所以劳尔不可能是受害者。

综上可知，露西就是受害者。

281. 旅行家的迷惑

至少有2个天使。

假设甲是魔鬼的话，由此可推断他们几个都是魔鬼，那么，乙是魔鬼的同时又说了实话，存在矛盾。所以甲是天使。假设乙是天使的话，从她的话来看，丙就成了魔鬼，相反，假设乙是魔鬼的话，从她的话来看，丙就是天使了。所以，无论怎样，都会有2个天使。

282. 男生和女生

男生有4个，女生有3个。

283. 成绩表

	语文	数学	英语
宇春	丙	乙	丙
夏雨	丙	甲	乙
江子	甲	甲	甲
雷雷	甲	甲	乙

284. 谁是司机

A是司机。

285. 财政预算

先投乙方案，在第二次投票时还是投乙的方案。

根据甲方案：张先生将获得2亿元，比较乙方案，甲方案对张先生比较有利。同样的，对王先生来说也是甲方案比较有利，所以如果张先生投甲方案的话，甲方案就会通过了。

但是接下来甲、丙两方案表决时，对王先生和李先生来说都是丙方案有利，所以张先生将败北，得到的预算将是0。

为了避免这种情形发生，张先生在一开始便投乙方案，接下来当乙、丙两方案表决时，仍投乙方案，使乙方案通过，那么就可以顺利得到1亿了，这是退而求其次的选择。

但如果可以让乙、丙两方案先表决，然后再跟甲方案表决的话，张先生就有可能得到2亿的预算。

286. 你要哪一只钟

你也许会选择一天只慢一分的那只。好，那我们就来看看：一天慢一分的那只钟两年内要走慢12小时（即720分钟）之后才能走回最初核准的时间，因此它在两年内只准确一次。现在看看你要哪一只吧。

287. 谁和谁是亲兄弟

甲的弟弟是D，乙的弟弟是B，丙的弟弟是A，丁的弟弟是C。

在甲、乙、丙3个人中只有一个人说了实话，而且这个人是D的哥哥，因此乙说的是假话，乙不可能是D的哥哥。由乙说的话得知，丙也不可能是D的哥哥，所以丙说的也是假话。由此可得，丁的弟弟是C。由于甲、乙两人都说了谎，而丁又不是D的哥哥，因此甲一定是D的哥哥，甲说的是实话。即：乙的弟弟是B，丙的弟弟是A。

288. 魔球里的钻石

第一个魔球是红色的，第二个魔球是绿色的，第三个魔球是黑色的，第四个魔球是黄色的，第五个魔球是蓝色的。

289. 老实的骗子

如图所示，从爷爷的左边开始，依次是儿子、女儿、爸爸、妈妈。

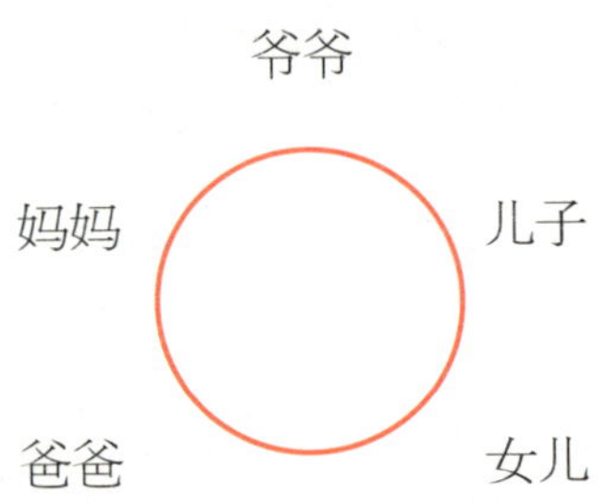

290. 谁姓什么

王大明、张二明、李三明、赵四明。

291. 惹人遐思的碑文

3个人。

292. 判断凶杀现场

如果真的是在书房被枪杀的，那么磁带中就理应录上了昨晚报时钟报22点的鸽子叫声。之所以录音中没有鸽子的叫声，是因为凶手是在别处一边录音，一边枪杀受害人。

293. 紧急集合

	谁的上装	谁的下装
李佳	房华	自己
刘方	自己	何林
房华	何林	刘方
何林	李佳	房华

294. 币值的大小

这5种币值的价值顺序由小到大的排列为：C、D、E、B、A。

295. 皇妃与侍女

这20位皇妃都立刻杀了自己的侍女。

假设皇妃只有A、B两个人，A皇妃肯定会想：B肯定知道我的侍女是好是坏。如果我的侍女是好人，她肯定会杀了她的侍女，结果就会刊登在第二天的报纸上。如果早上的报纸没有刊登这条消息，那么我就在第二天杀了我的侍女……以此类推。到第20天，报纸没有刊登消息，那么所有的皇妃就都杀了自己的侍女。

296. 走小木桥

E→15→11→9→6→1→10→8→5→14→4→7→13→3→2→12→D

297. 接水管

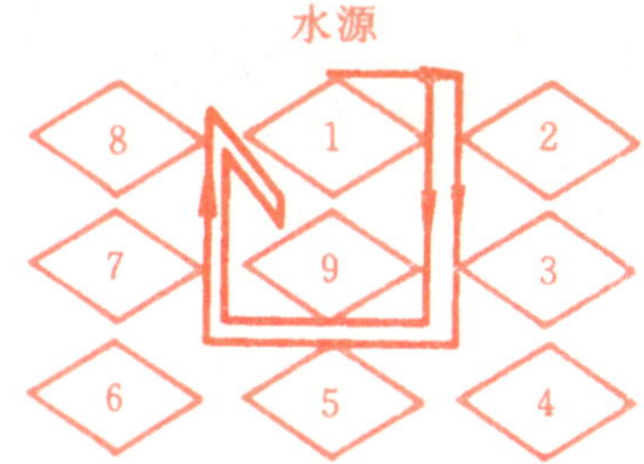

298. 小寿星的生日派对

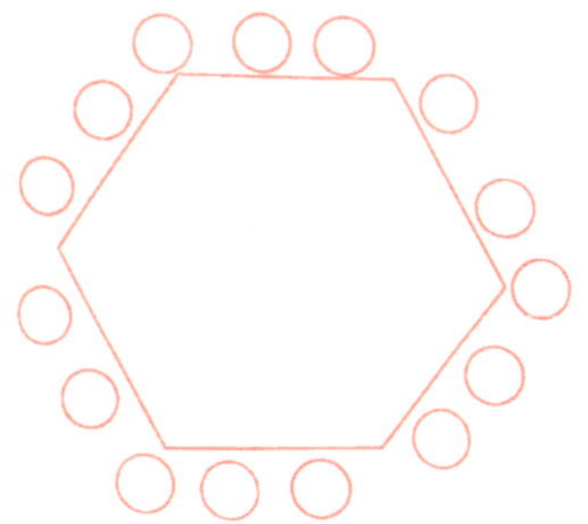

299. 摆纪念币

300. 上学的路

301. 隔开的猴子

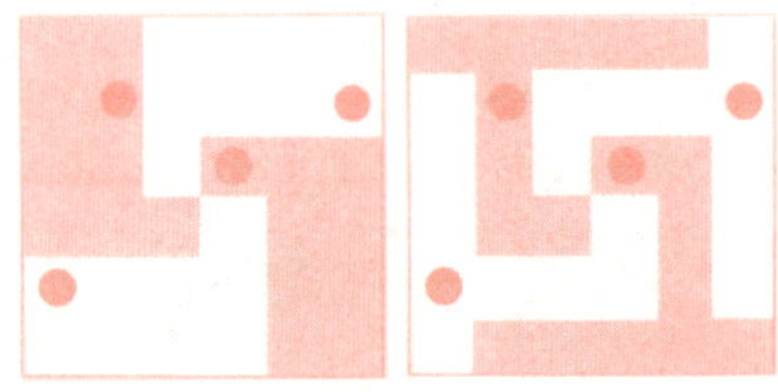

302. 栅栏

303. 阻挡潜水艇

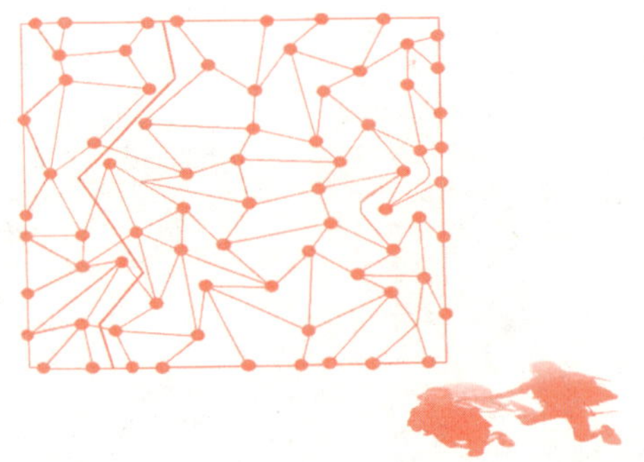

304. 分区

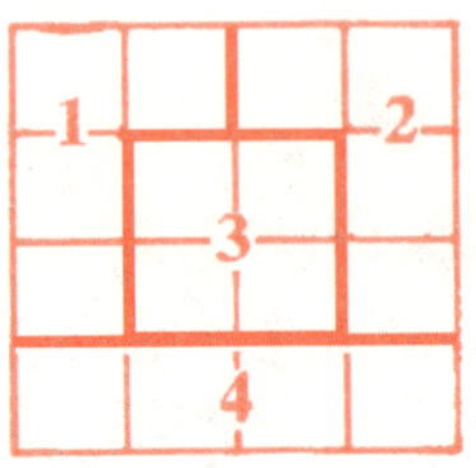

305. 空格里的是什么

画问号的地方原来放的应该是图形（4），因为在这个9宫格里，横行中第一个图案都是后两个图案的组合。

306. 双色球

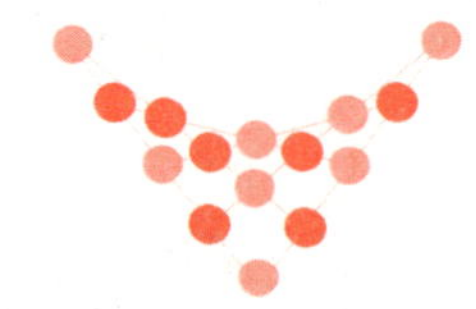

307. 滚动的纪念币

在一个较早出现的游戏中我们发现在另一枚纪念币上滚动的纪念币的圈数比我们预计的要多一倍。而此例中纪念币要滚过两个周长（在每个固定的纪念币上转1／3圈）所以共转了四圈。最后屋顶将朝左。

308. 种6棵树

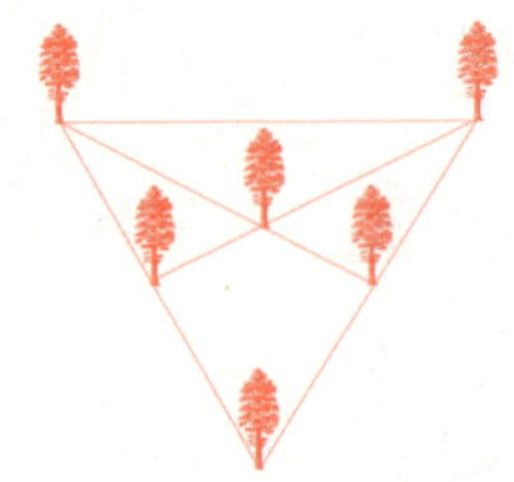

309. 分苹果

一开始最少有25个苹果。解题方法却是倒过来的：

(1)假定最后剩下的两份为2个即每份1个，则在小李醒来时共有4个苹果，在老张醒来时有7个苹果，而7个苹果不能构成两份，与题意不符合；

(2)假定最后剩下的两份为4个即每份2个，则在小李醒来时共有7个苹果，也与题意不符合；

(3)假定最后剩下的二份为6个即每份3个，则在小李醒来时共有10个苹果，在老张醒来时有16个苹果，而大明分出的三份苹果中，每份有8个苹果。

310. 倒放金字塔

311. 排列瓶子

没有移动插有鲜花的6个瓶子（3、5、6、9、10和15），事实上，新组成的正方形向左移动了一步。

312. 裁缝师的趣题

附图表明如何将一块三角形布料剪成四块，再重新拼合成一个标准正方形。取AB中点D，BC中点E，连接AE至F，使EF等于EB。取AF中点G，做弧AHF，连接EB，与弧AHF相交于H，EH就是所求正方形的边长。以E为圆心，EH为半径，做弧HJ，取JK，使其等于BE。然后，分别从点D和点K做EJ的垂线，与EG相交于点L和点M。如果你准确无误地做到这里，你就知道接下来如何剪裁了。

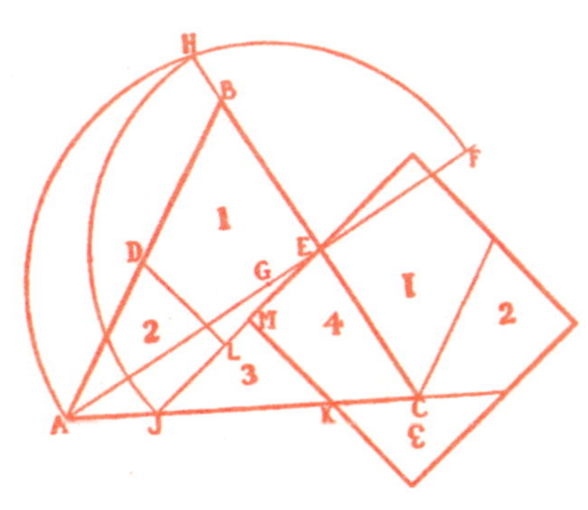

313. 跨过壕沟

附图形象地说明了本题的解决方法，按照图中的方式，将八块木板叠放在壕沟的拐角处，就可以轻而易举地跨过去。

314. 击木柱游戏

要赢得这场游戏，你必须留给你的对手偶数个棋子，而且每两个组的棋子个数都相同。然后，不论他击倒哪一组，你就击倒相同的那组。比如说，你留给他这样一组棋子：o.o.ooo.ooo，如果他击倒单独的一个，你也击倒单独的另外一个；如果他击倒三组中的相邻两个，你就击倒另外一个三组中的相邻两个；如果他击倒三组中的中间一个，你就击倒另外一个三组中的中间一个。这样的话，最后你必胜无疑。游戏开始的时候，棋子是这样排列的：o.ooooooooooo，因此先击打的人只要击打第六个或者第十个棋子（把拿掉的第二个棋子也算进去），就肯定能赢。这样留下的就是：o.ooo.ooooooo，因为棋子组的顺序无关紧要。这样的话，无论第二位选手击打哪个，总是会遇到偶数个相同的组数。我们假设他击倒的是单个组的棋子，那么我们就留给他这样的排列：oo.ooooooo。接下来，无论他怎么击打，我们都可以留给他：ooo.ooo或者o.oo.ooo，我们知道无论哪种情况下，我们都可以赢，因为无论他怎么打，最后还是面临着：o.o，或者o.o.o.o，或者oo.oo。

315. 圆桌趣题

下表就是七个人座位的排列方式：

A	B	C	D	E	F	G
A	C	D	B	G	E	F
A	D	B	C	F	G	E
A	G	B	F	E	C	D
A	F	C	E	G	D	B
A	E	D	G	F	B	C
A	C	E	B	G	F	D
A	D	G	C	F	E	B
A	B	F	D	E	G	C
A	E	F	D	C	G	B
A	G	E	B	D	F	C
A	F	G	C	B	E	D
A	E	B	F	C	D	G
A	G	C	E	D	B	F
A	F	D	G	B	C	E

当然，在圆桌的情况下，A的另一边坐的肯定是每行的最后一个人。

316. 画圈打叉游戏

解答如下：如果两位玩家十分精通这个游戏，那么每一轮游戏都会是平局。除非对手疏忽，不然谁都赢不了。如果“圈”（先走棋者）先取中心，“叉”就必须取某个角落，不然“圈”铁定会赢。而如果“圈”第一步取某个角落，“叉”必须马上取中心，否则也一定会输。如果“圈”先取边上的一格，两位玩家则必须非常小心，谨防失败，因为处处布满陷阱。但是“圈”可以在游戏中始终安全采取主动，并能保证平局，不过他若想赢的话，则只能通过“叉”的失误。

317. 跳跃的青蛙

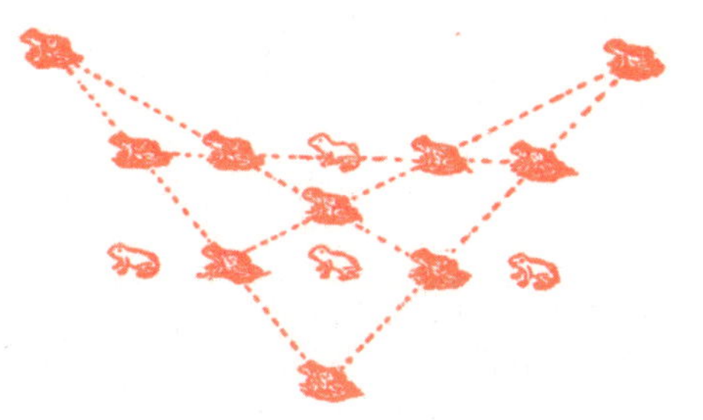

318. 九子棋

本题解法如下：如果第一位玩家第一步取中心的话，他就会一直获胜。但是，这个游戏发生了很好的变化，即禁止第一位玩家在第一步就占据中心。在这种情况下，第二位玩家应该立刻取中心，这样游戏将总是以平局结束，不过第一位玩家要确保平局结果，就必须取相邻的两个角落（例如1和3），之后的游戏中双方均要高度谨慎。

319. 跳动的青蛙

这道题的答案只有一个（不算反向解）。从附图可以看出，在3只青蛙跳动之后，8只青蛙还是不在一条水平线，垂直线或者对角线上。

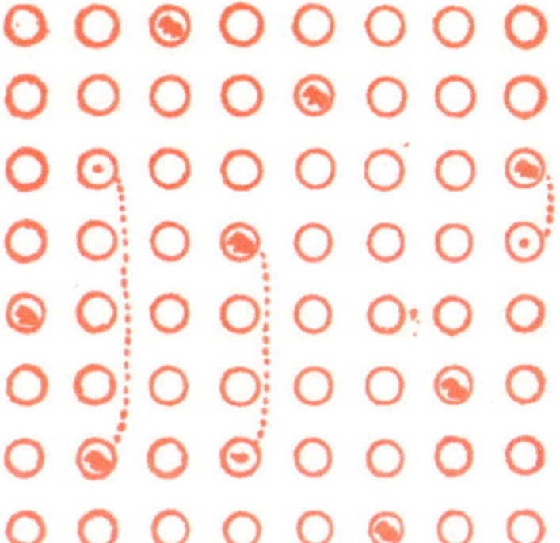

320. 爬行的蜗牛（1）

出发时的转身不算，一共转了14次弯。这是尽可能最少的转弯次数，而且本题只有通过图示中的路线或其倒转路线才能解决。

321. 爬行的蜗牛（2）

只需转弯16次就能完成任务。

322. 捉猪

如果是猪先移动的话，这道题就非常的简单了。或者是让甲去捉猪B，让乙去捉猪A。

323. 31点游戏

要想赢的话，你先翻呢，还是让对手先翻？你该怎样玩这个游戏呢？有人可能会说："哦，这太简单了。你先翻一张3，然后无论你的对手怎么翻，都不能阻止你得到10，17，24，并最终赢得31点。这样，你肯定胜券在握。"

但是对于知识一知半解的情况是最危险不过了，这将给对手机会。

你翻3，对方会翻4，这样就是7分；你再翻3，得10分；对方再翻3，得13分；你再翻4，德17分；对方再翻4，得21分；你再翻3，得24分。

现在翻最后一张4，得28分。你想继续翻一张3赢得游戏，却发现根本不可能，因为3都已经翻完了。最后，你不得不让他得到31分，或者自己过了31分，这样你就输了。

你应该先翻还是让对手先翻，这都不重要。重要的是，掌握这个游戏的关键，你就能总是赢。

先翻5的人才能必胜无疑。如果对手也翻5，你就翻2，得12分。接下来只要他翻5，你就翻2；他一旦分数不是3，10，17，24，31，你就马上介入，最后肯定能赢。如果你一开始翻5之后，他翻的也是5，那么你会得10分或者17分，最后也是赢。你也可以先翻1或者2，但是这样的话就比较复杂了。

324. 黑色星期五

如果4月13日是星期五，那么下一个13号星期五是7月13号，相距91天。

325. 想说爱你不容易

326. 国际象棋

327. 谁没有逻辑

正确的答案应该是：有的人没有逻辑。

这是个有关“否定”的基本问题。

否定的时候，“有”跟“没有”互换，同时“且”跟“或”、“全部”跟“有的”也互换。

“全部的人都有逻辑”这句话，它的否定就是：“有的人没有逻辑”。

如果“全部的人都有逻辑”这句话是假的，一定有人会想：不是也有“全部的人都没有逻辑”的可能性吗？

但是，“有的人没有逻辑”也包含了“全部的人都没有逻辑”在内。

328. 猜猜看

M。按照1、2、3顺序，从字母A开始，顺时针方向，每两个字母之间均间隔三个字母。

329. 字母排列

N。每块牌由上而下都是进五个字母，再退三个字母到下一块牌。

330. 按键密码

322。规律是同一行的前一个数的前两位数乘以后两位数等于下一个数。

331. 猜名字

是B的名字。很明显，A与C两人之中必有一人是对，因为他俩的判断是矛盾的。如果A正确的话，那么B也是正确的，与老师说的“只有一人猜对了”矛盾。所以A必是错误的。这样，只有C是正确的。B的判断是错的，那么他的相反判断就是正确的，即是B的名字是正确的，所以老师手上写的是B的名字。

332. 想象力是不是充满生命力

正确的答案应该是（1）：想象力很丰富或缺乏生命力。

原来的命题是用“但是”连接前后两句的。所以否定句就改用“或”来连接。下面再来说明一下。

假如只有“想象里很丰富”这个条件，原本的句子就不成立了。这时是否“充满生命力”也就不重要了。

假如只有“缺乏生命力”这个条件，原本的句子也不成立。这时是否“想象力丰富”也就不重要了。

两项都是对的，所以用“或”连接。

333. 旋转的数字

49	11	6
22		19
75	30	82

334. 今天星期几

今天是星期天了，当然也就看不成星期六的动画片了。

335. 多余的字母

多余的字母是A和N。第一个三角形内的序列是B、D、F、H、J（序号2、4、6、8、10）。序号分别加1、2、3、4、5，即为第二个三角形内的序列。

336. 会不会拉练

新兵杰克的推断是不正确的。

教官可以在周四以前的任何一天进行拉练，如果杰克表示反对的话，教官可以问他：

“你真的认为今天不应该进行拉练吗？”

杰克肯定会回答：“是的，教官。按照您的说法今天是不能进行拉练的。”

教官就可以告诉杰克：“那就是说你不知道今天进行拉练。按照我的说法，今天可以进行拉练！”

这下新兵杰克就只能干瞪眼了。

337. 盒子里的黑白球

只有一种可能，即从贴有“白黑”标签的盒子中任取一球，就能辨明每个盒子中分别装了什么球。既然每一个盒子中所装的球都有与贴签不同，那么，贴有“白黑”标签的盒子中装的两球要么是两白球，要么是两黑球。如果从这个盒子中取出一个球是白球，那么这个盒子里装的是两个白球，而贴有“白白”标签盒的两个球只能都是黑球，“黑黑”标签的两球是一白一黑；如果取出的是黑球，那么这个盒子里装的是两个黑球，而贴有“白白”标签盒的两个球只能是一白一黑，“黑黑”标签的两球是两白。如先从“白白”盒 或“黑黑”盒中拿，都无法确盒中是什么球，自已想一想，为什么?

338. 填色游戏

339. 哪句话意思最相符

正确答案应该是（3）：一个国际人只会说外文是不够的。

你回答对了吗？不要把问题想得太复杂了，想得太复杂是不太容易找出答案的哦。

340. 第八个形象

A。规律是：脸部加一划，再脸部加一划和一根头发，再加一根头发，再脸部加一划和加一根头发。如此反复。

341. 哪一个对应

F。A与B、C与F都是垂直面相对应。

342. 神秘的游艇

厨师在往船上运毒品，因为调料的用量不大，每天买调料是不正常的。

343. 爱鸟人之死

他是看到鸟笼的情形而判断的。既然是爱鸟协会的会长，在自杀前他肯定会把小鸟放出去。因为这些小鸟没有人喂养，一定也是死路一条，这位爱鸟的老人绝对不可能带着小鸟们一起自杀。

344. 填空格

表格中ABC的排列有一定的规律，即从里到外形成一个漩涡状，顺序如下所示：

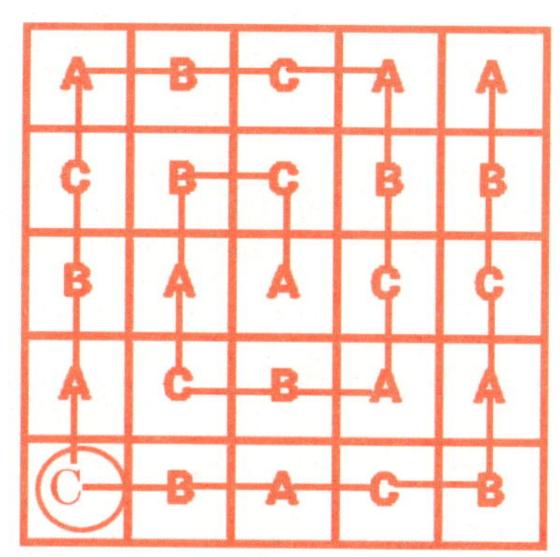

345. 巧移碟子

需要15次。下面我们就用图示的方法来演示。假设用4、3、2、1四个数字来代表4个盘子，并且数字越大的代表的盘子越大，过程如下：

A	B	C
（1）4、3、2	1	
（2）4、3	1	2
（3）4、3		2、1
（4）4	3	2、1
（5）4、1	3	2
（6）4、1	3、2	
（7）4	3、2、1	
（8）	3、2、1	4
（9）	3、2、	4、1
（10）2	3	4、1
（11）2、1	3	4
（12）2、1		4、3
（13）2	1	4、3
（14）1		4、3、2
（15）		4、3、2、1

346. 猜数字

能。这四个数字是2、5、6、8。

先列出四人猜的情况。甲猜对了两

个数，可能是2-3，2-4，2-5，3-4，3-5，4-5。

乙猜对了一个数，可能是（1、3、4、8）中的1个数，他未猜的四个数（2、5、6、7）中有3个数是纸条上的数。

丙猜对了两个数，可能的组合为1-2，1-7，1-8，2-7，2-8，，7-8。

丁猜对了一个数，可能是（1、4、6、7）中选取1个数，他未猜测的四个数（2、3、5、8）有3个数是纸条中的数。

8个数字中，甲与丙两人都猜了的数字是2，两人都没有猜的数字是6。

8个数字中，乙与丁两人都猜了的数字是1、4，两人都没有猜的数字是2、5。

我们先假设2不是纸条上的数。那么从乙未猜的数字中可得出5、6、7是纸条上的数字；同时从丁未猜的数字中可得出3、5、8；这样纸条上的数字就会有5个，分别是3、5、6、7、8。显然，推论与题干中纸条上只有4个数字相矛盾，因此假设是错的，也就是2为纸条上的数字。用同样的方法可推出5也在纸条上。

再假设1在纸条上，那么从乙猜的数字中可得出3、4、8不在纸条上。同时，从丁猜的数字中可得出4、6、7不在纸条上。这样不在纸条上的数字有5个，分别是3、4、6、7、8，纸条上只能有3个数字，显然也不正确。所以假设错误，1不在纸条上。用同样的方法，可推出4不在纸条上。

我们知道了2、5在纸条上，从甲猜测对了两个数字可知3、4不在纸条上。这样，在纸条上的数字可能是2、5、6、7、8中的4个。

最后，我们来看丙猜的情况，从他猜测的4个数可知7与8只能有一个数在纸条上。如7在纸条上，纸条上的数为2、5、6、7。我们发现丁猜对了6、7，显然与题干矛盾。再来检验8，发现刚好能符合条件。

所以，只有一种可能，纸条上的数字是2、5、6、8。

347. 清洁工的问题

这是不可能实现的，因为当丁走完一条边的时候，甲并不在他原来的位置上而是在乙原来的位置上，所以丁和甲并不能成功地交接，他们也就没办法循环下去了。

348. 巧排扑克牌

排法有84种之多，我们举一例：635791248（当然反过来也一样）。

349. 赢牌的秘诀

只要第一张取5，就可稳获胜利。

350. 偷运橡胶

那些空胶桶就是偷运出去的橡胶。工人们先将橡胶提炼成桶形，待运出厂后，再将它熔化掉，转卖给他人。

351. 路径谜题

15条。下面这个4×4的矩形阵显示图中没一点各有各有几条路可到：

1	1	1	1
3	2	1	2
3	8	10	2
3	3	13	15

352. 杰克是哪里人

杰克不是英国人。

353. 谁男谁女

甲、乙、戊、庚为男性；丁、丙、已为女性。

354. 谁的年龄大

小田。

355. 商场购物

强强：书包。

壮壮：篮球。

冬冬：英语字典。

356. 看见了几辆军车

见到21辆运送物资的军车。

因为他没出发时已经有车在路上了，他刚出门，10天前出发的军车正好到达，加上路上的10天共有20辆军车与他相遇，而当他到达后勤部时，又有一辆军车要出发了。

357. 羽毛球能手

根据②常胜将军与表现最差的人年龄相同；根据①常胜将军的双胞胎与表现最差的人性别不同，因此4个人中有3个人的年龄相同。由于张老师的年龄肯定比他的儿子和女儿大，从而年龄相同的必定是他的儿子、女儿和妹妹，这样，张老师的儿子和女儿必定是①中所指的双胞胎。因此，张老师的儿子或者女儿是常胜将军，而张老师的妹妹是表现最差的选手。根据①，常胜将军的双胞胎兄弟或姐妹一定是张老师的儿子，而常胜将军无疑是张老师的女儿。

358. 小魔女们的小狗

根据①⑥，灰色眼睛的魔女、黑色服装的魔女、小欢子(红色眼睛），3人饲养的小狗是1只、3只、4只（顺序不确定）……Ⅰ

根据②，绿色眼睛的魔女、红色服装的魔女、小安子3人饲养的小狗分别是2只、3只、4只(顺序不确定）……Ⅱ

根据③⑥，红色眼睛的魔女、茶色服装的魔女、小丹子3人饲养的小狗分别是1只、2只、4只(顺序不确定）……Ⅲ

小安子的眼睛不是红色的(⑥)，也不是蓝色的(⑤)，也不是绿色的(②)，所以是灰色的。

灰色眼睛的是小安子，所以不是红色衣服(⑥)，也不是紫色衣服(④)，也不是黑色衣服(①)，应该是茶色衣服。

灰色眼睛的魔女在Ⅰ、Ⅱ、Ⅲ里面都出现过了，所以养了4只狗。还有1个人，在Ⅰ、Ⅲ里共同部分出现过的红色眼睛的魔女（小欢子）养了一只狗，所以，黑色衣服的魔女和小丹子不是同一个人。

根据Ⅰ黑衣魔女有3只小狗，在Ⅰ、Ⅱ里面都出现过的黑衣魔女和绿色眼睛的魔女是同一个人，黑衣魔女(绿色眼睛，3只)和小丹子不是同一个人，所以是小林子。

根据Ⅱ，红色衣服的魔女是小丹子。

所以，小林子的眼睛是绿色的，穿了黑色的服装，养了3只小狗；小欢子的眼睛是红色的，穿了紫色的衣服，养了1只小狗；小安子的眼睛是灰色的，穿了茶色的衣服，养了4只小狗；小丹子的眼睛是蓝色的，穿了红色的衣服，养了2只小狗。

359. 雪地上的脚印

往返的脚印不同。扛着尸体时重量增大，所以留在雪地上的脚印就比较深，而返回时是空手而归，脚印浅，所以断定报案者就是凶手。

360. 鸵鸟蛋

根据条件⑥得知，丁发现了3个。18岁的男孩是丙，21岁的男孩发现1个或者2个鸵鸟蛋(③)，19岁的男孩也发现1个或者2个鸵鸟蛋，所以丁是20岁。

因为21岁的男孩不是去了A岛(②)，所以，21岁的是甲，由此可推断，19岁的是乙。假设甲有2个鸵鸟蛋的话，那么乙就有3个，这与④相互矛盾。所以，甲发现了1个，乙发现了2个。因此可知，去C岛的人发现了2个，去C岛的是丙。

根据条件⑥可知，甲去了D岛，剩下的丁去了B岛。详见下图。

	年龄	岛	蛋
甲	21岁	D	1个
乙	19岁	A	2个
丙	18岁	C	2个
丁	20岁	B	3个

361. 真正的朋友

C。此题需要按顺序来思考，首先假设答案为G、C或L，再依“只有4个人说实话”的条件，剔除不合适的人选。

362. 迷雾重重的盗窃案

E是小偷。

363. 音乐会上的阴谋

埃利事先已作好演出准备的事实，说明他对巴蒂的死和自己将上场演出有准备，这就证明他涉嫌谋杀。如果他事前不知，他上场前就应作准备，用松香先擦擦弓，并调好琴弦。

364. 谁在前面，谁在后面

他们的顺序依次是：戊、丙、己、丁、甲、乙。

365. 圣诞聚会

他们到达约会地点的先后顺序是：D、E、C、A、B。

依据题目给出的条件，很快就可以分析出A、B、C、E都不是第一个，只有D是第一个到达的。

由“E在D之后”，可以知道两人的顺序是：D、E。

由“B紧跟在A后面”得知两个人的顺序是：A、B。

由“C不是最后一个到达约会地点”，可以得知这样的顺序：C、A、B。

所以，总的先后顺序是：D、E、C、A、B。

366. 谁是体操全能冠军

老大是体操全能冠军。

367. 赴宴会

根据新娘在没有丈夫的陪伴时不许和别的男子在一起的规定，至少需要往返11次。

368. 谁和谁是一家

如果拿长笛的和跑步的是兄弟的话，根据跑步人的发言，拿长笛的就是可可。拿书的所说不是关于兄弟的话就变成了真话，这就相互矛盾了。所以拿长笛的和跑步的不可能是兄弟。

如果拿长笛的和溜冰的是兄弟的话，根据拿书人的话(假话)，可知拿长笛的人就是丁丁。拿长笛的关于是兄弟的话却成了假话，这就相互矛盾了。因此拿长笛的和拿书的不可能是兄弟。

所以，拿长笛的和拿书的是兄弟，跑步的和溜冰的是兄弟。

369. 礼服和围巾的问题

你只需要检查一个盒子就可以了。

370. 宇宙飞船里的稀客

假设阿波罗撒谎，从泰勒和比尔的发言来看，比尔和阿波罗是同一星球的，进一步从莱布的发言来看，比尔和泰勒是不同星球的，结果阿波罗的发言反而不是谎言，与前面的假设相矛盾。

所以，阿波罗的发言是真实的。

假设撒谎的是泰勒或是比尔或是莱布都是一样，他们的发言都是真实的。

所以，泰勒撒了谎，从而可知比尔和莱布都是水星人。

因此可推断，泰勒、费卢是火星人，阿波罗、比尔、莱布是水星人。

371. 玛瑙戒指

因为奇奇和兜兜的话是相互矛盾的，所以2人之中必有1人在撒谎。

假设奇奇说的是真话，那么兜兜的话就是假的。从奇奇的话来看，天天是妖性的女子，就是说撒谎的兜兜戴着玛瑙戒指了，这样，天天的话就不是假的了。

所以，奇奇的话应该是假的(而且，天天不是妖性女子)，兜兜的话是真的。

因为天天的话是假的，所以天天应该戴着玛瑙戒指，撒谎的奇奇就是妖性女子了。

372. 酒店挟持案

福特在打电话时做了点手脚。在通话时，他一讲到无关紧要的话，就用手掌心捂紧话筒，不让对方听到，而讲到关键的话时，就松开手。

这样，家人就收到了这么一段“间歇式”的情报电话：“我是福特……现在……金冠大酒店……和坏人……在一起……请您……快……来……”

373. 嗜酒如命的人的礼品

“鸡尾酒”先生所收到的礼品是“威士忌”先生送的。“茅台”先生送给“白兰地”先生鸡尾酒；“白兰地”先生送给“威士忌”先生伏特加；“威士忌”先生送给“鸡尾酒”先生茅台酒；“鸡尾酒”先生送给“伏特加”先生白兰地；“伏特加”先生送给“茅台”先生“威士忌”酒。

374. 谁在谁的左边

不一定。

如果照图中所示，她们围成一圈的话，沙沙就会在林林的右边。

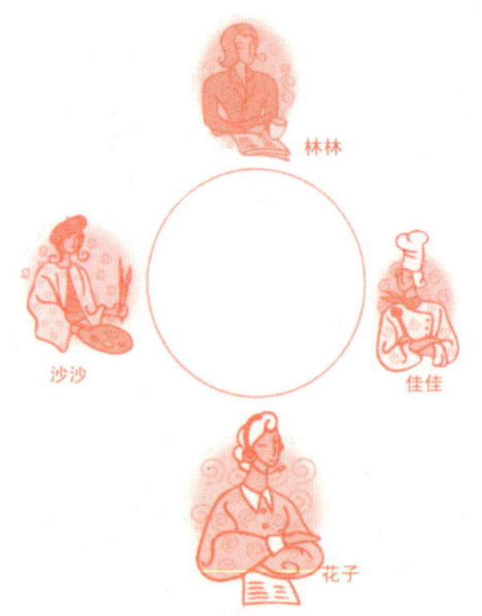

375. 离奇的命案

凶手是风。正当死者享受日光浴时，海滩上突然刮起一阵飓风，把太阳伞吹起，当风吹过后，那把太阳伞正好插入了死者的腹部。

376. 电影主角

埃兹拉是电影主角。

377. 昆虫聚会

五次。

378. 两个乒乓球

当然不是。

小雪从袋子里拿出一个乒乓球之后，立刻藏在身后。明明肯定要求小雪把它亮出来，而此时小雪就说："我亮不亮出来没有关系，只要看看袋子里面留下的是什么颜色的乒乓球，就知道我拿的是什么颜色的乒乓球。"

明明当然会无话可说。

379. 4个兄弟一半说真话

说真话的(二哥和小弟弟)不可能说"我是长兄"，所以，劳茵的话是假的，那么可知，劳茵不是长兄，而是三哥。那么，劳莎就不是三哥了，劳特的话就是真的，劳特就是二哥或者小弟。

假设劳拉说的是真话，劳特和劳拉就是二哥和小弟(顺序暂时未知)，劳莎就是长兄了，则劳拉又在撒谎,这是相互矛盾的。所以，劳拉是长兄。

从劳拉的话中可知（假话），劳莎是二哥，劳特是小弟。

380. 多少枚钻戒

4个人共有10枚钻戒：

艾艾+拉拉=5的话，米米+丽丽=5；

艾艾+拉拉≠5的话，米米+丽丽≠5；

所以，丽丽和拉拉或者都说了实话，或是都撒了谎。

假设她们都说了实话，丽丽≠2，拉拉≠2。由于拉拉的发言是真实的，米米≠3。

假设艾艾的话是真的(艾艾≠2)，由于拉拉+米米=5，可得艾艾+丽丽=5，米米的话是假的，所以米米＝2。因此，拉拉＝3，丽丽的话就变成假的了。

因此，艾艾的话是假的，艾艾=2。由于艾艾+丽丽≠4，所以米米的话是假的，米米＝2。

由于丽丽的话是真的，所以拉拉=3。那么，拉拉+米米=5，就成了艾艾有2枚却又说了真话，这是自相矛盾的。

由此推知，前面的假设是不成立的。

她们都撒了谎，即丽丽=2、拉拉=2，由拉拉的发言(假的)可知，米米不等于3。

所以，艾艾的发言是假的，艾艾=2，剩下的米米就是4枚。

她们各自手上戴的钻戒数具体如下：

丽丽：2枚；

艾艾：2枚；

拉拉：2枚；

米米：4枚。

381. 舞蹈老师

根据已知条件得知，D和E中必定有一位与A和C属于相同的年龄档，而A和C都小于30岁。按照校长的要求，他是不会选择A和C的。另外，从条件中得知，C和D当中必定有一位与B和E的职业相同，因此，B和E是秘书。所以校长必定会选择D女士做学校的舞蹈教师。

382. 六边形的桌子

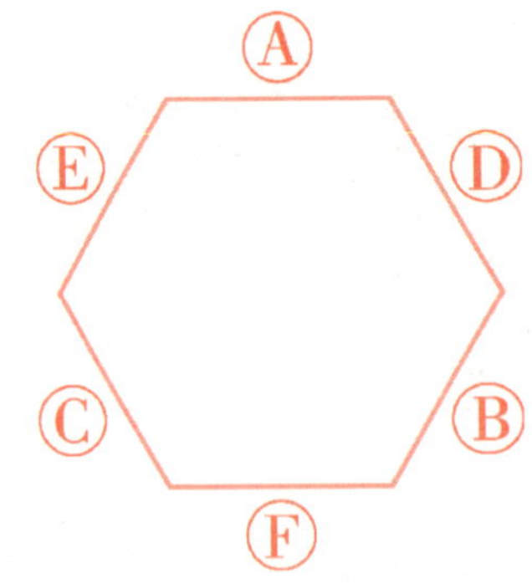

383. 女秘书

如果①和②是假话，则玛丽就是同谋，琳达就是凶手，莉莉是毫不知情者，那么③就是假话。

如果①和③是假话，则玛丽是同谋，而莉莉是毫不知情者，琳达就是凶手了，这样②也成为假话。

如果②和③是假话，则琳达就是凶手，而莉莉是毫不知情者，那么玛丽就是同谋，这样①也成为了假话。

因此，毫不知情者作了两条证词。

再进一步推测，如果毫不知情者作了②和③这两条供词，既然②③是真的，那么①就是假的，可知玛丽是同谋，与前面的结论相矛盾，因此这是不可能的。以此类推下去，可以知道莉莉是毫不知情者，琳达是同谋，玛丽是凶手。

384. 车库命案

轮胎里充满了高压氰化钾气体，罪犯是在前一天晚上悄悄溜进车库作案的。

第二天早晨，当被害人想出车时，发现一个轮胎气太足了，这样车跑起来会出危险，便拧开气门芯放些气。就在这一刹那，剧毒的氰化钾气体喷出来使其中毒身亡。

385. 真假钻石

这里有一个规律：无论从哪一颗钻石开始数起，每次拿走第17颗，依此进行，最后剩下来的，必然是最初数的第3颗钻石。

386. 避暑山庄

4人的滞留时间之和是20天。

根据①得知，最长时间是丁，天数在6天（根据②③来看，丁虽然入住时间最长，但也是从2日入住到7日才离开的）。

假设乙和丙分别滞留了4天以下，因为丁是6天以下，甲若是6天以上，就不是最短的，所以乙和丙都是5天。

根据③可知，丙是从1日入住到5日。如果乙是从3日入住的话，7日离开，那就与丁重合了，所以乙是从4日入住到8日。剩下的甲就是从3 日到6日(滞留了4日)。

因此，甲是从3日入住6日离开的；乙是从4日入住8日离开的；丙是从1日入住5日离开的；丁是从2日入住7日离开的。

387. 帽子的颜色

蓝色。

假设大毛和二毛的帽子都是红色的，而会场上只有两顶红帽子，那么三毛应该立刻回答自己的帽子是蓝色的。

所以，大毛和二毛戴的帽子有两种可能：①一顶红色和一顶蓝色；②两顶都是蓝色。

二毛看得到大毛的帽子，如果大毛戴的是红色的话，便符合①的状况，那么二毛应该可以答出自己的帽子是蓝色的才对。

他之所以答不出来的原因，相信你也已经猜到了吧，那就是因为大毛的帽子是蓝色的。

388. 仙女和仙桃

西西最初有6个，吃了2个，剩下了4个；安安最初有7个，吃了1个，剩下了6个；米米最初有5个，吃了2个，剩下了3个；拉拉最初有4个，吃了2个，剩下2个。

389. 猫的谎言

假设花猫的话是假的，那么花猫小于白猫，白猫就只有1条，这是相互矛盾的。

所以，花猫的话是真实的，花猫≥白猫，白猫捉的鱼不可能是 1 条…… Ⅰ

假设黑猫的话是假的，黑猫小于花猫，花猫就是2条，所以黑猫就是1条。那么，白猫的话就成了假的，而且必须是白猫小于黑猫，这与Ⅰ相互矛盾，不可能。

所以，黑猫的话是真的，黑猫≥花猫，花猫捉的鱼不可能是 2 条…… Ⅱ

根据Ⅰ、Ⅱ可知，可能性有以下几种：

白猫2条、花猫3条、黑猫3条……Ⅲ

白猫3条、花猫3条、黑猫3条……Ⅳ

Ⅳ的情况下，白猫和黑猫是同样的，但是，白猫又撒了谎，这是不可能的。

所以，Ⅲ是正确答案。

390. 谁做家务

不正确。

两个人猜拳的排列组合有9种(3×3)，所以有1/3的机会是平手。

而3个人猜拳时，排列组合有27种(3×3 ×3)，会造成平手的情况如下：

“石头、石头、石头”；“石头、布、剪刀”；“石头、剪刀、布”；“剪刀、石头、布”；“剪刀、剪刀、剪刀”；“剪刀、布、石头”；“布、石头、剪刀”；“布、剪刀、石头”；“布、布、布”。

因此也是9种情况，平手的机会一样是1/3。

391. 学什么运动

如果踢足球(第四项)在射箭的后面，那么踢足球和第五项共计花费3天以内的时间，这与②相互矛盾。所以，第四项是踢足球，第五项是射箭。

根据条件①可知，踢足球最长就是9日、10日、11日的3天时间，根据条件②④，既不是1天也不是3天，所以只能是两天。

根据条件①，第三项(1天时间)是滑雪或者打保龄球。

假设是滑雪的话，滑雪只能在8日进行，第四项的足球用 2 天，所以第五项的射箭用了5天。

那么根据④，剩下的网球和打保龄球就是3天和4天了，在1日到7日之间进行，由于4日那天没有打网球所以这个假设不可能成立。

因此，第三项是打保龄球，第一项是网球，第二项是滑雪。

打保龄球只有9日，雪橇是10日和11日。所以，射箭是从12日开始的4天，网球是5天，剩下的滑雪是3天。

具体如下表：

	运动项目名称	开始	结束
第一项	网球	1日	5日
第二项	滑雪	6日	8日
第三项	游泳	只有9日	
第四项	踢足球	10日	11日
第五项	射箭	12日	15日

392. 糊涂的答案

老年人和年轻人是父女关系。之所以很多人对此题久思而未得其解，那是他们陷入了逻辑思维障碍陷阱，错误地接受了题目的心理暗示，认为那个年轻人是男性。其实题目中没有任何条件规定年轻人须是男性。

393. 见面分一半

小猴子原来有94个桃。

394. 勇敢的探险家

根据①②④得出以下3个组合：

①李琳，农夫家的女儿，黑狼；

②李琳，宾馆家的姑娘，黑狼；

③李琳，宾馆家的姑娘，白狼。

同样，也可以根据条件对依云和茉莉进行组合。综合一下，就可得出正确结果：李琳是农夫家的女儿，被探险家从黑狼爪下救出来的；依云是宾馆家的女儿，被探险家从红狼爪下救出来的；茉莉是书店家的女儿，被探险家从白狼爪下救出来的。

395. 谁是盗窃者

根据他们提供的证词，可得出下面两种可能：

A

①乙说：甲没有偷东西。

②丙说：乙说的是真话。

③甲说：丙在撒谎。

B

①丙说：甲没有偷东西。

②乙说：丙在撒谎。

③甲说：乙说的是真话。

对于A而言，②支持①；而③否定②，进而否定①。所以，供词就变成了：

①乙说：甲没有偷东西。

②丙说：甲没有偷东西。

③甲说：甲是有罪的。

显然，A是不可能的。

对于B而言，②否定①，③肯定②进而③否定①。所以，供词就变成了：

①丙说：甲没有偷东西。

②甲说：甲偷东西了。

③乙说：甲是有罪的。

根据已知条件得知：假设“甲有罪”，那么甲说了真话且是有罪的，显然这是不可能的。

假设“甲没有偷东西”，那么甲是无辜的，且乙和丙都撒了谎，所以他们两个人必有一个人是有罪的。由于甲是无辜的，所以乙就是盗窃者。

396. 谁是智者

智者是乙。

397. 属于哪一个家庭

拉拉属于乙家庭。

甲家庭的年龄组合为：8，10，11，12；乙家庭的年龄组合为：5，13，2，3；丙家庭的年龄组合为：1，4，7，9。

398. 汽车是谁的

①丽萨。

②玛丽。

③凯特。

④丽萨。

⑤玛丽。

399. 外国游客

甲来自新德里，乙来自巴西利亚，丙来自罗马，丁来自华盛顿，戊来自费城。

400. 凶杀案

因为王太太说了真话，由此可以推断赵师傅作了伪证，再进一步推断张先生和李先生说的都是假话，从而可以判断A和B都是凶手。

401. 人和魔鬼

可以问："你的神志正常吗？"便可区别答话者是人还是魔鬼。

402. 收藏画

	最初	送给谁	数量	交换后
小花	7幅	小娟	4幅	5幅
小娟	5幅	小美	3幅	6幅
小叶	8幅	小花	2幅	7幅
小美	6幅	小叶	1幅	8幅

403. 白马王子

因为亚历山大、汤姆和皮特只符合一个条件，只有杰克符合两个条件，所以他当然符合第三个条件。

404. 孪生姐妹

丁丁没有撒谎。姐姐是在2001年1月1日出生在一艘由西向东将过日界线的客轮上，而妹妹则是在客轮过了日界线后才出生的。那时的时间还是处在2000年12月31日。所以，按年月日计算，妹妹似乎要比姐姐早一年出生。

405. 小鸟吃虫子

黄鸟：4厘米的红色虫子。

白鸟：3厘米的黑色虫子。

黑鸟：6厘米的红色虫子。

绿鸟：5厘米的黑色虫子。

406. 压岁钱

如果哥哥猜对的话，那么弟弟和妹妹都对；如果姐姐猜对的话，那么妹妹也对；如果妹妹猜对的话，那么哥哥也对。因此，无论你怎么假设，最后只有一个人猜对，这个人就是弟弟，即洋洋的压岁钱少于100元。

407. 动物园里的动物们

猴子：9只。

熊猫：13只。

狮子：7只。

408. 闹钟罢工后的闹剧

7个人的观点如下：小红：星期一；小华：星期三；小江：星期二；小波：星期四、五或周日；小明：星期五；小芳：星期三；小美：星期一、二、三、四、五或六。

综上所述除了星期日外，都不止一个人说到，因此，今天是星期日，他们都可以睡一会儿懒觉，小波所说正确。

409. 3个女儿采花

小女儿最诚实，大女儿和二女儿都撒了谎。小女儿采了3束，二女儿采了1束，大女儿最懒，一束都没有采。

410. 一个关键的指纹

这是一道测试你阅读是否足够仔细的题目，如果你粗心大意的话，可就犯下和汤姆一样的错误了。欧文斯是按门铃进来的，所以门铃按钮上还留有一个指纹，而警察敲门进来的原因，就是为了不破坏这个没有被清除掉的指纹。

411. 家庭案件

母亲是凶手，父亲是同谋，儿子是被害者，女儿是目击者。

412. 买衣服

凯特买的是“英雄牌”衣服，吉姆买的是“佳人牌”衣服，苏森买的是“豪杰牌”衣服，乔治买的是“风华牌”衣服。

413. 猜扑克牌

所有纸牌的情况如下：

K

J A Q

J K J

K

414. 4个小画家

4个人中只有一个人的画回到自己那里，现在分别用Q、X、Y、Z代替她们，因此她们的循环形式只能是“Q(开始位置)”“X→Y”“Y→Z”“Z→X”(即使存在“X→Y”“Y→X”)的情况，那么Z的画也会循环到她的手里)。

根据条件可知，因为方方没有拿着自己的画，所以方方不是Q。那么，假设方方是X，根据题目可知：

方方→Y、Y→Z、Z→方方（蒙娜丽莎）

根据条件可知，Y不是洋洋，Z也不是洋洋，所以Q是洋洋。洋洋在循环后拿到了自己的画“最后的晚餐”。

美美拿着“最后的晚餐”，从上面的分析可知，美美是从方方或者莉莉那里得到了画，所以方方和莉莉画的是“最后的晚餐”。

所以，画“蒙娜丽莎”的Z是美美，Y是莉莉。

415. 圣诞舞会

根据题目信息得知：有6对伴侣。

如果X是已婚女士的人数，那么6−X等于处于订婚阶段的女士的人数，还等于处于订婚阶段的男士的人数，还等于已婚男士的人数。

如果Y是单独前来的已婚男士的人

数，那么和夫人一起来的男士的人数加上单独来的已结婚的男士的人数，等于已婚男士的总人数：X＋Y=6－X。于是，单独前来的已婚男士的人数等于6-2X。

舞会上没有订婚的女士的人数，则等于：7－（6－2X）－（6－2X），即4X－5。

由于4X－5等于还没有订婚的女士人数，所以X不能等于0，或者1。而罗文先生是还没有订婚的男士，于是X不能大于2，否则还没有订婚的男士的人数（6－2X）将成为0甚至是负数。所以X必定等于2。

因此，这次舞会上有2位已婚的女士、4位处于订婚阶段的女士和3位还没有订婚的女士。而丽莎是一位已经订婚还没有结婚的女士，看来罗文先生的机会不是太大了。

416. 康乃馨

张妈妈的花由5朵黄色、1朵白色、1朵红色、1朵粉色组成。

王妈妈的花由2朵黄色、3朵白色、2朵红色、1朵粉色组成。

李妈妈的花由1朵黄色、3朵白色、3朵红色、1朵粉色组成。

赵妈妈的花由1朵黄色、2朵白色、1朵红色、4朵粉色组成。

董妈妈的花由1朵黄色、1朵白色、3朵红色、3朵粉色组成。

417. 火中逃生

威尼、他的妻子、孩子与狗可以以下列顺序逃生：

降下孩子→降下小狗，升上孩子→降下威尼，升上小狗→降下孩子→降下小狗，升上孩子→降下孩子→降下妻子，升上其他人及狗→降下孩子→降下小狗，升上孩子→降下孩子→降下威尼，升上小狗→降下小狗，升上孩子→降下孩子。

418. 谁有钱

老大、老四和老五有钱，说假话；老二和老三没钱，说真话。

419. 花样扑克

有胜算。

假设朝上的是√，朝下的是√或×的机会并不是一半一半。

朝下的是√的机会有两个：一个是第一张卡片的正面朝上时；另一个是第一张卡片的反面朝上时。

但朝下的是×的机会，只有当第二张卡片正面朝上的时候。

也就是说，只要回答朝上那面的图案，他就有2/3机会赢。

420. 两个电话

这个问题的答案有好多种。例如在晚上11点57分左右，第一个朋友问他："今天足球赛的结果如何？"然后过了12点进入新的一天后，另一个朋友打来电话问同样的问题。

421. 粗心的汤姆先生

雷米撒了谎。因为第113页和第114页是一页。

422. 谁是凶手

约翰是凶手。

423. 孤独的小女孩

唐唐周一吃了3个椰蓉面包，1个豆沙面包；周二吃了1个椰蓉面包，4个豆沙面包；周三吃了4个椰蓉面包，2个豆沙面包；周四吃了2个椰蓉面包，5个豆沙面包。

424. 谁是谁的新娘

秋红是大林的新娘、春红是二林的新娘、夏红是小林的新娘。

425. 称粮食

最多称3次。把3袋粮食按大米和玉米、玉米和小米、大米和小米的顺序组合在一起各称一次。把3次的重量加起来除以2，就得到一袋大米、一袋小米和一袋玉米的总重量。然后把总重量分别减去大米和玉米、玉米和小米、大米和小米的重量，就能算出小米、大米和玉米各重多少了。

426. 同学聚会

经过推断，他们4人正确的坐法是：

甲

乙 □ 丁

丙

是丙把丁毒死了。

427. 一封来自国外的信

他没有吹牛。因为他游的是死海，死海中所含的盐分很高，几乎是一般海水的7倍，所以浮力很大，人在水中根本就不会下沉。死海比海平面低390米，所以只要下潜一点点，就到了海平面以下390多米了。

428. 会说话的指示牌

足球场的指示牌上都是真话；健身房的指示牌上都是假话；篮球场的指示牌上一句是真话，一句是假话。

429. 谁是贫困生

Lily并非家境富裕，她是贫困生。

430. 奇怪的城镇

他应该选择星期五出门。

431. 少了1元钱

原来1只鸡蛋可卖到1/3元，1只鸭蛋可以卖到1/2元，平均价格是每只(1/2 + 1/3) ÷ 2=5/12元。但是混卖之后1只鸭蛋和1只鸡蛋平均卖到2/5元钱，比第一天的平均价格少了5/12 − 2/5=1/60元。60只蛋正好少了1元钱。

432. 杀人浴缸

思维定式是侦探最大的敌人。在海水中溺死是一条重要的线索，同时它也在暗示警察案发地点是在海边，而特里拥有不可能作案的时间证据。

实际上，如果仔细思索一下，并不是溺死现象就一定会发生在海边，如果有足够多的海水的话，在浴缸里同样也能作案，然后放掉海水，装满淡水，这只需要10分钟就足够了。

433. 逻辑推理

A拿的两张牌是1，9；B为4，5；C为3，8；D为6，2。剩下的那张牌是7。

434. 白纸遗嘱

其实，简的妻子为了保住遗产，故意把没有墨水的钢笔递给简。由于库尔和简都是盲人，自然也就没有发现，没有字的白纸最终被当成遗书保存下来。

可是，虽然没有字迹，但钢笔划过白纸留下的笔迹仍然存在，如果仔细鉴定是可以分辨出来的，所以遗嘱仍然有效。

435. 玩牌

刚开始甲有260元，乙有80元，丙有140元。（提示：用倒推法。）

436. 邮路图

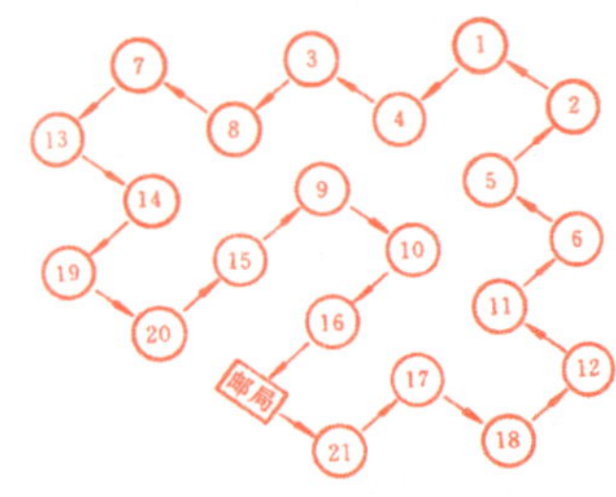

437. 找规律

鳞片变化规律是加2，加3，减1，如此反复。鳞片为双数时，鱼头变换方向。

438. 排队

排队的顺序是：芬尼，杰尼，杰克，鲍勃，汤姆，沃克。

439. T字路口迷宫

迷宫图按照上北下南左西右东为标准。以下字母代表在每个路口选择的方向（E=East［东］、W=West［西］、S=South［南］、N=North［北］：

（1）E、N、S（赢）

（2）E、N、W、N（赢）

（3）E、N、W、S、N（输）

（4）E、N、W、S、W（输）

（5）E、S、E、N（赢）

（6）E、S、E、W、N（输）

（7）E、S、E、W、S（赢）

（8）E、S、W（输）

（9）S、E、N（赢）

（10）S、E、W、N、S（输）

（11）S、E、W、N、W（输）

（12）S、E、W、S（赢）

（13）S、N、N、S（赢）

（14）S、N、N、W、N（赢）

（15）S、N、N、W、S（输）

（16）S、N、W（输）

赢的几率是8/16=1/2

440. 双门的别克汽车

是艾伦的。

441. 分黏纸

沿虚线剪开。

442. 剪一刀拼正方形

如果像图1那么剪，就得剪2刀了。如果把2个图形叠起来像图2那么剪。这样剪一刀就行了。然后再如图3拼出正方形。

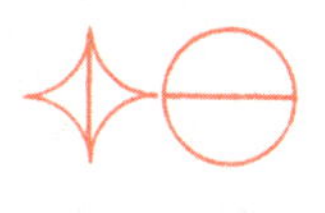
图 1

图 2

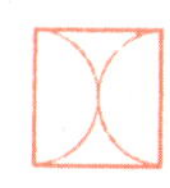
图 3

443. 拼图案

除了能拼出树、扇子外还能拼出很多。这需要想象力。

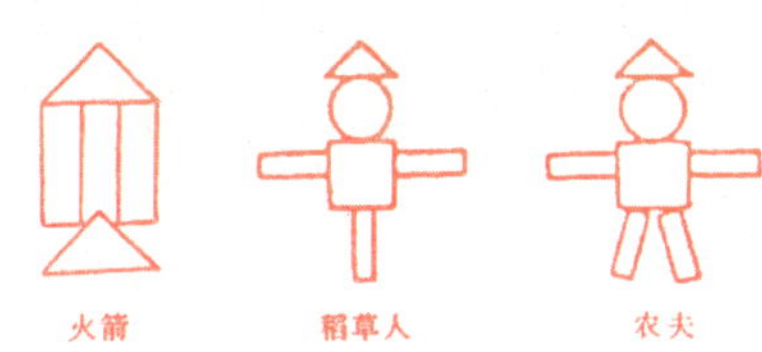

444. 拼尺子

445. 小桌变大桌

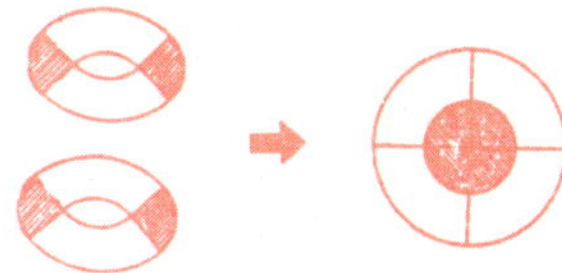

446. 三角形变正方形

将一个三角形沿中点拦腰剪开，先拼成一个小正方形，然后再拼成大的正方形。

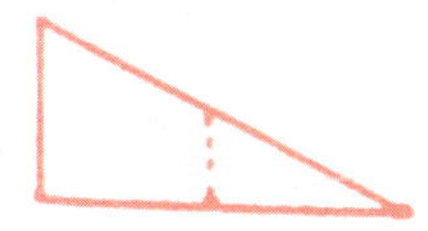

447. 同样的卡片

只要将图1先沿虚线剪出一个等腰三角形，再将等腰三角形翻个面拼上去，就变出了图2的模样。

448. 做风车

沿虚线剪开。

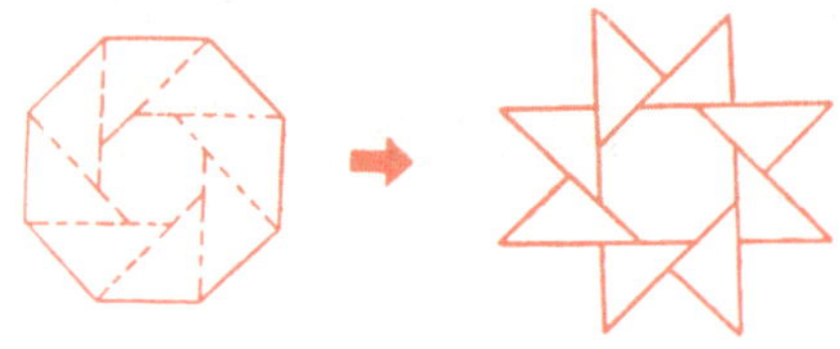

449. “十”字标记

沿虚线锯开。

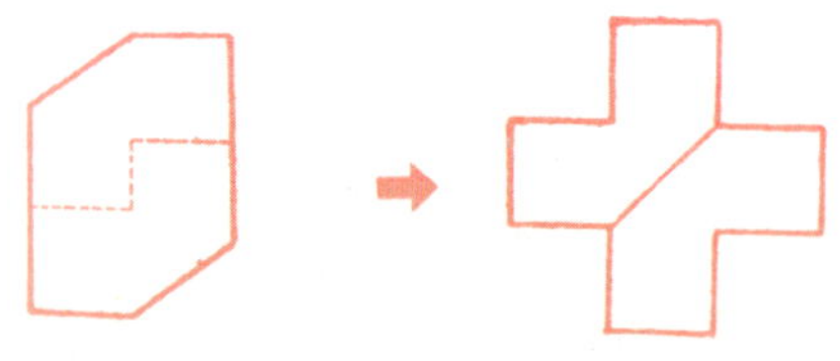

450. 聪明的木匠

沿虚线锯开。

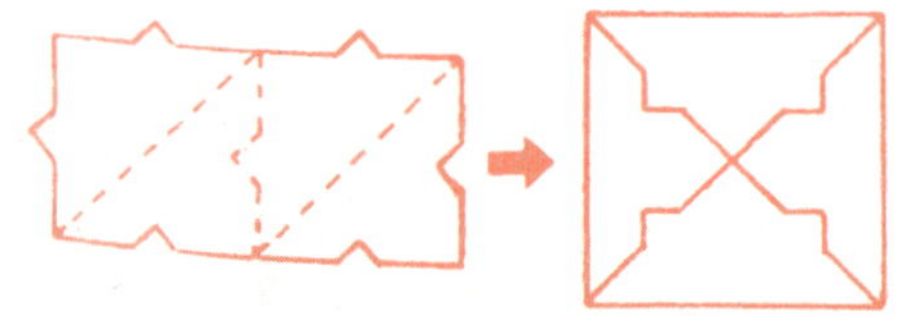

451. 足球队旗

沿虚线剪开，分成四块，然后再分别拼上去。

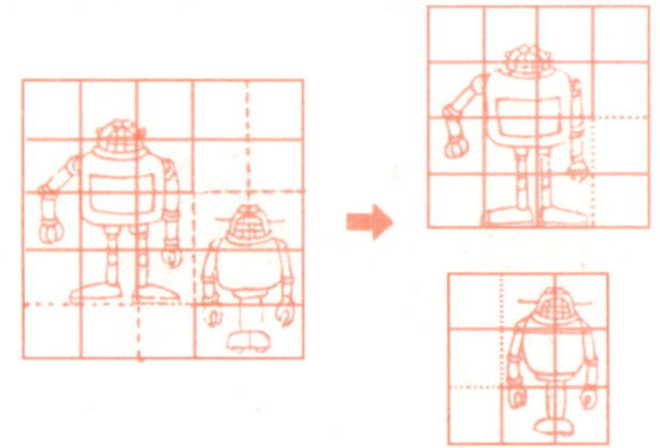

452. 圆圆的小月亮

沿虚线剪开。

453. 巧手拼桌面

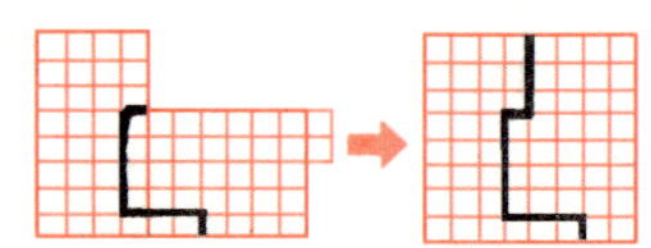

454. 十字形变正方形

先沿图1的虚线折叠，然后再沿图2的虚线折叠，最后沿图3的虚线折一下，并沿这条线剪一刀，就把“十”字形分成了四块相同的图形，把它们拼起来，就是一个正方形了（见图4）。

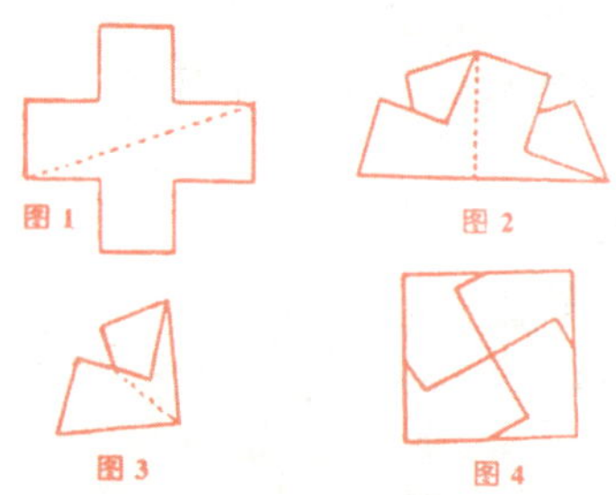

455. 六角星地毯

六角星形状是上下对称的，把上下两个角剪下，再一分二，便能拼到左右两缺口里了。不过，还得考虑到地毯的正反面，可不能乱拼呀！

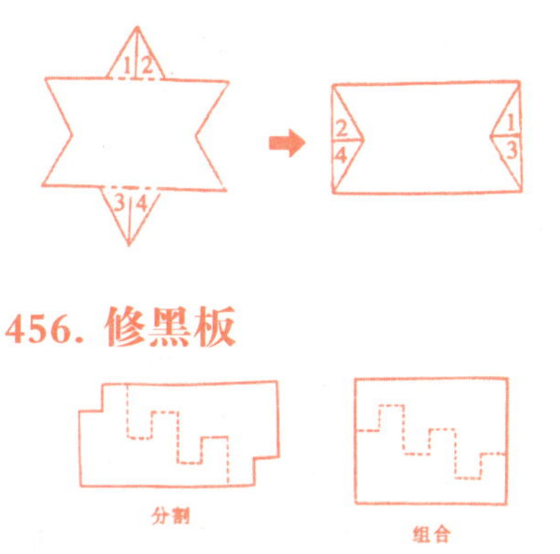

456. 修黑板

457. 酒多还是水多

这个问题是：从瓶中倒的酒更多还是从壶中倒的水更多？其实两者都不是。从瓶中倒的酒和从壶中倒的水一样多。我们假设玻璃杯的容量是1/4斤，酒瓶中是一斤的酒，水壶中是一斤的水。在第一次操作之后，酒瓶中有3/4斤的酒，水壶中是一斤的水混着1/4斤的酒。接着，第二次操作倒出了水壶中1/5的液体，也就是一斤水的1/5和1/4斤酒的1/5。这样，水壶中留下了1/4斤酒的4/5，也就是1/5斤，同时，我们将等量的水（1/5斤）倒入了酒瓶中。

458. 越狱

“把绳索一分为二”，并不是把绳索从中间截为两半，每段是原绳索的一半长。他无疑只是简单地把绳索的几股搓开，然后分为两部分，每部分都是和原来一样长，但是只有原先的一半粗。这样，他就可以把这两条绳系在一起，使长度是原来的两倍。不难想象，他就这样顺利逃出了牢房。

459. 排排队

我们仔细看一下图中站在最右边，背上写着9的小男孩，他脸上的表情确信无疑地证明，他就是这道题的秘密所在。这道题的答案就是附图中所展示的这样：背上写着9的男孩倒着站立，把数字9改成了6。这样，总数就是36（偶数），然后把3，4和7，8调换位置，就会得出1278和5346两组数字，每组之和都是18。这道题还有其他三种答案：1368—2457, 1467—2358, 和 2367—1458。

460. 分酒和酒瓶

给第一个人三大瓶和一小瓶装满酒的瓶子，还有空的一个大瓶和三个小瓶。给了其他两个人每人两大瓶和三小瓶装满酒的瓶子，和两个大的空瓶和一个小的空瓶。这样，三个人得到了同样多的酒，也得到了同样大小和数量的瓶子。

461. 移动车厢

答案如下：最少的移动次数是26

次。把车厢移动至下列位置：

机车5678	
———	= 10 次.
1234	
机车56	
———	= 2 次.
123 87 4	
56	
———	= 5 次.
机车312 87 4	
机车	
———	= 9 次.
87654321	

462. 消失的弹头

凶手利用与死者同血型的血液，经过快速冷冻，变成固体做成弹头。这种弹头射入人体后，会受体温影响而解冻融化成血液，使弹头自动消失。

463. 欲盖弥彰

公安人员一看帐篷支在一棵大树下，就断定为他杀。因被害人是有经验的老地质队员，他不可能在野外将帐篷支在大树底下，因如果天气骤变，会有遭雷击的危险。

464. 谁是真凶

议员是真正的凶手。他进诊所时，陌生人已经换上了干净的衣服，并且吊着手臂，他不应知道陌生人是背部中弹。

465. 图形推理

如图，从第一圆圈内黑点开始，首先逆时针退一格，再顺时针进三格，如此反复。

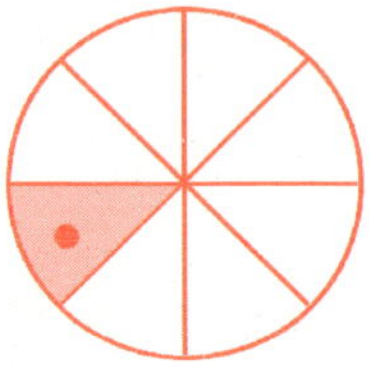

466. 月夜凶杀案

嫌犯说是在东西流向的河南岸坐着，即他是面朝北的。在北纬29度线以北，可以看到月球和太阳一样在天空的南部东升西落。如果他面朝北，是看不见月亮在河水中的倒影的。

467. 机座上的遗书

飞机在空中飞行，机舱门突然打开，会因机舱内高压、机舱外低压而产生巨大的吸力。因此，遗书不可能放在座椅上，而会被吸出机外。显然，驾驶员说了谎。

468. 真相大白

如果是开枪自杀，死者手上、衣袖上会粘上火药微粒。石蜡可以检验出是否有火药微粒残留。

469. 螳螂捕蝉，黄雀在后

时髦小姐。因为如果是另两个人的话，他们应该连那位小姐的钱包一块偷走才对，就算他们不全偷，他们也不知究竟哪个钱包是羽根的。

470.三个数字一样

33次。12：00——16：00，每一小时有2次，如12：11和12：22，共8次；

16：00——19：59，每小时只有1次，共4次；

20：00——22：00，每小时2次，共4次；

22：00——23：00有15次；23：——24：00有2次；

总计有8＋4＋4＋15＋2=33次。

471. 谁偷了项链

是水手偷走了项链。因为日本国旗没有正倒之分，可见水手在说谎。

472. 将军的妙计

如图所示：

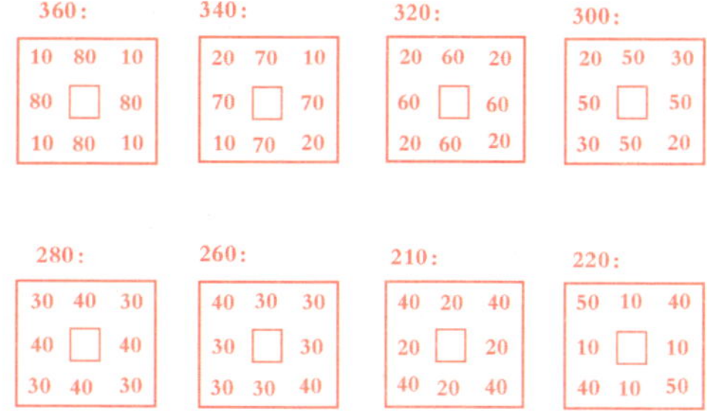

360:		
10	80	10
80	□	80
10	80	10

340:		
20	70	10
70	□	70
10	70	20

320:		
20	60	20
60	□	60
20	60	20

300:		
20	50	30
50	□	50
30	50	20

280:		
30	40	30
40	□	40
30	40	30

260:		
40	30	30
30	□	30
30	30	40

210:		
40	20	40
20	□	20
40	20	40

220:		
50	10	40
10	□	10
40	10	50

473. 连动齿轮

如果你找到了答案，你应该知道我在骗你，因为按照这样的组合，没有一个齿轮可以转动。因为每个轮子要有相同的齿距，整个齿轮组才能转动。并且你会发现，无论你向哪个方向转动，最后传递回来的都是相反的力量，所以答案是一圈也转不了。

474. 钻石失窃案

清洁工人。他利用吸尘器吸出了钻石。

475. 破绽在此

案件的破绽就是那顶帽子。由于昨晚有台风刮过，因此，死者的帽子不可能遗留在现场。

476. 最后一个星期五是几号

25号。

已知13号为星期二，那么只有1号为星期二才有可能一个月当中有5个星期二。以此推论，当月中星期二的日期为：1号、7号、13号、19号、25号。无论当月有29天、30天、31天，结果都不受影响。

477. 硬币收藏的问题

如果能把不同类型的硬币平均分成4份、5份、6份（注意，把平均分的4堆中的两堆可以平均分成3份，另外2堆也一样可以分成3份，所以说可以分成6份），所以，每一种硬币至少有60枚。

478. 花形排序

如图，变化规律是：添一叶，再添两花瓣，然后减一花瓣和添一叶，如此反复。

479. 珍珠项链

珍珠项链暗示和尚。和尚总是戴着珠串，算命的是不戴的。

480. 巧排座位

首先要特别安排的是新西兰人，因为这5个人中只有新西兰人只会英语，其他每个人除懂得本国语言以外还懂得一门外语，所以他必须坐在2个懂英语人的中间。因此他的两边必为中国人和英国人，有了这3个人的位置，其他两人的位置就好确定了。

481. 蟑螂的启示

蟑螂不在野外生存，因此，被害人是在室内被杀害并滞留，在此期间蟑螂钻进了尚有体温的尸体。

482. 来访的凶手

凶手是女教师的男朋友。因为女教师死亡时身穿睡衣。若是外人来访，她会通过“猫眼”看见，并换上整齐的服装。

483. 与众不同

（1）西红柿是蔬菜，其余是水果；

（2）案板不是刀具；

（3）老虎没有角；

（4）笛子是管乐，其余是弦乐。

484. 哪个不合群

C。只有它的“台阶”笔划数在三角形之数的一半以下。

485. 反射出来的头像

依据在银碗中见到的影像，营业员不可能认定罪犯是谁，因为碗中反射出来的影像是个倒影。

486. 移花接木

刑警看到蜡烛后产生了怀疑，再加上停电，蜡烛一直没有熄灭。假如亚美是在自己屋里被杀，过了24个小时，蜡烛早就燃尽了，一定是有人夜里把尸体弄来，走时忘了灭蜡烛。

487. 凶手的谎言

影子不可能在窗口。张某说“窗口有高举木棍的影子”，这就是谎言。因为桌上台灯的位置是在被害人与窗口之间，不可能把站在被害人背后的凶手的影子照在窗子上。

488. 大家族

依婆婆所叙述的，将那一家族的系谱列出看看即可明白，所谓家属七人，乃是两位女孩和一位男孩，以及他们的父母、祖父母。

489. 错按了乘法键

四件小饰品的单价分别为1元、1.50元、2元、2.25元。

490. 真假之辨

死者脚底板的伤痕从脚趾到脚跟是纵向的，若他真是爬树时从树上摔下来的，那么脚底板不会有纵向的伤痕。因为爬树时要用双脚夹住树干，脚底受伤也只能是横的。

491. 桶里的水能不能喝

正确答案是桶里的水是可以喝的。

这道题在所有辨别真伪的游戏题里面，都算是在简单不过的了。

你想想，在一个晴朗的午后说：今天天气不错。对方回答：是的。那就说明对方是那个只说老实话的孩子。他说桶里面的水是可以喝的，那就一定是可以喝的喽。

492. 主谋是谁

张先生将狗训练得一听见电话铃响，就立刻对人进行攻击。当时，张先生打电话给邓如山先生，狗听见电话铃声后便依照平日的训练去攻击人。

493. 保险诈骗案

秘密在于鸟。占美把刀片绑在鸟的爪子上，自杀以后，鸟由窗口飞走，带走了凶器。

494. 该怎么问

他们应该问：如果我问你‘这水可以喝吗？’你能回答我‘可以’吗？

如果对方是那个只说实话的孩子，而水又可以喝的话，他就会回答“可以”。如果水不能喝他就会回答“不可以”。

如果对方是只说谎话的孩子，而水又可以喝的话，他就会回答“不可以”。但以题目的问法他会反过来回答“可以”。而如果不能喝，那么“这水可以喝吗？”的回答应该是“可以”，而以题目的问法对方则会回答“不可以”。

也就是说，你这样问的话，无论对方是说实话的小孩还是说谎话的小孩。水可以喝的时候回答便是“可以”。水不可以喝的时候回答便是“不可以”。

495. 追根溯源

从落叶上分析的，如果车子在森林中停放两天，车内和尸体上一定会堆满落叶；如果车上落叶很少或基本没有，证明车子放到这里时间不长。而罪犯只能步行离开，在大森林里，既容易留下痕迹，又不容易走远。

496. 找不同

仔细观察，只有D是不对称的。

497. 抓捕

歹徒如果聪明的活，可以先把船划到湖心，看准刑警的位置，再立刻从湖心向刑警正对的对岸划。这样他只划一个半径长，刑警要跑半个圆周长也就是半径的3.14倍，而刑警的速度是歹徒的2.5倍，歹徒能在刑警跑到之前爬上岸跑掉。

498. 毒酒何来

毒酒是温酒温出来的。这里的锡壶大多是铅锡壶，含铅量很高。酒保把铅锡壶直接放在炉子上温酒，酒中就带上了浓度很高的铅和铅盐，多饮几杯，就会出现急性中毒!”

499. 狗的骨头

狗的路线是：1－7－9－2－8－10－3－5－11－4－6－12。

500. 珠宝在哪儿

罪犯先把珠宝塞到青蛙的肚子里，然后让蛇吞下青蛙，他再将蛇带走。